WOZ-Wetgeving
2009

D1464319

WOZ-Wetgeving

editie 2009

Mr. J.K. Lanser

Mr. P.J.M. Saarloos

Onder redactie van

Mr. P.J.J.M. van den Bosch

Prof. dr. J.A. Monsma

Reed Business bv

Doetinchem 2009

www.elsevier-woz.nl

Samengesteld door:	Mr. J.K. Lanser
	Mr. P.J.M. Saarloos
Onder redactie van:	Mr. P.J.J.M. van den Bosch
	Prof.dr. J.A. Monsma
Eindredactie:	M. Scholten-Theessink
Uitgever:	V. de Bie

Opmerkingen, commentaar en suggesties worden bijzonder op prijs gesteld zodat de inhoud van dit zakboekje zo goed mogelijk op de alledaagse praktijk kan worden afgestemd.

Uw reacties kunt u zenden aan:
Reed Business bv
Afdeling Vakdocumentaire uitgaven
Postbus 4
7000 BA DOETINCHEM
telefoon:　　(0314) 35 82 70
fax:　　(0314) 35 82 59
e-mail:　　info@elsevier-woz.nl
internet:　　www.elsevier-woz.nl
　　www.vakkennis.com

Dit boek is met de grootst mogelijke zorg samengesteld. De uitgever stelt zich echter niet aansprakelijk voor de gevolgen van eventueel nog voorkomende onjuistheden in de inhoud van deze uitgave.

ISBN: 978 90 6228 750 5　　　　　　　　　　　　　　NUR 826

Voorwoord

Dit WOZ-Zakboekje Wetgeving editie 2009 bundelt de wet- en regelgeving op het gebied van de Wet waardering onroerende zaken. De opgenomen wet- en regelgeving is volledig actueel en geeft de stand van zaken weer per 1 januari 2009.

Deze zeer handzame uitgave is een onmisbare partner voor al diegenen die in de dagelijkse praktijk met de uitvoering van de Wet WOZ in aanraking komen.

Voor diegenen die een verdergaande verdieping op het terrein van de Wet WOZ zoeken zijn er het Praktijkhandboek WOZ, de internetsite www.elsevier-woz.nl, het WOZ-Zakboekje Jurisprudentie, Zakboekje Bezwaar en beroep en het Zakboekje WOZ-Taxaties, die bij dezelfde uitgever verkrijgbaar zijn. Het WOZ-Zakboekje Wetgeving kan naar behoefte worden gebruikt in combinatie met het Praktijkhandboek, het WOZ-Zakboekje Jurisprudentie en de internetsite www.elsevier-woz.nl. Deze worden regelmatig geactualiseerd.

Het WOZ-Zakboekje Wetgeving is samengesteld door Mr. J.K. Lanser en Mr. P.J.M. Saarloos.

Voor opmerkingen over de inhoud en de samenstelling van dit zakboekje houden wij ons aanbevolen.

Mr. J.K. Lanser
Mr. P.J.M. Saarloos
Mr. P.J.J.M. van den Bosch
Prof. dr. J.A. Monsma

Inhoud

1 Wet waardering onroerende zaken

HOOFDSTUK I
Algemene bepalingen

Artikel 1
1. Deze wet geldt bij de bepaling, de vaststelling en de verstrekking van de waarde van in Nederland gelegen onroerende zaken ten behoeve van afnemers.
2. Het college van burgemeester en wethouders is belast met de uitvoering van deze wet, tenzij de gemeenteambtenaar, bedoeld in artikel 231, tweede lid, onderdeel b, van de Gemeentewet, hiermee is belast.

Artikel 2
In deze wet wordt verstaan onder:
– afnemer: bestuursorgaan dat op grond van een wettelijk voorschrift bevoegd is tot gebruik van een waardegegeven;
– authentiek gegeven: in een basisregistratie opgenomen gegeven dat bij wettelijk voorschrift als authentiek is aangemerkt;
– basisregistratie: verzameling gegevens waarvan bij wet is bepaald dat deze authentieke gegevens bevat;
– belastingen: belastingen geheven door het Rijk, de gemeenten en de waterschappen;
– college: college van burgemeester en wethouders;
– Onze Minister: Onze Minister van Financiën;
– terugmelding: melding als bedoeld in artikel 37f, eerste lid;
– waardegegeven: op de voet van hoofdstuk IV van deze wet vastgestelde waarde van een onroerende zaak;
– de wet: de Wet waardering onroerende zaken.

Artikel 3
Bij of krachtens algemene maatregel van bestuur worden regels gesteld betreffende de *verrekening* van de *kosten* die verbonden zijn aan de *uitvoering* van de wet.

HOOFDSTUK II
De Waarderingskamer

Artikel 4

1. Er is een *Waarderingskamer*. De Waarderingskamer bezit rechtspersoonlijkheid.
2. De Waarderingskamer houdt toezicht op de waardebepaling en de waardevaststelling van onroerende zaken, op de uitvoering van de basisregistratie waarde onroerende zaken (basisregistratie WOZ) en op de overige in de wet geregelde onderwerpen. De colleges verschaffen de Waarderingskamer desgevraagd tijdig de voor de uitoefening van haar taak noodzakelijke gegevens.
3. De Waarderingskamer dient desgevraagd of eigener beweging Onze Minister van advies over zaken die verband houden met de inhoud en de toepassing van hetgeen bij of krachtens de wet is bepaald.
4. De Waarderingskamer geeft voorts uitvoering aan hetgeen haar overigens bij of krachtens de wet is opgedragen.

Artikel 5

1. De Waarderingskamer bestaat uit elf leden, waaronder de voorzitter, die worden benoemd door Onze Minister.
2. Van de andere leden dan de voorzitter worden vier leden op voordracht van de Vereniging van Nederlandse Gemeenten, twee leden uit de rijksbelastingdienst en twee leden op voordracht van de Unie van Waterschappen benoemd.
3. De Waarderingskamer wijst uit haar midden een plaatsvervangende voorzitter aan.
4. De leden van de Waarderingskamer worden benoemd voor ten hoogste vier jaren. Na afloop van deze termijn kunnen zij worden herbenoemd.
5. Degene die tot lid is benoemd ter vervulling van een tussentijds opengevallen plaats, treedt af op het ogenblik waarop degene in wiens plaats hij is benoemd, had moeten aftreden. Hij kan worden herbenoemd.
6. De leden kunnen te allen tijde op eigen verzoek door Onze Minister worden ontslagen. Onze Minister kan hen, gehoord de Waarderingskamer, schorsen of ontslaan.

Artikel 6

1. De Waarderingskamer heeft drie adviserende leden die worden benoemd door Onze Minister op voordracht van onderscheidenlijk Onze Minister, Onze Minister van Binnenlandse Zaken en Koninkrijksrelaties en het InterProvinciaal Overleg.
2. De adviserende leden kunnen te allen tijde op eigen verzoek door Onze Minister worden ontslagen. Onze Minister kan hen op verzoek van degene die de voordracht heeft gedaan, schorsen of ontslaan.

Artikel 7

1. De Waarderingskamer kan ter uitvoering van haar taak commissies instellen, waarin ook personen van buiten de Waarderingskamer zitting kunnen hebben.
2. De Waarderingskamer en haar commissies kunnen zich doen bijstaan door deskundigen.

Artikel 8

1. De Waarderingskamer heeft een secretariaat onder leiding van een secretaris, die door Onze Minister, op voordracht van de Waarderingskamer, wordt benoemd, geschorst en ontslagen.
2. Benoeming, schorsing en ontslag van het personeel van het secretariaat geschiedt door de Waarderingskamer.
3. Het secretariaat staat de Waarderingskamer in haar werkzaamheden bij.
4. De secretaris en het personeel van het secretariaat zijn niet tevens lid of adviserend lid van de Waarderingskamer.
5. De secretaris is voor de uitoefening van zijn taak uitsluitend verantwoording schuldig aan de Waarderingskamer.

Artikel 9

1. Het personeel van het secretariaat van de Waarderingskamer, de secretaris daaronder begrepen, is ambtenaar in de zin van de Ambtenarenwet.
2. De Waarderingskamer stelt bij reglement de regeling van de rechtstoestand van het personeel vast.
3. Onverminderd hetgeen reeds bij of krachtens de Ambtenarenwet is geregeld, geeft het reglement bedoeld in het tweede lid van dit artikel in ieder geval voorschriften betreffende de volgende onderwerpen:
   a. aanstelling;
   b. schorsing;
   c. ontslag;
   d. het onderzoek naar de geschiktheid en de bekwaamheid;

    e. bezoldiging;
    f. wachtgeld;
    g. diensttijden;
    h. verlof en vakantie;
    i. voorzieningen in verband met ziekte;
    j. bescherming bij arbeid;
    k. woon-, verblijfs- en bereikbaarheidsverplichtingen;
    l. medezeggenschap;
    m. overige rechten en verplichtingen van het personeel;
    n. disciplinaire straffen;
    o. de wijze waarop met de daarvoor in aanmerking komende vakorganisaties van overheidspersoneel overleg wordt gepleegd over aangelegenheden van algemeen belang voor de rechtstoestand en de bezoldiging van het personeel van het secretariaat;
    p. een geschillenregeling met betrekking tot de onder l en o genoemde onderwerpen.
4. Artikel 126 van de Ambtenarenwet is van overeenkomstige toepassing.

Artikel 10

De Waarderingskamer stelt regels vast met betrekking tot haar werkwijze, tot die van het secretariaat, alsmede tot die van haar commissies. Tevens stelt de Waarderingskamer regels op met betrekking tot de wijze waarop overleg wordt gevoerd met de colleges en de afnemers of met hun vertegenwoordigers omtrent aangelegenheden ter zake waarvan naar haar oordeel overleg gewenst is, alsmede omtrent aangelegenheden ter zake waarvan de deelnemers aan het overleg de Waarderingskamer te kennen hebben gegeven overleg te willen voeren.

Artikel 11

1. Geschillen met betrekking tot de uitvoering van de wet tussen afnemers en colleges kunnen door de betrokken partijen worden voorgelegd aan de Waarderingskamer.
2. Het verzoek tot het in behandeling nemen van een geschil wordt ingediend door de bij het geschil betrokken partijen.
3. De Waarderingskamer beslist binnen dertien weken nadat het geschil is voorgelegd. De Waarderingskamer kan deze termijn, met redenen omkleed, eenmaal met dertien weken verlengen. Zij kan voorts de termijn verder verlengen met instemming van de betrokken partijen.

4. De Waarderingskamer is bevoegd de kosten die door haar zijn gemaakt in verband met het voorgelegde geschil in rekening te brengen aan de partijen. Zij kan beslissen dat de kosten die door partijen zijn gemaakt, worden gedragen door de in het ongelijk gestelde partij.

Artikel 12
De Waarderingskamer stelt jaarlijks voor 1 december een begroting vast voor het daarop volgende kalenderjaar.

Artikel 13
De Waarderingskamer brengt uiterlijk op 1 mei aan Onze Minister verslag uit over haar werkzaamheden en haar financieel beleid in het voorafgaande kalenderjaar, voorzien van een verklaring omtrent de getrouwheid daarvan van een accountant als bedoeld in artikel 393, eerste lid, van Boek 2 van het Burgerlijk Wetboek. Het financieel beleid en beheer behoeven de goedkeuring van Onze Minister. Het verslag wordt door de zorg van Onze Minister openbaar gemaakt.

Artikel 14
Onze Minister kan de Waarderingskamer algemene aanwijzingen geven met betrekking tot de uitoefening van haar taak.

Artikel 15
1. Onze Minister kan, de Waarderingskamer gehoord, aan het college van een gemeente een aanwijzing geven omtrent de uitvoering van de wet.
2. Onze Minister verbindt aan de aanwijzing een termijn.
3. De Waarderingskamer is bevoegd tot het doen uitvoeren van de aanwijzing op kosten van de gemeente indien het college de aanwijzing niet binnen de in het tweede lid bedoelde termijn heeft opgevolgd.

HOOFDSTUK III
De waardebepaling

Artikel 16
Voor de toepassing van de wet wordt als één *onroerende zaak* aangemerkt:
a. een gebouwd eigendom;
b. een ongebouwd eigendom;

c. een gedeelte van een in onderdeel a of onderdeel b bedoeld
    eigendom dat blijkens zijn indeling is bestemd om als een afzon-
    derlijk geheel te worden gebruikt;
d. een samenstel van twee of meer van de in onderdeel a of onder-
    deel b bedoelde eigendommen of in onderdeel c bedoelde ge-
    deelten daarvan die bij dezelfde belastingplichtige in gebruik
    zijn en die, naar de omstandigheden beoordeeld, bij elkaar
    behoren;
e. een geheel van twee of meer van de in onderdeel a of onderdeel
    b bedoelde eigendommen, of in onderdeel c bedoelde gedeelten
    daarvan, of in onderdeel d bedoelde samenstellen, dat naar de
    omstandigheden beoordeeld één terrein vormt bestemd voor
    verblijfsrecreatie en dat als zodanig wordt geëxploiteerd;
f. het binnen de gemeente gelegen deel van een in onderdeel a of
    onderdeel b bedoeld eigendom, van een in onderdeel c bedoeld
    gedeelte daarvan of van een in onderdeel d bedoeld samenstel of
    van een in onderdeel e bedoeld geheel.

Artikel 17

1. Aan een onroerende zaak wordt een waarde toegekend.
2. De waarde wordt bepaald op de waarde die aan de onroerende
    zaak dient te worden toegekend, indien de volle en onbezwaarde
    eigendom daarvan zou kunnen worden overgedragen en de
    verkrijger de zaak in de staat waarin die zich bevindt, onmiddel-
    lijk en in volle omvang in gebruik zou kunnen nemen.
3. In afwijking in zoverre van het tweede lid wordt de waarde van
    een onroerende zaak, voor zover die niet tot woning dient, en
    met uitzondering van onroerende zaken die zijn ingeschreven in
    een van de ingevolge de Monumentenwet 1988 vastgestelde
    registers van beschermde monumenten, bepaald op de vervan-
    gingswaarde indien dit leidt tot een hogere waarde dan die
    ingevolge het tweede lid. Bij de berekening van de vervangings-
    waarde wordt rekening gehouden met:
    a. de aard en de bestemming van de zaak;
    b. de sedert de stichting van de zaak opgetreden technische en
        functionele veroudering, waarbij de invloed van latere wijzi-
        gingen in aanmerking wordt genomen.
4. In afwijking in zoverre van het tweede lid wordt de waarde van
    een gebouwd eigendom in aanbouw bepaald op de vervangings-
    waarde, bedoeld in het derde lid. Onder een gebouwd eigendom
    wordt verstaan een onroerende zaak of gedeelte daarvan waar-
    voor een bouwvergunning in de zin van de Woningwet is afge-

geven en dat door bouw nog niet geschikt is voor gebruik overeenkomstig zijn beoogde bestemming.

5. In afwijking in zoverre van het tweede lid wordt de waarde van een gebouwd eigendom dat tot woning dient en deel uitmaakt van een op de voet van de Natuurschoonwet 1928 aangewezen landgoed dat voldoet aan de in artikel 220d, eerste lid, onderdeel d, van de Gemeentewet bedoelde voorwaarden bepaald met inachtneming van een vooronderstelde verplichting om het gedurende een tijdvak van 25 jaren als zodanig in stand te houden en geen opgaand hout te vellen anders dan volgens de regels van normaal bosbeheer noodzakelijk of gebruikelijk is. Gebouwde eigendommen die dienstbaar zijn aan de woning worden geacht deel uit te maken van die woning.

6. Met betrekking tot een onroerende zaak als bedoeld in artikel 16, aanhef en onderdeel f, wordt de waarde gesteld op een evenredig deel van de waarde die dient te worden toegekend aan de gehele onroerende zaak.

Artikel 18

1. De waarde van een onroerende zaak wordt bepaald naar de waarde die de zaak op de *waardepeildatum* heeft naar de staat waarin de zaak op die datum verkeert.

2. De waardepeildatum ligt één jaar voor het begin van het kalenderjaar waarvoor de waarde wordt vastgesteld.

3. Indien een onroerende zaak in het kalenderjaar voorafgaande aan het begin van het kalenderjaar waarvoor de waarde wordt vastgesteld:
    a. opgaat in een of meer andere onroerende zaken,
    b. wijzigt als gevolg van bouw, verbouwing, verbetering, afbraak of vernietiging, dan wel van bestemming verandert, of
    c. een verandering in waarde ondergaat als gevolg van een andere, specifiek voor de onroerende zaak geldende, bijzondere omstandigheid,
    wordt, in afwijking in zoverre van het eerste lid, de waarde bepaald naar de staat van die zaak bij het begin van het kalenderjaar waarvoor de waarde wordt vastgesteld.

4. Bij ministeriële regeling kunnen regels worden gesteld ingevolge welke bij de waardebepaling buiten aanmerking wordt gelaten de waarde van onroerende zaken of onderdelen daarvan, indien die waarde geen onderdeel uitmaakt van de grondslag van de belastingen.

Artikel 19 [Vervallen.]

Artikel 20
1. De in artikel 1, tweede lid bedoelde ambtenaar van de gemeente waarin de onroerende zaak is gelegen, bepaalt de waarde van die onroerende zaak.
2. Bij of krachtens algemene maatregel van bestuur worden regels gesteld voor de onderbouwing en de uitvoering van de waardebepaling.
3. De voordracht voor een algemene maatregel van bestuur krachtens het tweede lid wordt niet gedaan dan nadat het ontwerp aan de beide kamers der Staten-Generaal is overgelegd en aan de kamers de gelegenheid is geboden om binnen zes weken na de dag waarop het ontwerp is overgelegd, hun oordeel aan Onze Minister kenbaar te maken.

Artikel 21
De Waarderingskamer kan het college een aanbeveling doen omtrent de uitvoering van de wet. Zij gaat daartoe niet over dan na het college in de gelegenheid te hebben gesteld te worden gehoord.

HOOFDSTUK IV
De waardevaststelling

Artikel 22
1. De in artikel 1, tweede lid, bedoelde ambtenaar van de gemeente waarin de onroerende zaak is gelegen, stelt de waarde van de onroerende zaak vast bij een voor bezwaar vatbare beschikking.
2. De bij de *beschikking* vastgestelde waarde geldt voor een kalenderjaar.

Artikel 23
1. De *beschikking* bevat in ieder geval:
    a. de naam, het adres en de woon- of vestigingsplaats van degene te wiens aanzien de beschikking wordt genomen;
    b. een aanduiding van de onroerende zaak;
    c. de aan de onroerende zaak toegekende waarde;
    d. de waardepeildatum;
    e. het kalenderjaar waarvoor de beschikking geldt.
2. Het niet naleven van de voorschriften van het eerste lid brengt geen nietigheid van de beschikking mee.

Artikel 24

1. De *beschikking* wordt genomen binnen acht weken na het begin van het kalenderjaar waarvoor zij geldt.

2. Het niet naleven van het voorschrift van het eerste lid brengt geen nietigheid van de beschikking mee.

3. De bekendmaking van de beschikking geschiedt terstond door toezending aan:

   a. degene die aan het begin van het kalenderjaar het genot heeft van de onroerende zaak krachtens eigendom, bezit of beperkt recht;

   b. degene die aan het begin van het kalenderjaar de onroerende zaak al dan niet krachtens eigendom, bezit, beperkt recht of persoonlijk recht gebruikt.

   Tegelijkertijd met of zo spoedig mogelijk na de bekendmaking wordt van de beschikking mededeling gedaan aan de afnemers.

4. Voor de toepassing van het derde lid, onderdeel a, kan, indien er met betrekking tot een zelfde onroerende zaak meer dan één genothebbende krachtens eigendom, bezit of beperkt recht kan worden aangewezen, bekendmaking plaatsvinden aan één van hen.

5. Voor de toepassing van het derde lid, onderdeel b, wordt:

   a. gebruik door de leden van een huishouden aangemerkt als gebruik door een door de in artikel 1, tweede lid, bedoelde gemeenteambtenaar aan te wijzen lid van dat huishouden;

   b. gebruik door degene aan wie een deel van een onroerende zaak in gebruik is gegeven, aangemerkt als gebruik door degene die dat deel in gebruik heeft gegeven;

   c. het ter beschikking stellen van een onroerende zaak voor volgtijdig gebruik aangemerkt als gebruik door die die onroerende zaak ter beschikking heeft gesteld.

6. Voor de toepassing van het derde lid, onderdeel b, kan, met inachtneming van het vierde lid, indien er met betrekking tot een zelfde onroerende zaak meer dan één gebruiker is, bekendmaking plaatsvinden aan één van hen.

7. Bij of krachtens algemene maatregel van bestuur kunnen met betrekking tot de in het derde lid, slotzin, bedoelde mededeling nadere regels worden gesteld.

8. Indien aan een belanghebbende ingevolge het derde lid, aanhef en onderdelen a en b, twee of meer beschikkingen als bedoeld in artikel 22, eerste lid, moeten worden gezonden, kunnen deze beschikkingen worden verenigd in één geschrift.

9. Indien ten aanzien van degene aan wie ingevolge het derde lid de bekendmaking van de beschikking dient te geschieden een aanslag onroerende-zaakbelastingen als bedoeld in artikel 220 van de Gemeentewet wordt vastgesteld waarbij als heffingsmaatstaf geldt de bij de beschikking vastgestelde waarde van de onroerende zaak, geschiedt in afwijking van de vorige leden de bekendmaking van de beschikking in één geschrift met het aanslagbiljet onroerende-zaakbelastingen. Het niet naleven van de eerste volzin brengt geen nietigheid van de beschikking mee.

Artikel 25 [Vervallen.]

Artikel 26
1. Indien in de loop van het kalenderjaar waarvoor de waarde van een onroerende zaak is vastgesteld een ander dan degene te wiens aanzien een beschikking houdende de vaststelling van de waarde van die zaak is genomen, de hoedanigheid verkrijgt van degene, bedoeld in artikel 24, derde lid, onderdeel a of onderdeel b:
   a. neemt de in artikel 1, tweede lid, bedoelde gemeenteambtenaar ten aanzien van die ander binnen acht weken na een daartoe gedaan verzoek een voor bezwaar vatbare beschikking als bedoeld in artikel 22, eerste lid, of artikel 27, eerste lid;
   b. kan de in artikel 1, tweede lid, bedoelde gemeenteambtenaar ten aanzien van die ander eigener beweging een voor bezwaar vatbare beschikking nemen als bedoeld in artikel 22, eerste lid, of artikel 27, eerste lid.
2. De beschikking treedt, vanaf het tijdstip waarop die ander de in het eerste lid bedoelde hoedanigheid heeft verkregen, in de plaats van de in de artikelen 22, of artikel 27, eerste lid, bedoelde beschikking.
3. De beschikking bevat in ieder geval de in artikel 23 bedoelde gegevens, alsmede een vermelding van het in het tweede lid bedoelde tijdstip.
4. Artikel 24, derde tot en met achtste lid, is van overeenkomstige toepassing.

Artikel 26a
Bij een op de voet van dit hoofdstuk bij beschikking vastgestelde waarde van een onroerende zaak van:

meer dan	maar niet meer dan	wordt die waarde geacht juist te zijn, indien de waarde, bedoeld in hoofdstuk III, daarvan niet meer dan het in kolom III vermelde percentage afwijkt of indien dat meer is, niet meer dan het in kolom IV vermelde bedrag daarvan afwijkt, een en ander mits de afwijking niet meer bedraagt dan € 100.000 van de bij die beschikking vastgestelde waarde	
I	II	III	IV
–	€ 200.000	5%	–
€ 200.000	€ 500.000	4%	€ 10.000
€ 500.000	€ 1.000.000	3%	€ 20.000
€ 1.000.000	–	2%	€ 30.000

Artikel 27

1. Indien enig feit grond oplevert voor het vermoeden dat de waarde te laag is vastgesteld, kan de in artikel 1, tweede lid, bedoelde gemeenteambtenaar de in artikel 22, eerste lid, of artikel 26, eerste lid, bedoelde beschikking herzien bij een voor bezwaar vatbare beschikking. Een feit dat de in artikel 1, tweede lid, bedoelde gemeenteambtenaar bekend was of redelijkerwijs bekend had kunnen zijn, kan geen grond voor herziening opleveren.
2. De bevoegdheid tot herziening vervalt door verloop van vijf jaren na de vaststelling van de in artikel 22, eerste lid, of artikel 26, eerste lid, bedoelde beschikking.
3. Artikel 24, derde tot en met achtste lid, is van overeenkomstige toepassing.

Artikel 28

1. Ten aanzien van degene die aannemelijk maakt met betrekking tot de heffing van belasting te zijnen aanzien belang te hebben bij de vastgestelde waarde van een onroerende zaak ingevolge de artikelen 22, eerste lid, 26, eerste lid, dan wel artikel 27, eerste lid, en aan wie niet op de voet van de artikelen 24, derde tot en met zesde en achtste lid, 26, vierde lid, dan wel 27, derde lid, de beschikking ter zake is toegezonden, neemt de in artikel 1, tweede lid, bedoelde gemeenteambtenaar binnen acht weken

na een daartoe gedaan verzoek een voor bezwaar vatbare beschikking als bedoeld in artikel 22, eerste lid, artikel 26, eerste lid, dan wel artikel 27, eerste lid.

2. De ingevolge het eerste lid genomen beschikking treedt in de plaats van de in de artikelen 22, eerste lid, 26, eerste lid, dan wel artikel 27, eerste lid, bedoelde beschikking met ingang van het in het eerste lid bedoelde verzoek aan te geven tijdstip, met dien verstande dat dit tijdstip niet eerder kan zijn gelegen dan bij het begin van het kalenderjaar voorafgaande aan het jaar waarin dat verzoek is gedaan.
3. De beschikking bevat de in artikel 23 bedoelde gegevens, alsmede een vermelding van het in het tweede lid bedoelde tijdstip.
4. De bekendmaking van de beschikking geschiedt door toezending aan degene te wiens aanzien zij is genomen.

Artikel 29
1. Indien bij de uitspraak op een bezwaarschrift dan wel bij een ambtshalve door de in artikel 1, tweede lid, bedoelde gemeenteambtenaar genomen besluit met betrekking tot een op de voet van dit hoofdstuk genomen beschikking:
   a. die beschikking wordt vernietigd;
   b. de bij die beschikking vastgestelde waarde wordt verminderd, geschiedt de bekendmaking daarvan aan de belanghebbenden die het aangaat en de mededeling daarvan aan de afnemers met overeenkomstige toepassing van artikel 24, derde tot en met achtste lid, en met inachtneming van artikel 28;

   mededeling van de uitspraak geschiedt eerst indien deze onherroepelijk vaststaat.
2. Indien de in het eerste lid bedoelde vernietiging of vermindering plaatsvindt krachtens onherroepelijke rechterlijke uitspraak, doet de in artikel 1, tweede lid, bedoelde gemeenteambtenaar daarvan mededeling aan de belanghebbenden die het aangaat met overeenkomstige toepassing van artikel 24, derde tot en met achtste lid, en met inachtneming van artikel 28.
3. Tegelijkertijd met of zo spoedig mogelijk na de mededeling aan de belanghebbenden die het aangaat, bedoeld in het tweede lid, wordt mededeling gedaan aan de afnemers met overeenkomstige toepassing van artikel 24, derde tot en met achtste lid.

Artikel 29a [Vervallen.]

HOOFDSTUK V
Bezwaar en beroep, bevoegdheden, verplichtingen en strafbepalingen

Artikel 30
1. Met betrekking tot de waardebepaling en de waardevaststelling ingevolge de hoofdstukken III en IV zijn de artikelen 1, vierde lid, 5, eerste lid, tweede volzin, 22j tot en met 30, 47, 49 tot en met 51, 53a, 54 en 56 tot en met 60 van de Algemene wet inzake rijksbelastingen van overeenkomstige toepassing. Met betrekking tot natuurlijke personen die een bedrijf of zelfstandig een beroep uitoefenen, alsmede lichamen, is voorts artikel 52, vierde en vijfde lid, en – voor zoveel het betreft het bewaren van gegevensdragers – zesde lid, van de Algemene wet inzake rijksbelastingen van overeenkomstige toepassing.
2. Een *bezwaarschrift tegen een beschikking* die is bekendgemaakt en verenigd in één geschrift met een aanslag onroerende-zaakbelastingen, zoals bedoeld in artikel 24, negende lid, wordt geacht mede te zijn gericht tegen die aanslag, tenzij uit het bezwaarschrift het tegendeel blijkt.
3. Een bezwaarschrift tegen een aanslag onroerende-zaakbelastingen die is bekendgemaakt en verenigd in één geschrift met een in artikel 22, eerste lid, bedoelde beschikking, zoals bedoeld in artikel 24, negende lid, wordt geacht mede te zijn gericht tegen die beschikking, tenzij uit het bezwaarschrift het tegendeel blijkt.
4. Indien de in het tweede of derde lid bedoelde fictie toepassing vindt, treedt de in artikel 1, tweede lid, bedoelde gemeenteambtenaar in de plaats van de in artikel 231, tweede lid, onderdeel b van de Gemeentewet bedoelde gemeenteambtenaar wat betreft de aanslag onroerende-zaakbelastingen. In afwijking in zoverre van het eerste lid in samenhang met artikel 25, vierde lid, van de Algemene wet inzake rijksbelastingen, vervat deze gemeenteambtenaar de uitspraak op het bezwaar tegen de in het tweede of derde lid bedoelde beschikking en de uitspraak op het bezwaar tegen de in het tweede of derde lid bedoelde aanslag onroerende-zaakbelastingen in één geschrift.
5. De bevoegdheden en verplichtingen die ingevolge de Algemenewet inzake rijksbelastingen gelden met betrekking tot de inspecteur, gelden daarbij voor het college en de in artikel 1, tweede lid, bedoelde gemeenteambtenaar. De verplichtingen die krachtens artikel 56 van de Algemene wet inzake rijksbelastingen gelden jegens iedere door Onze Minister aangewezen andere ambtenaar van de rijksbelastingdienst, gelden daarbij jegens

door het college van burgemeester en wethouders aangewezen personen. Voor zover dit redelijkerwijs van belang kan worden geacht voor de uitvoering van de wet, gelden vorenbedoelde bevoegdheden en verplichtingen ook buiten de gemeente.

6. Voor de overeenkomstige toepassing van artikel 25a van de Algemene wet inzake rijksbelastingen treedt de raad in de plaats van de Tweede Kamer der Staten-Generaal of de Tweede Kamer. Voor de overeenkomstige toepassing van artikel 28, eerste lid, van die wet treedt het college in de plaats van Onze Minister.

7. De colleges van twee of meer gemeenten kunnen bepalen dat een daartoe gewezen ambtenaar van één van die gemeenten voor de uitvoering van een of meer bepalingen van de wet wordt aangewezen als de in artikel 1, tweede lid, bedoelde gemeenteambtenaar van die gemeenten.

8. Op een bezwaarschrift dat niet is ingediend in de laatste zes weken van een kalenderjaar, doet de in artikel 1, tweede lid, bedoelde gemeenteambtenaar in afwijking van artikel 7:10, eerste lid, van de Algemene wet bestuursrecht, uitspraak in het kalenderjaar waar in het bezwaarschrift is ontvangen.

Artikel 31

1. Met betrekking tot de toepassing van de hoofdstukken III en IV kunnen bij algemene maatregel van bestuur:
   a. regels worden gesteld waarbij de artikelen 48, 52, eerste, tweede en derde lid, en – voor zoveel het betreft de inrichting en het voeren van de administratie – zesde lid, 53, eerste en vierde lid, en 55 van de Algemene wet inzake rijksbelastingen geheel of gedeeltelijk van toepassing worden verklaard, dan wel
   b. regels worden gesteld die overeenkomen met die in de in onderdeel a genoemde artikelen.

2. De in het eerste lid bedoelde regels bevatten in elk geval een omschrijving van degene op wie de verplichting rust, alsmede ten behoeve waarvan de verplichting geldt. Voorts vermelden deze regels naar gelang de aard van de verplichting een omschrijving van de aard van de te verstrekken gegevens en inlichtingen, van de aard van de gegevens welke uit de administratie dienen te blijken of van het doel waarvoor het voor raadpleging beschikbaar stellen van gegevensdragers kan geschieden.

Artikel 32

De *afnemers* kunnen aan het college de gegevens en *inlichtingen verschaffen* welke van belang kunnen zijn voor een juiste uitvoering van de wet.

Artikel 32a

Gemeenten zijn gehouden elkaar desgevraagd kosteloos gegevens en inlichtingen te verschaffen die van belang kunnen zijn voor een juiste uitvoering van de wet. Bij of krachtens algemene maatregel van bestuur kunnen hiervoor nadere regels worden gesteld.

Artikel 33

1. Degene die:
   a. ingevolge het bepaalde bij of krachtens de wet verplicht zijnde tot het verstrekken van inlichtingen, gegevens of aanwijzingen, geen, onjuiste of onvolledige inlichtingen, gegevens of aanwijzingen verstrekt;
   b. ingevolge het bepaalde bij of krachtens de wet verplicht zijnde tot het voor raadpleging beschikbaar stellen van boeken, bescheiden, andere gegevensdragers of de inhoud daarvan, geen, valse of vervalste gegevensdragers voor raadpleging beschikbaar stelt, dan wel de inhoud daarvan niet, in valse of vervalste vorm, voor dit doel beschikbaar stelt;
   c. ingevolge het bepaalde bij of krachtens de wet verplicht zijnde tot het voeren van een administratie overeenkomstig de daaraan bij of krachtens de wet gestelde eisen, een zodanige administratie niet voert;
   d. ingevolge het bepaalde bij of krachtens de wet verplicht zijnde tot het bewaren van boeken, bescheiden of andere gegevensdragers, deze andere gegevensdragers niet bewaart;
   een en ander, indien daarvan het gevolg zou kunnen zijn dat de waarde van een onroerende zaak te laag zou kunnen worden vastgesteld, wordt gestraft met hechtenis van ten hoogste zes maanden of geldboete van de derde categorie.
2. Degene die een der in het eerste lid omschreven feiten opzettelijk begaat, wordt gestraft met gevangenisstraf van ten hoogste vier jaren of geldboete van de vierde categorie.
3. Degene die niet voldoet aan de hem bij de artikelen 49, tweede lid, en 50, eerste lid, van de Algemene wet inzake rijksbelastingen opgelegde verplichtingen, wordt gestraft met geldboete van de derde categorie.

Artikel 34
Overtreding van de krachtens de wet bij algemene maatregel van bestuur gestelde bepalingen wordt, voor zover die overtreding is aangemerkt als strafbaar feit, gestraft met geldboete van de derde categorie.

Artikel 35
Overtreding van de krachtens de wet bij ministeriële regeling gestelde algemene voorschriften wordt, voor zover die overtreding is aangemerkt als strafbaar feit, gestraft met geldboete van de tweede categorie.

Artikel 36
De bij de wet strafbaar gestelde feiten waarop gevangenisstraf is gesteld, zijn misdrijven. De overige bij of krachtens de wet strafbaar gestelde feiten zijn overtredingen.

Artikel 37
De artikelen 73, 77, 78, 80, eerste lid, 81, 83, 85 en 88 van de Algemene Wet inzake rijksbelastingen zijn van overeenkomstige toepassing.

HOOFDSTUK VI
Gegevensbeheer

Artikel 37a
1. Er is een basisregistratie WOZ waarin waardegegevens met bijbehorende temporele en meta-kenmerken zijn opgenomen. Het waardegegeven, bedoeld in de vorige volzin, is een authentiek gegeven.
2. In de basisregistratie WOZ zijn ook bij algemene maatregel van bestuur aan te wijzen authentieke gegevens uit andere basisregistraties opgenomen.
3. De basisregistratie WOZ heeft tot doel de afnemers te voorzien van waardegegevens.

Artikel 37b
1. Het college verstrekt een waardegegeven met bijbehorende temporele en meta-kenmerken aan de afnemer die het waardegegeven gebruikt voor de heffing van belastingen.

2. Een waardegegeven waarbij op grond van artikel 37g de aantekening «in onderzoek» is geplaatst, wordt uitsluitend verstrekt onder mededeling van die aantekening.

3. Het college deelt, na verwijdering van de aantekening «in onderzoek», aan een afnemer die het desbetreffende waardegegeven voorafgaand aan de verwijdering van de aantekening verstrekt heeft gekregen en gebruikt voor de heffing van belastingen, mee dat de aantekening is verwijderd en of het gegeven is gewijzigd.

4. Het college verstrekt een waardegegeven met bijbehorende temporele en meta-kenmerken op verzoek aan een afnemer die dat gegeven gebruikt voor een andere toepassing dan voor de heffing van belastingen. Voor zover die afnemer het college daarom heeft verzocht, is het derde lid van overeenkomstige toepassing.

5. Met een waardegegeven kunnen authentieke gegevens uit andere basisregistraties worden meegeleverd.

6. Het college draagt er zorg voor dat de weergave van een meegeleverd authentiek gegeven uit een andere basisregistratie overeenstemt met dat gegeven, als opgenomen in die andere basisregistratie.

Artikel 37c

1. Een afnemer gebruikt een waardegegeven uitsluitend bij de uitoefening van een op grond van een wettelijk voorschrift verleende bevoegdheid tot gebruik van dit gegeven.

2. Een afnemer is niet bevoegd een waardegegeven verder bekend te maken dan noodzakelijk voor de uitoefening van de hem verleende bevoegdheid.

Artikel 37d

1. Voor zover een afnemer een op grond van een wettelijk voorschrift verleende bevoegdheid tot gebruik van het waardegegeven uitoefent, gebruikt hij het waardegegeven zoals dat ten tijde van het gebruik is opgenomen in de basisregistratie WOZ.

2. Voor een andere toepassing dan voor de heffing van belastingen geldt het eerste lid niet indien bij het waardegegeven de aantekening «in onderzoek» is geplaatst.

Artikel 37e

Voor zover artikel 37d, eerste lid, van toepassing is, hoeft degene aan wie door een afnemer om een waardegegeven wordt gevraagd dat gegeven niet te verstrekken.

Artikel 37f

1. In aanvulling in zoverre op artikel 32 meldt een afnemer die gerede twijfel heeft over de juistheid van een authentiek gegeven dat hij verstrekt heeft gekregen uit de basisregistratie WOZ dit aan het college, onder opgaaf van redenen.
2. Voor zover een terugmelding betrekking heeft op een authentiek gegeven dat is overgenomen uit een andere basisregistratie, zendt het college die melding onverwijld door aan de beheerder van die andere basisregistratie en doet daarvan mededeling aan de afnemer die de terugmelding heeft gedaan.
3. Bij ministeriële regeling kunnen regels worden gesteld omtrent:
   a. de gevallen waarin een terugmelding achterwege kan blijven, omdat de terugmelding niet van belang is voor het bijhouden van de basisregistratie;
   b. de wijze waarop een terugmelding moet worden gedaan;
   c. de termijn waarbinnen de afhandeling van het onderzoek naar aanleiding van een terugmelding over een waardegegeven moet plaatsvinden.

Artikel 37g

1. Het college plaatst de aantekening «in onderzoek» bij een waardegegeven indien ten aanzien van dat waardegegeven:
   a. een terugmelding is gedaan;
   b. een bezwaar- of beroepschrift is ingediend;
   c. een verzoek om ambtshalve vermindering is gedaan, of
   d. overigens gerede twijfel is ontstaan omtrent de juistheid van dat gegeven.
   Voor de onderdelen a en d geldt een bij ministeriële regeling te bepalen termijn waarbinnen het college bepaalt of de aantekening «in onderzoek» al dan niet wordt geplaatst.
2. Het college verwijdert de aantekening «in onderzoek»:
   a. na de afhandeling van het onderzoek naar aanleiding van de terugmelding;
   b. nadat de beslissing op bezwaar of de rechterlijke uitspraak onherroepelijk is geworden;
   c. na de afhandeling van het verzoek om ambtshalve vermindering, of
   d. na de afhandeling van het onderzoek naar aanleiding van de situatie, bedoeld in het eerste lid, onderdeel d.

Artikel 38

Het college draagt zorg voor het verzamelen, opslaan en verstrekken van de gegevens betreffende de in de gemeente gelegen onroerende zaken en betreffende de waarde ervan, een en ander voor zover dit voor de uitvoering van de wet noodzakelijk is.

Artikel 39

Bij of krachtens algemene maatregel van bestuur worden nadere regels gesteld met betrekking tot het te registreren en te verstrekken gegevenspakket, de periodiciteit en de wijze van verstrekking.

HOOFDSTUK VII
Gegevensverstrekking

Artikel 40

1. Op verzoek kan het waardegegeven van een bepaalde onroerende zaak door de in artikel 1, tweede lid, bedoelde gemeenteambtenaar worden verstrekt aan een ieder die kan aantonen uit hoofde van de belastingheffing te zijnen aanzien een gerechtvaardigd belang te hebben bij de verkrijging daarvan.
2. De in artikel 1, tweede lid, bedoelde gemeenteambtenaar verstrekt uitsluitend aan degene te wiens aanzien een beschikking is genomen, op verzoek een afschrift van de gegevens die ten grondslag liggen aan de vastgestelde waarde.
3. Bij of krachtens algemene maatregel van bestuur kunnen regels worden gesteld met betrekking tot de vergoeding die in rekening kan worden gebracht ter zake van de verstrekking van een waardegegeven aan derden.

HOOFDSTUK VIII
Overgangs- en slotbepalingen

Artikel 41 [Vervallen.]

Artikel 42 [Vervallen.]

Artikel 43 [Vervallen.]

Artikel 44

Bij of krachtens algemene maatregel van bestuur kunnen in aanvulling op de in de wet geregelde onderwerpen nadere regels worden gesteld met betrekking tot de uitvoering van de wet en de regelingen ingevolge de wet.

Artikel 45 [Vervallen.]

Artikel 46

Deze wet treedt in werking met ingang van 1 januari 1995

Artikel 47

Deze wet wordt aangehaald als: Wet waardering onroerende zaken.

2   Uitvoeringsbesluit onderbouwing en uitvoering waardebepaling Wet waardering onroerende zaken

Artikel 1

1. Dit besluit geeft uitvoering aan artikel 20, tweede lid, van de We
   t waardering onroerende zaken.
2. In dit besluit wordt verstaan onder de wet: de Wet waardering o
   nroerende zaken.

Artikel 2

1. Bij ministeriële regeling wordt een *instructie* vastgesteld waarin
   regels zijn neergelegd voor de onderbouwing en de uitvoering
   van de *waardebepaling* van onroerende zaken op de voet van de
   wet.
2. Bij ministeriële regeling worden de vakbekwaamheidseisen
   vastgesteld waaraan degenen die de waardebepaling als bedoeld
   in de wet uitvoeren, moeten voldoen.

Artikel 3

De instructie bevat *richtlijnen* voor het *rapporteren* door de colleges
van burgemeester en wethouders aan de Waarderingskamer over de
stand van zaken, de planning en de voortgang van de werkzaamheden in het kader van de Wet waardering onroerende zaken, alsmede
over de kwaliteit van die werkzaamheden.

Artikel 4

De instructie bevat richtlijnen voor het verzamelen, analyseren en
registreren van objectgegevens en marktgegevens die ten grondslag
liggen aan de waardebepaling.

Artikel 5

De instructie bevat *richtlijnen* voor de toepassing van de te hanteren
taxatiemethoden en een uitwerking van die methoden.

Artikel 6

De instructie bevat richtlijnen voor de onderbouwing van de taxatie
ten behoeve van belanghebbenden in de vorm van een model-
taxatieverslag.
Het *taxatieverslag* bevat ten minste de objectaanduiding, de waarderelevante objectgegevens, de motivering van de individuele afwijking ten opzichte van de relevante marktgegevens en de getaxeerde
waarde.

Artikel 7

De instructie bevat *richtlijnen* voor het uitvoeren van *kwaliteitscontroles* door de colleges van burgemeester en wethouders.

Artikel 8

Dit besluit treedt in werking met ingang van 1 januari 1995.

Artikel 9

Dit besluit wordt aangehaald als: Uitvoeringsbesluit onderbouwing en uitvoering waardebepaling Wet waardering onroerende zaken.

3 Uitvoeringsregeling instructie waardebepaling Wet waardering onroerende zaken

Artikel 1

1. Deze regeling geeft uitvoering aan de artikelen 2, eerste lid, 3, 4, 5, 6 en 7 van het Uitvoeringsbesluit onderbouwing en uitvoering waardebepaling Wet waardering onroerende zaken.
2. In deze regeling wordt verstaan onder:
   a. de wet: de Wet waardering onroerende zaken;
   b. het besluit: het Uitvoeringsbesluit onderbouwing en uitvoering waardebepaling Wet waardering onroerende zaken.

Artikel 2 [Vervallen.]

Artikel 3

1. Het *college van burgemeester en wethouders* verzamelt, *analyseert* en *registreert* voortdurend de waarderelevante objectgegevens.
2. Het college van burgemeester en wethouders *verzamelt* voortdurend *marktgegevens* met betrekking tot de volgende handelingen in het economische verkeer:
   a. verkooptransacties van woningen en niet-woningen;
   b. verhuurtransacties van niet-woningen;
   c. stichtingskosten van niet-woningen; en
   d. gronduitgifteprijzen.
3. Het *verzamelen* van *verhuurgegevens van niet-woningen* geschiedt door middel van het inlichtingenformulier verhuurgegevens niet-woningen dat in overeenstemming is met het in bijlage 2 opgenomen model.
4. Het *verzamelen* van *gegevens over gebruikers van niet-woningen* geschiedt door middel van het inlichtingenformulier gebruikers niet-woningen dat in overeenstemming is met het in bijlage 3 opgenomen model.
5. Met betrekking tot de in het tweede lid bedoelde handelingen wordt geanalyseerd in hoeverre de omstandigheden overeenstemmen met het voorschrift voor de waardebepaling, bedoeld in artikel 17, tweede lid, van de wet, in hoeverre de gegevens overeenstemmen met vergelijkbare handelingen in het economische verkeer en in hoeverre de bij deze handelingen betrokken onroerende zaken overeenstemmen met de onroerende zaken, bedoeld in artikel 16 van de wet.

6. Het college van burgemeester en wethouders registreert de in het tweede lid bedoelde gegevens en de resultaten van de in het vijfde lid bedoelde analyses. Bij deze registratie wordt tevens vastgelegd de datum waarop de in het tweede lid bedoelde handelingen hebben plaatsgevonden.

7. Het college van burgemeester en wethouders ziet erop toe dat taxateurs die zijn aangesteld als ambtenaar der gemeentelijke belastingen buiten bezwaar van den lande in tijdelijke dienst voor onbepaalde tijd en die het beroep van bemiddelaar bij transacties met onroerende zaken uitoefenen, niet de informatie ingevolge het Besluit gegevensverstrekking Wet waardering onroerende zaken inwinnen bij de informatieplichtige, bedoeld in artikel 1, eerste lid, onderdeel a, onder 2 van dat besluit. De eerste volzin is van overeenkomstige toepassing indien de gegevensdragers van de in die volzin bedoelde informatieplichtige zich bevinden bij een administratiekantoor.

Artikel 4

1. De waarde, bedoeld in artikel 17, tweede lid, van de wet, wordt bepaald voor:
   a. *woningen*: door middel van een methode van systematische vergelijking met woningen waarvan marktgegevens beschikbaar zijn;
   b. *niet-woningen*: door middel van een methode van kapitalisatie van de bruto huur, door middel van een methode van vergelijking als bedoeld onder a, dan wel door middel van een discounted-cash-flow methode.

2. De *vervangingswaarde*, bedoeld in artikel 17, derde lid, van de wet, wordt berekend door bij de waarde van de grond van de onroerende zaak op te tellen de waarde van de opstal van de onroerende zaak. De waarde van de grond wordt bepaald door middel van een methode van vergelijking als bedoeld in het eerste lid, onder a, rekening houdend met de bestemming van de zaak.
   De waarde van de opstal wordt gesteld op de kosten die herbouw van een vervangend identiek object zouden vergen, gecorrigeerd met een factor wegens technische veroudering gebaseerd op de verstreken en de resterende gebruiksduur en met inachtneming van de restwaarde, en gecorrigeerd met een factor wegens functionele veroudering, gebaseerd op economische veroudering, verouderde bouwwijze, ondoelmatigheid en excessieve gebruikskosten.

3. Bij de berekening van de vervangingswaarde, bedoeld in artikel 17, derde lid, van de wet, voor *kerkgebouwen* en andere *onroerende zaken met cultuurhistorische betekenis* wordt een zodanige factor voor functionele veroudering toegepast dat de waarde overeenstemt met de benuttingswaarde van die onroerende zaak.

4. Bij de berekening van de vervangingswaarde, bedoeld in artikel 17, derde lid, van de wet voor bedrijfsmatig gebruikte onroerende zaken wordt een zodanige factor door functionele veroudering toegepast dat de waarde overeen komt met de bedrijfswaarde van die onroerende zaak rekening houdend met de economische situatie in de desbetreffende branche of bedrijfstak.

Artikel 5

Het college van burgemeester en wethouders rapporteert desgevraagd binnen vier weken aan de Waarderingskamer over de stand van zaken, de planning en de voortgang van de werkzaamheden in het kader van de Wet waardering onroerende zaken, alsmede over de kwaliteit van die werkzaamheden. Deze rapportage vindt plaats aan de hand van door de Waarderingskamer te stellen vragen.

Artikel 6

1. Als *model* van het *taxatieverslag* van woningen wordt vastgesteld het formulier dat in overeenstemming is met het in bijlage 4 opgenomen model.

2. Als model van het taxatieverslag van niet-woningen, waarvan de waarde is bepaald op de vervangingswaarde, wordt vastgesteld het formulier dat in overeenstemming is met het in bijlage 5 opgenomen model.

3. Als model van het taxatieverslag van niet-woningen, waarvan de waarde is bepaald door middel van een methode van kapitalisatie van de brutohuur, wordt vastgesteld het formulier dat in overeenstemming is met het in bijlage 6 opgenomen model.

Artikel 7

Het college van burgemeester en wethouders voert voortdurend kwaliteitscontroles uit over de verrichte werkzaamheden in het kader van de uitvoering van de wet.

Artikel 8

Deze regeling treedt in werking met ingang van 1 januari 1995.

Artikel 9
Deze regeling kan worden aangehaald als: Uitvoeringsregeling instructie waardebepaling Wet waardering onroerende zaken.

Bijlage 2* Model inlichtingenformulier verhuurgegevens niet-woningen

Gevraagde huurgegevens hebben betrekking op: (in te vullen door gemeente)

Objectaanduiding:

Gemeente: ....

Woonplaats: ....

Straatnaam: ....

Huisnummer: ...

Postcode: ....

Lokatieomschrijving: ....

Objectgegevens:

Soort object: ....

Huurprijs: (deze vraag altijd invullen)

Huurprijs voor het object: €...... per maand / perjaar

(huurprijs exclusief BTW en exclusief servicekosten)

Aanvullende gegevens (deze vragen alleen invullen voor zover bekend)

Wat is de looptijd van het huurcontract? ... jaar

Eventuele optiejaren? ... jaar

Is de huurprijs geïndexeerd? ja / nee

Zo ja, wanneer wordt de huur voor het eerst verhoogd? ....

Zijn of worden er door de huurder investeringen
gedaan in het gebouw (bijv. scheidingswanden, gevel)? ja / nee

Heeft de huurprijs ook betrekking op andere elementen
dan de onroerende zaak (roerende goederen, gebruik
telefoon, aanwezigheid receptionist(e) etc.)? ja / nee

Zijn ter onderbouwing van de huurprijs in het huurcontract
of bij de totstandkoming van de huurprijs de huurprijzen
per vierkante meter voor afzonderlijke onderdelen afgesproken?

Zo ja, geef de afgesproken bedragen hieronder weer:

(huurprijzen exclusief BTW en servicekosten; er kan ook
sprake zijn van andere eenheden, bijv. huurprijs per parkeerplaats)

Omschrijving deel: huurprijs / m²

.... €...............

.... €...............

.... €...............

Contactpersoon

Ingevuld door: naam: ....

telefoon: ....

*   Bijlage 1 is vervallen.

Bijlage 3 Model inlichtingenformulier gebruikers niet-woningen

Gevraagde mutaties hebben betrekking op: (in te vullen door gemeente)
Aanduiding complex:
Gemeente: ....
Woonplaats: ....
Straatnaam: ....
Huisnummer: ...
Postcode: ....

Bij gemeente bekende gebruikers: (in te vullen door gemeente)
Volgens de bij de gemeente bekende gegevens hebben de volgende gebruikers binnen het complex de beschikking over één of meer zelfstandige eenheden:
....
....

Vertrokken gebruikers:
Zijn er voor 1 januari .... (jaartal in te vullen door gemeente) één of meer van deze gebruikers uit het complex vertrokken? Zo ja, welke gebruikers waren dit:

Naam gebruiker: Vertrokken per:
....
....

* (Gelieve aan te geven als om andere redenen gebruikers ten onrechte zijn vermeld)

Nieuwe gebruikers:
Zijn er voor of op 1 januari .... (jaartal in te vullen door gemeente) één of meer nieuwe gebruikers van zelfstandige eenheden binnen het complex gekomen?
Zo ja, welke gebruikers zijn dit en geef aan welke zelfstandige eenheden binnen het complex worden gebruikt.

Naam gebruiker: Gekomen per: Aanduiding object:
....
....

Mutaties objecten binnen het complex
Is tussen 1 januari .... (jaartal in te vullen door gemeente) bij één of meer van de genoemde gebruikers de omvang van de gehuurde eenheid gewijzigd?
Zo ja, wat is de aarde van de wijziging (bijv. derde verdieping erbij gehuurd)?

Naam gebruiker: * Gewijzigd per: * Aard wijziging:
....
....

* (Gelieve aan te geven als om andere redenen gebruikers ten onrechte zijn vermeld)

Contactpersoon

Ingevuld door: naam: ....   telefoon: ....

Bijlage 4 Model taxatieverslag woningen

Aanduiding woning:

Straatnaam: ....

Huisnummer: ....

Postcode: ....

Woonplaats: ....

Lokatie-omschrijving: ....

Waardepeildatum: ....

Kadastrale objecten betrokken in deze taxatie:

Kadastrale sectie: gemeente:	perceel letter: nummer:	indexnr:	grond oppervlakte:
....	....	....	.... m²
....	....	....	.... m²
....	....	....	.... m²

Objectgegevens:

Bijzondere kenmerken:

Soort woning   : ....

Buurt   : ....

Bouwjaar   : ....

Grootte van de woning   : ....m²

(exclusief bijgebouwen)

Bijgebouwen   : ....

Marktgegevens:

De getaxeerde woning is verkocht:*

Transportdatum: verkoopprijs: bijzondere omstandigheden:

....

*   Alleen indien de woning is verkocht binnen de periode van vijf jaar voor de waardepeildatum tot het moment van het verstrekken van het taxatieverslag.

Andere relevante marktgegevens:

Straatnaam:	....	....	....
Huisnummer:	....	....	....
Postcode:	....	....	....
Woonplaats:	....	....	....
Soort woning:	....	....	....
Buurt:	....	....	....
Bouwjaar:	....	....	....
Grootte van de woning:	....	....	....
Bijgebouwen:	....	....	....
Grondopper-vlakte:	....	....	....
– waarvan tuinopper-vlakte:	....	....	....
Verkoopdatum:	....	....	....
Verkoopprijs:	....	....	....
Vastgestelde waarde:	....	....	....

Vastgestelde waarde: ....

Bijlage 5 Model taxatieverslag niet-woningen (vervangingswaarde)

Aanduiding object:

Straatnaam:	....
Huisnummer:	....
Postcode:	....
Woonplaats:	....
Locatieomschrijving:	....

Waardepeildatum: ....

Object is inclusief de volgende adressen:

Straatnaam:	....
Huisnummer:	....
Postcode:	....

Kadastrale objecten betrokken in deze taxatie:

Kadastrale gemeente:	sectie:	perceelnr:	letter:	index:	oppervlakte
....	....	....	....	....	........m^2
....	....	....	....	....	........m^2
....	....	....	....	....	........m^2

Objectgegevens: **Bijzondere kenmerken:**

Soort object:	....
Buurt:	....
Bouwjaar:	....
Grootte van het object:	......................m^3

Marktgegevens:
Van het getaxeerde object zijn de volgende marktgegevens verzameld:

Bouwjaar:	stichtingskosten:	bijzondere omstandigheden
....	....	....

Opbouw taxatie en gecorrigeerde vervangingswaarde:

Deel object   grootte: ....m³   investeringskosten/m³: ....

....   bouwjaar: ....   levensduur: ....

               restwaarde: ....%   resterende levensduur: ....
               techn.

               veroudering: ....%   factor: ....
               func.

               veroudering: ....%   factor: ....

                                                      waarde deel object: ....
Deel object:

....   grootte: ....m³   investeringskosten/m³: ....

               bouwjaar: ....   levensduur: ....

               restwaarde: ....%   resterende levensduur: ....
               techn.

               veroudering: ....%   factor: ....
               func.

               veroudering: ....%   factor: ....

                                                      waarde deel object: ....

Grondopper-
vlakte: grootte: ......m²

                                      investeringskosten/m²: ....
                                      waarde grond: ....

                                      Vastgestelde
                                      waarde: ....

De vastgestelde waarde is inclusief/ exclusief* omzetbelasting.

* Doorhalen wat niet van toepassing is.

Bijlage 6 Model taxatieverslag niet-woningen (huurkapitalisatie)

Aanduiding object:

Straatnaam:	....	Waardepeildatum: ....
Huisnummer:	....	
Postcode:	....	
Woonplaats:	....	
Locatieomschrijving:		

Object is inclusief de volgende adressen:

Straatnaam: ....
Huisnummer: ....
Postcode: ....

Kadastrale objecten betrokken in deze taxatie:

Kadastrale gemeente:	sectie:	perceelnr:	letter:	index:	opper-vlakte
....	....	....	....	....	..........m^2
....	....	....	....	....	..........m^2
....	....	....	....	....	..........m^2

Marktgegevens:

Van het getaxeerde object zijn de volgende marktgegevens verzameld:

Ingangsdatum:	huurprijs:	bijzondere omstandigheden:
....	....	

Opbouw taxatie en kapitalisatie huurwaarde:

Deel object:	oppervlakte:	huurwaarde	kapitalisatiefactor	waarde:
....	..............m^2	....	....	....
....	..............m^2	....	....	....
....	..............m^2	....	....	....
....	..............m^2	....	....	....
....	..............m^2	....	....	....

Overige deelobjecten:

....	....
....	....

4 Uitvoeringsregeling uitgezonderde objecten Wet waardering onroerende zaken

Artikel 1

Deze regeling geeft uitvoering aan artikel 18, vierde lid, van de Wet waardering onroerende zaken.

Artikel 2

1. Bij de bepaling van de waarde wordt buiten aanmerking gelaten de waarde van:
   a. ten behoeve van de *land- of bosbouw* bedrijfsmatig geëxploiteerde cultuurgrond, voorzover die niet de ondergrond vormt van gebouwde eigendommen;
   b. één of meer onroerende zaken die deel uitmaken van een op de voet van de *Natuurschoonwet* 1928 aangewezen *landgoed*, dat voldoet aan de voorwaarden, genoemd in artikel 8 van het Rangschikkingsbesluit Natuurschoonwet 1928, met uitzondering van de daarop voorkomende gebouwde eigendommen;
   c. *natuurterreinen* waaronder mede worden verstaan duinen, heidevelden, zandverstuivingen, moerassen en plassen, die beheerd worden door rechtspersonen met volledige rechtsbevoegdheid welke zich uitsluitend of nagenoeg uitsluitend het behoud van natuurschoon ten doel stellen;
   d. openbare land- en waterwegen en banen voor openbaar vervoer per rail, een en ander met inbegrip van kunstwerken;
   e. *werktuigen* die van een onroerende zaak kunnen worden afgescheiden zonder dat beschadiging van betekenis aan de werktuigen wordt toegebracht en die niet op zichzelf als gebouwde eigendommen zijn aan te merken;
   f. *waterverdedigings- en waterbeheersingswerken* die worden beheerd door organen, instellingen of diensten van publiekrechtelijke rechtspersonen, met uitzondering van de delen van zodanige werken die dienen als woning;
   g. onroerende zaken die in hoofdzaak zijn bestemd voor de *openbare eredienst* of voor het houden van *openbare bezinningssamenkomsten* van levensbeschouwelijke aard, een en ander met uitzondering van delen van zodanige onroerende zaken die dienen als woning;

h. werken die zijn bestemd voor de zuivering van riool- en ander afvalwater en die worden beheerd door organen, instellingen of diensten van publiekrechtelijke rechtspersonen, met uitzondering van de delen van zodanige werken die dienen als woning.

2. Voor de toepassing van het eerste lid, onderdeel a, wordt onder landbouw verstaan landbouw in de zin van artikel 312 van Boek 7 ven het Burgerlijk Wetboek.

Artikel 3

Deze regeling treedt in werking met ingang van 1 januari 1995.

Artikel 4

De regeling wordt aangehaald als: Uitvoeringsregeling uitgezonderde objecten Wet waardering onroerende zaken.

5 Natuurschoonwet 1928 (uittreksel)

Artikel 1

1. Deze wet verstaat onder:
   a. *landgoed*:
   een in Nederland gelegen, geheel of gedeeltelijk met natuurterreinen, bossen of andere houtopstanden bezette onroerende zaak - daaronder begrepen die waarop een buitenplaats of andere, bij het karakter van het landgoed passende, opstallen voorkomen - voor zover het blijven voortbestaan van die onroerende zaak in zijn karakteristieke verschijningsvorm voor het behoud van het natuurschoon wenselijk is;
   b. eigenaar:
   - 1°. de eigenaar van een onroerende zaak die niet is bezwaard met het beperkt recht van vruchtgebruik of, behoudens in gevallen als bedoeld in het derde lid, dat van erfpacht;
   - 2°. de vruchtgebruiker of, behoudens in gevallen als bedoeld in het derde lid, de erfpachter;
   c. *economische eigendom*:
   een samenstel van rechten en verplichtingen met betrekking tot een onroerende zaak, dat een belang bij die zaak vertegenwoordigt. Het belang omvat ten minste enig risico van waardeverandering en komt toe aan een ander dan de civiel-juridische eigenaar. De verlening van uitsluitend het recht op levering wordt niet aangemerkt als overdracht van economische eigendom;
   d. Onze Minister: Onze Minister van Landbouw, Natuur en Voedselkwaliteit;
   e. Onze Ministers: Onze Ministers van Landbouw, Natuur en Voedselkwaliteit.
2. Bij of krachtens algemene maatregel van bestuur worden regels gesteld inzake de voorwaarden waaraan een onroerende zaak moet voldoen om te kunnen worden aangemerkt als een landgoed. Die voorwaarden betreffen:
   a. de oppervlakte van de onroerende zaak, waarbij mede in aanmerking kan worden genomen de oppervlakte van één aangrenzende onroerende zaak die als een landgoed is aangemerkt of gelijktijdig met de eerstgenoemde onroerende zaak als een landgoed wordt aangemerkt, indien tussen de beide onroerende zaken een nauwe historische band bestaat;

b. het percentage van de oppervlakte van de onroerende zaak dat ten minste met natuurterreinen, bossen of andere houtopstanden bezet dient te zijn alsmede de aard van de natuurterreinen, bossen en andere houtopstanden;

c. de omvang en hoedanigheid van de niet met natuurterreinen, bossen of andere houtopstanden bezette terreinen, al dan niet gerelateerd aan de hoedanigheid van direct aan de onroerende zaak grenzende terreinen;

d. de wijze en de aard van de bebouwing;

e. het soort gebruik dat van de terreinen en de opstallen wordt gemaakt.

3. Indien een onroerende zaak bezwaard is met het recht van erfpacht wordt, onder bij algemene maatregel van bestuur te stellen voorwaarden, in plaats van de erfpachter de hoofdgerechtigde van die onroerende zaak aangemerkt als de eigenaar, indien de hoofdgerechtigde aantoont dat bij de erfpachter geen economische eigendom van de onroerende zaak berust.

4. In afwijking in zoverre van het tweede lid worden bij algemene maatregel van bestuur regels gesteld inzake de voorwaarden waaraan een onroerende zaak, die voldoet aan de in het tweede lid, onderdelen a, c, d en e bedoelde voorwaarden, doch niet aan de voorwaarden, bedoeld in het tweede lid, onderdeel b, moet voldoen om te kunnen worden aangemerkt als een landgoed.

(...)

Artikel 4

1. Vanaf het tijdstip waarop een onroerende zaak of een gedeelte daarvan niet langer als een landgoed wordt aangemerkt, wordt die onroerende zaak of dat gedeelte binnen een termijn van 10 jaren niet opnieuw als zodanig aangemerkt ingeval het verzoek daartoe wordt gedaan door degene die op dat tijdstip eigenaar was of door een vennootschap waarvan hij middellijk of onmiddellijk aandeelhouder is.

2. Indien in het geval als bedoeld in artikel 3, eerste lid, onderdeel b, het karakter van landgoed niet in ernstige mate is aangetast kunnen Onze Ministers bij gezamenlijke beschikking, in afwijking in zoverre van het eerste lid, een kortere termijn van ten hoogste 5 jaren vaststellen en kunnen zij daarbij voorwaarden stellen. Alsdan vinden de artikelen 8 en 9c geen toepassing. Ingeval de in de eerste volzin bedoelde aantasting van het karakter van landgoed voortvloeit uit omstandigheden die het gevolg zijn van overmacht, wordt bovendien voor de toepassing van artikel 5.7, eerste lid, onderdeel c, van de Wet inkomstenbelasting 2001 en van artikel 220d, eerste lid, onderdeel d, van de

Gemeentewet de onroerende zaak of het desbetreffende gedeelte daarvan gelijkgesteld met een landgoed.

3. Het eerste lid en de artikelen 8 en 9c vinden alsnog toepassing indien binnen de kortere termijn:

a. de eigenaar of een van degenen bedoeld in artikel 1, eerste lid, onderdeel b, onder 3°, Onze Minister schriftelijk mededeelt dat hij zijn onroerende zaak onderscheidenlijk het in het eerste lid bedoelde gedeelte na afloop van die termijn niet opnieuw wenst aangemerkt te zien als een landgoed;

b. de krachtens het tweede lid gestelde voorwaarden niet worden nageleefd; dan wel

c. zich wederom een geval als bedoeld in artikel 3, eerste lid, onderdeel b, voordoet.

4. Met betrekking tot het derde lid, onderdeel a, en de onderdelen b en c, vinden artikel 3, derde lid, onderscheidenlijk vierde, vijfde en zesde lid, overeenkomstige toepassing.

(...)

Artikel 12

Deze wet kan worden aangehaald als 'Natuurschoonwet 1928'.

Artikel 13

Deze wet wordt geacht in werking te zijn getreden met ingang van den eersten Januari 1928.

6 Uitvoeringsbesluit Wet waardering onroerende zaken

Artikel 1
1. Dit besluit geeft uitvoering aan artikel 44 van de Wet waardering onroerende zaken.
2. In dit besluit wordt verstaan onder de wet: de Wet waardering onroerende zaken.

Artikel 2
Indien een op de voet van hoofdstuk IV van de wet vastgestelde waarde onherroepelijk is komen vast te staan doch binnen vijf jaren na het nemen van de beschikking terzake blijkt dat deze waarde tot een te hoog bedrag is vastgesteld, vermindert de in artikel 1, tweede lid, van de wet bedoelde gemeenteambtenaar, ingeval de waarde had behoren te zijn vastgesteld op een bedrag dat ten minste 20 percent, met een minimum van € 5.000, lager is dan de te hoog vastgestelde waarde, zo spoedig mogelijk bij beschikking de te hoog vastgestelde waarde.

Artikel 3
Indien een op de voet van hoofdstuk IV van de wet vastgestelde waarde ten gunste van een belanghebbende wordt verminderd, vermindert de in artikel 1, tweede lid, van de wet bedoelde gemeenteambtenaar dienovereenkomstig en gelijktijdig bij beschikking de te hoog vastgestelde waarde ten gunste van alle overige belanghebbenden ten aanzien van wie met betrekking tot dezelfde onroerende zaak de waarde eveneens te hoog is vastgesteld.

Artikel 4
1. Dit besluit treedt in werking met ingang van de dag na de datum van uitgifte van het Staatsblad waarin het wordt geplaatst.
2. Dit besluit wordt aangehaald als: Uitvoeringsbesluit Wet waardering onroerende zaken.

7 Uitvoeringsregeling vakbekwaamheidseisen Wet waardering onroerende zaken

Artikel 1

1. Deze regeling geeft uitvoering aan artikel 2, tweede lid, van het Uitvoeringsbesluit onderbouwing en uitvoering waardebepaling Wet waardering onroerende zaken.
2. In deze regeling wordt verstaan onder:
   a. de wet: de Wet waardering onroerende zaken;
   b. het besluit: het Uitvoeringsbesluit onderbouwing en uitvoering waardebepaling Wet waardering onroerende zaken.

Artikel 2

De *vakbekwaamheidseisen*, bedoeld in artikel 2, tweede lid, van het besluit omvatten ten aanzien van *taxateurs* van woningen kennis en vaardigheden op de in de onderdelen a, b en c omschreven terreinen.

a. Algemene *taxatietechnische kennis*:
   – grondige kennis van de rechten die op een woning kunnen rusten;
   – grondige kennis van de kadastrale registratie van onroerende zaken en de wijze waarop de kadastrale identificaties worden toegekend door het Kadaster;
   – grondige kennis van de omstandigheden die van belang zijn bij de totstandkoming van een transactie en de transactieprijs;
   – grondige kennis van de methode voor de waardebepaling van woningen;
   – grondige kennis van de noodzakelijke inhoud van een taxatieverslag voor een woning;
   – kennis van de economische factoren die van belang zijn voor de woningmarkt;
   – kennis van de kenmerken die van belang zijn voor de beoordeling van de verschillen tussen twee woningen die mogelijk leiden tot een verschil in marktwaarde;
   – kennis van de kenmerken die de bouwkundige kwaliteit van een woning beïnvloeden en van de instrumenten om deze kenmerken te beoordelen;
   – grondige kennis van de invloed van de bouwkundige kwaliteit op de waarde van een woning.

b. *Praktijkvaardigheden taxeren onroerende zaken*:
   – het kunnen bepalen van de waarde van een woning;

- het kunnen beoordelen of de prijs bedongen bij een transactie een redelijke indicatie geeft van de marktwaarde van een woning;
- het kunnen beoordelen welke objectgegevens relevant zijn voor de bepaling en de onderbouwing van de waarde van een woning;
- het kunnen bepalen van een verschil in marktwaarde tussen twee woningen;
- het kunnen opstellen van een volledige onderbouwing van een taxatie van een woning;
- het kunnen beoordelen van de bouwkundige kwaliteit van een woning en het kunnen aangeven welke invloed die heeft op de waarde.

c. Specifieke *kennis* en *vaardigheden Wet waardering onroerende zaken*:
- grondige kennis van de regels van de wet en de daarop berustende regelingen met betrekking tot de afbakening van een onroerende zaak alsmede van de jurisprudentie ter zake;
- grondige kennis van de regels van de wet en de daarop berustende regelingen met betrekking tot de waardebepaling en de onderbouwing van de waarde alsmede van de jurisprudentie ter zake;
- kennis van de procedures voor de behandeling van bezwaarschriften en beroepschriften in het kader van de wet;
- het kunnen interpreteren van jurisprudentie en het kunnen toepassen van deze jurisprudentie bij de waardebepaling van woningen in concrete situaties;
- het volgens de regels van de wet en de daarop berustende regelingen kunnen afbakenen van een onroerende zaak in het kader van de wet;
- het kunnen toepassen van de jurisprudentie met betrekking tot het afbakenen van een onroerende zaak in het kader van de wet;
- het kunnen identificeren van een onroerende zaak in het kader van de wet aan de hand van de kadastrale aanduiding en de kadastrale oppervlakten;
- het kunnen toepassen van marktgegevens;
- het kunnen organiseren van de eigen taxaties in een massaal waarderingsproces;
- het kunnen beoordelen welke objectgegevens gebruikt moeten worden bij de bepaling en de onderbouwing van de vastgestelde waarde bij de uitvoering van een massaal waarderingsproces, waarbij mogelijk gebruik gemaakt wordt van geautomatiseerde taxatie-ondersteuning;

- het kunnen beschrijven van de kwaliteit van de verrichte werkzaamheden en het hierover kunnen rapporteren aan het college van burgemeester en wethouders en de Waarderingskamer;
- het ervoor kunnen zorgdragen dat alle elementen van het taxatieproces en alle categorieën woningen op enige wijze onderworpen zijn aan een kwaliteitscontrole;
- het mede op basis van marktgegevens kunnen onderbouwen van de waardebepaling ten behoeve van een belanghebbende en eventueel ten behoeve van de rechter in belastingzaken.

Artikel 3

De *vakbekwaamheidseisen*, bedoeld in artikel 2, tweede lid, van het besluit omvatten ten aanzien van taxateurs van andere onroerende zaken dan woningen kennis en vaardigheden op de in de onderdelen a, b en c omschreven terreinen.

a. Algemene taxatietechnische kennis:
- grondige kennis van de rechten die op een onroerende zaak kunnen rusten;
- grondige kennis van de kadastrale registratie van onroerende zaken en de wijze waarop de kadastrale identificaties worden toegekend door het Kadaster;
- grondige kennis van de omstandigheden die van belang zijn bij de totstandkoming van een transactie en de transactieprijs;
- grondige kennis van de markt voor commercieel gebruikte onroerende zaken, zoals winkels, kantoren en bedrijfsruimten;
- grondige kennis van de beschikbare methoden voor de waardebepaling van niet-woningen, met name de kapitalisatiemethode, vergelijkingsmethode, discounted-cash-flow-berekening en de gecorrigeerde-vervangingswaardeberekening;
- grondige kennis van de noodzakelijke inhoud van een taxatieverslag voor een niet-woning;
- kennis van de economische factoren die van belang zijn voor de waarde van niet-woningen;
- kennis van de kenmerken die de bouwkundige kwaliteit van een niet-woning beïnvloeden en van de instrumenten om deze kenmerken te beoordelen;
- grondige kennis van de invloed van de bouwkundige kwaliteit op de waarde van een niet-woning.
b. Praktijkvaardigheden taxeren onroerende zaken:
- Het kunnen bepalen van de waarde in het economische verkeer van een niet-woning;

- het kunnen beoordelen of de prijs bedongen bij een verkoop-transactie of een verhuurtransactie een redelijke indicatie geeft van de marktwaarde van de niet-woning;
- het kunnen beoordelen welke objectgegevens relevant zijn voor de bepaling en de onderbouwing van de waarde van de niet-woning;
- het aan de hand van marktgegevens met betrekking tot ver-koop-, verhuur- en investeringsbeslissingen kunnen bepalen van een verschil in marktwaarde tussen twee vergelijkbare objecten;
- het kunnen opstellen van een volledige onderbouwing van een taxatie van een niet-woning;
- het kunnen beoordelen van de bouwkundige kwaliteit van een object en het kunnen aangeven welke invloed dit heeft op de waarde.

c. Specifieke kennis en vaardigheden Wet waardering onroerende zaken:
  - grondige kennis van de regels van de wet en de daarop berustende regelingen met betrekking tot de afbakening van een onroerende zaak alsmede van de jurisprudentie ter zake;
  - grondige kennis van de regels van de wet en de daarop berustende regelingen met betrekking tot de waardebepaling en de onderbouwing van de waarde alsmede van de jurispru-dentie ter zake;
  - kennis van de procedures voor de behandeling van bezwaar-schriften en beroepschriften in het kader van de wet;
  - het kunnen interpreteren van jurisprudentie en het kunnen vertalen van deze jurisprudentie naar de waardebepaling van niet-woningen in concrete situaties;
  - het volgens de regels van de wet en de daarop berustende regelingen kunnen afbakenen van een onroerende zaak in het kader van de wet;
  - het kunnen toepassen van de jurisprudentie met betrekking tot het afbakenen van een onroerende zaak in het kader van de wet;
  - het kunnen identificeren van een onroerende zaak in het kader van de wet aan de hand van de kadastrale aanduiding en de kadastrale oppervlakten;
  - het kunnen bepalen van de vier elementen van een gecorri-geerde-vervangingswaardeberekening overeenkomstig de regelingen op basis van de wet;
  - het kunnen vergelijken van de gecorrigeerde vervangings-waarde met marktgegevens en het kunnen beoordelen welk waarderingsvoorschrift bepalend is voor de vast te stellen waarde in het kader van de wet;

– het kunnen toepassen van bijzondere waarderingsvoorschriften;
– het kunnen toepassen van marktgegevens;
– het kunnen beschrijven van de kwaliteit van de verrichte werkzaamheden en het hierover kunnen rapporteren aan het college van burgemeester en wethouders en aan de Waarderingskamer;
– het ervoor kunnen zorgdragen dat alle elementen van het taxatieproces en alle categorieën niet-woningen op enige wijze onderworpen zijn aan een kwaliteitscontrole;
– het mede op basis van marktgegevens kunnen onderbouwen van de waardebepaling ten behoeve van een belanghebbende en eventueel ten behoeve van de rechter in belastingzaken.

Artikel 4 [Vervallen.]

Artikel 5
Deze regeling treedt in werking met ingang van de tweede dag na de dagtekening van de Staatscourant waarin zij wordt geplaatst en werkt terug tot en met 1 januari 1995.

Artikel 6
Deze regeling wordt aangehaald als: Uitvoeringsregeling vakbekwaamheidseisen Wet waardering onroerende zaken.

8 Besluit gegevensverstrekking Wet waardering onroerende zaken

Artikel 1

1. In dit besluit wordt verstaan onder *informatieplichtige*: degene die in het bezit is van boeken, bescheiden of andere gegevensdragers waarvan de raadpleging, onderscheidenlijk de gegevens- en *inlichtingenverstrekking* van belang kunnen zijn voor de vaststelling van feiten die van invloed kunnen zijn op de bepaling en de vaststelling van de waarde van onroerende zaken ingevolge de hoofdstukken III en IV van de Wet waardering onroerende zaken, dan wel degene die van deze feiten kennis draagt, met dien verstande dat:
   a. voor de waardebepaling van een onroerende zaak, bedoeld in hoofdstuk III van de Wet waardering onroerende zaken, en voor de ten behoeve van de waardebepaling uit te voeren marktanalyse, bedoeld in artikel 4 van het Uitvoeringsbesluit onderbouwing en uitvoering waardebepaling Wet waardering onroerende zaken, slechts hieronder wordt begrepen:
      1° de eigenaar, bezitter, beperkt of persoonlijk gerechtigde of beheerder van een onroerende zaak;
      2° een ieder die bemiddelt bij transacties met onroerende zaken;
      3° degene die onroerende zaken vervaardigt of doet vervaardigen;
   b. voor de waardevaststelling van een onroerende zaak, bedoeld in hoofdstuk IV van de Wet waardering onroerende zaken, slechts hieronder wordt begrepen:
      1° de eigenaar, bezitter, beperkt of persoonlijk gerechtigde of beheerder van een onroerende zaak;
      2° de eigenaar of beheerder van een energie- of waterleidingbedrijf.
2. De in dit besluit opgenomen verplichtingen gelden mede voor een administratiekantoor dat ten behoeve van een in het eerste lid bedoelde informatieplichtige werkzaam is.
3. Informatieplichtig als bedoeld in het eerste lid zijn slechts degenen die voor de heffing van rijksbelastingen administratieplichtig zijn.
4. Voor zover dit redelijkerwijs van belang kan worden geacht voor de uitvoering van dit besluit, gelden de in dit besluit genoemde bevoegdheden en verplichtingen ook buiten de gemeente.

Artikel 2

Een informatieplichtige als bedoeld in artikel 1, eerste lid, aanhef en onderdeel a, die kennis heeft van, dan wel de beschikking heeft over gegevens betreffende:

1° datum, betrokken partijen, voorwaarden en koopsom inzake verkooptransacties van onroerende zaken of de vestiging van beperkte rechten waaraan deze zaken zijn onderworpen;

2° datum, betrokken partijen, voorwaarden en tegenprestaties inzake ingebruikgeving of datum, betrokken partijen, voorwaarden en huursom inzake verhuurtransacties van onroerende zaken die niet tot woning dienen;

is gehouden desgevraagd aan het college van burgemeester en wethouders of de in artikel 1, tweede lid, van de Wet waardering onroerende zaken bedoelde gemeenteambtenaar:

a. deze gegevens en inlichtingen te verstrekken, of

b. de boeken, bescheiden en andere gegevensdragers of de inhoud daarvan – zulks ter keuze van het college van burgemeester en wethouders of de in artikel 1, tweede lid, van de Wet waardering onroerende zaken bedoelde gemeenteambtenaar – voor raadpleging beschikbaar te stellen.

Artikel 3

Een informatieplichtige als bedoeld in artikel 1, eerste lid, aanhef en onderdeel a, onder 3°, die kennis heeft van, dan wel de beschikking heeft over de gegevens betreffende de vervaardigingskosten, datum gereedmelding, bouwperiode of constructie van onroerende zaken, is gehouden desgevraagd aan het college van burgemeester en wethouders of de in artikel 1, tweede lid, van de Wet waardering onroerende zaken bedoelde gemeenteambtenaar:

a. deze gegevens en inlichtingen te verstrekken, of

b. de boeken, bescheiden en andere gegevensdragers of de inhoud daarvan – zulks ter keuze van het college van burgemeester en wethouders of de in artikel 1, tweede lid, van de Wet waardering onroerende zaken bedoelde gemeenteambtenaar – voor raadpleging beschikbaar te stellen.

Artikel 4

Een informatieplichtige als bedoeld in artikel 1, eerste lid, aanhef en onderdeel b, die kennis heeft van, dan wel de beschikking heeft over naam-, adres- en woonplaatsgegevens van de eigenaren, bezitters, beperkt of persoonlijk gerechtigden van een onroerende zaak, is gehouden desgevraagd aan het college van burgemeester en wethouders of de in artikel 1, tweede lid, van de Wet waardering onroerende zaken bedoelde gemeenteambtenaar:

a. deze gegevens en inlichtingen te verstrekken, of

b. de boeken, bescheiden en andere gegevensdragers of de inhoud daarvan – zulks ter keuze van het college van burgemeester en wethouders of de in artikel 1, tweede lid, van de Wet waardering onroerende zaken bedoelde gemeenteambtenaar – voor raadpleging beschikbaar te stellen.

Artikel 5

1. De in artikel 47, eerste lid, aanhef en onderdeel b, van de Algemene wet inzake rijksbelastingen bedoelde verplichting geldt mede voor een administratiekantoor waarbij zich gegevensdragers bevinden van degene die voor de waardebepaling en de waardevaststelling, bedoeld in de hoofdstukken III en IV van de Wet waardering onroerende zaken, gehouden is deze, of de inhoud daarvan, aan het college van burgemeester en wethouders of de in artikel 1, tweede lid, van de Wet waardering onroerende zaken bedoelde gemeenteambtenaar voor raadpleging beschikbaar te stellen.

2. Het college van burgemeester en wethouders of de in artikel 1, tweede lid, van de Wet waardering onroerende zaken bedoelde gemeenteambtenaar stelt degene wiens gegevensdragers het bij een administratiekantoor vordert, gelijktijdig hiervan in kennis.

Artikel 6

Dit besluit treedt in werking met ingang van de tweede dag na de datum van uitgifte van het Staatsblad waarin het wordt geplaatst.

Artikel 7

Dit besluit wordt aangehaald als: Besluit gegevensverstrekking Wet waardering onroerende zaken.

9 Instructie gerechtvaardigd belang

Instructie van de Waarderingskamer voor het beoordelen van het 'gerechtvaardigd belang' bij het waardegegeven van een bepaalde onroerende zaak (artikel 40, eerste lid)

Tegen de achtergrond van een goede rechtsbescherming wordt op basis van artikel 40, eerste lid, van de Wet WOZ het waardegegeven van een bepaalde onroerende zaak verstrekt aan een ieder die kan aantonen uit hoofde van de belastingheffing te zijnen aanzien een 'gerechtvaardigd belang' te hebben bij de verkrijging daarvan.

In deze bepaling is neergelegd dat de waardegegevens uitsluitend openbaar gemaakt worden indien er een fiscaal belang is bij kennisneming van het gegeven.

Aan derden worden alleen de waarderingsgegevens verstrekt en niet de daaraan ten grondslag liggende gegevens (taxatieverslag) met betrekking tot de onroerende zaak.

Hoewel de vraag of er sprake is van gerechtvaardigd belang steeds een afweging vraagt voor een individueel geval, is het voor de bevordering van de uniformiteit terzake, wenselijk om de uitgangspunten te formuleren.

Afweging rechtsbescherming en privacy
Bij de rechtsbescherming gaat het om het bieden van de mogelijkheid aan een belanghebbende om de eigen beschikking te toetsen in verband met belasting die van hem wordt geheven. Daarbij kan gedacht worden aan iemand die de waarde die voor zijn pand is vastgesteld wil vergelijken met de waarde die is vastgesteld voor een vergelijkbaar pand en wil beoordelen of binnen de gemeente een gelijke behandeling van gelijke gevallen heeft plaatsgevonden.

Bij de vraag in hoeverre gegevens openbaar gemaakt worden, gaat het om de algemene regels van *privacybescherming* die in acht genomen moeten worden met betrekking tot gegevens die ten grondslag liggen aan belastingheffing.

Bij de belangenafweging kan aansluiting worden gezocht bij de evenredigheidstoets die in het kader van de belangenafweging bij besluiten in het kader van de Algemene wet bestuursrecht moet worden gemaakt. De voor één of meer belanghebbenden nadelige gevolgen van een besluit mogen niet onevenredig zijn in verhouding tot de met het besluit te dienen doelen.

De rechtsbescherming van degene die om het waardegegeven verzoekt, moet worden afgewogen tegen het belang van de privacybescherming van degene om wiens waardegegeven wordt gevraagd.

De Waarderingskamer is van oordeel dat het begrip 'gerechtvaardigd belang' impliceert dat het aantal te verstrekken gegevens kan worden beperkt.

De verzoeker moet in staat gesteld worden om te beoordelen of binnen de gemeente een gelijke behandeling van gelijke gevallen heeft plaatsgevonden en of voor afwijkende gevallen overeenstemmende afwijkende waarden zijn vastgesteld.

Woningen
Met betrekking tot woningen is de Waarderingskamer van oordeel dat er voldoende aan de rechtsbescherming tegemoet gekomen is wanneer er op verzoek drie waardegegevens van door de verzoeker geselecteerde, vergelijkbare woningen uit de directe omgeving verstrekt worden. Wanneer de verzoeker zich een oordeel wil vormen of ten opzichte van andere categorieën woningen de onderlinge waardeverhoudingen correct zijn, kan hij indien hij daarom verzoekt, (inzage in het referentienet vindt hij onvoldoende) het waardegegeven van een drietal door de verzoeker geselecteerde woningen uit een andere categorie verkrijgen. Als hij wil onderzoeken of de waardeverhouding met woningen op andere lokaties overeenstemt, kan aan hem op zijn verzoek ook een drietal waardegegevens van woningen op andere lokaties worden verstrekt.

Niet-woningen
Voor de beoordeling of er sprake is van gerechtvaardigd belang bij het waardegegeven van niet-woningen is het niet mogelijk een nadere instructie te geven. De verstrekking van het waardegegeven zal van geval tot geval beoordeeld moeten worden.

Bij niet-woningen is er een grote verscheidenheid in specifieke objectkenmerken. Hierdoor zal het waardegegeven van een andere onroerende zaak in de regel niet kunnen bijdragen aan het verkrijgen van inzicht in de gelijke behandeling van gelijke gevallen. De verzoeker heeft dan geen belang. Wanneer er echter wel sprake is van objecten die kunnen bijdrage aan het vormen van een oordeel over de correctheid van onderlinge waardeverhoudingen, dan heeft de verzoeker wel een belang bij het waardegegeven. Gedacht kan worden aan winkel- en kantoorpanden die zich op dezelfde locatie bevinden. De waarden van deze objecten zullen op het ter plaatse geldende huurniveau zijn gebaseerd. Dat deze panden qua grootte van elkaar verschillen, maakt die panden niet minder geschikt als toetssteen voor het beoordelen van onderlinge waardeverhoudingen. Het belang moet worden afgewogen tegen het belang van de belanghebbende wiens privacy wordt beschermd. De eventuele concurrentiegevoeligheid van de waardegegevens moet daarbij ook in de afweging worden betrokken.

10 Mandaatbesluit inzake bezwaarschriften WOZ-beschikking

Artikel 1
De bevoegdheid, bedoeld in artikel 25, tweede lid, van de Algemene wet inzake rijksbelastingen om de uitspraak op een bezwaarschrift, tegen een door de gemeenteambtenaar, bedoeld in artikel 231, tweede lid, onderdeel b, van de Gemeentewet op de voet van hoofdstuk IV van de Wet waardering onroerende zaken genomen beschikking tot vaststelling van de waarde van een onroerende zaak (WOZ-beschikking) voor ten hoogste een jaar te verdagen, wordt gemandateerd aan het college van burgemeester en wethouders van de gemeente waarin de onroerende zaak is gelegen.

Artikel 2
Dit besluit treedt in werking met ingang van de tweede dag na de dagtekening van de Staatscourant waarin het wordt geplaatst. Dit besluit zal in de Staatscourant worden geplaatst.

11   Uitvoeringsbesluit kostenverrekening en gegevensuitwisseling Wet waardering onroerende zaken

HOOFDSTUK I
Definities

Artikel 1
1. Dit besluit geeft uitvoering aan de artikelen 3, 37a en 39 van de Wet waardering onroerende zaken.
2. In dit besluit wordt verstaan onder:
   a. wet: Wet waardering onroerende zaken;
   b. waardering: waardebepaling en waardevaststelling van onroerende zaken op de voet van de wet;
   c. afnemers: bestuursorganen die de waardegegevens gebruiken ten behoeve van de heffing van belastingen;
   d. Onze Minister: de Minister van Financiën;
   e. verwerkbare gegevens: gegevens voor de afnemers die voldoen aan de door de Waarderingskamer vastgestelde kwaliteitseisen;
   f. belastingen: belastingen geheven door het Rijk, de gemeenten en de waterschappen.

HOOFDSTUK II
Kostenverrekening

Artikel 2
1. De *kosten van de Waarderingskamer* komen ten laste van de afnemers. Het Rijk betaalt 25 percent, de gemeenten 50 percent en de waterschappen 25 percent.
2. De kosten van de waardering komen ten laste van de afnemers.
3. De waterschappen betalen aan het Rijk jaarlijks een vergoeding van € 21 810 013 voor het aandeel van de waterschappen in de kosten van de waardering. Dit bedrag wordt bij het begin van het kalenderjaar bij regeling van Onze Minister aangepast vanwege een verwachte prijsmutatie en een volumeopslag. De verwachte prijsmutatie is daarbij het percentage zoals dat door het Centraal planbureau in het Centraal Economisch Plan is gepubliceerd als «prijsmutatie netto materiële overheidsconsumptie» voor het kalenderjaar. De volumeopslag wordt gesteld op 0,9 procent.

4. Ingeval het in het derde lid genoemde bedrag hoger is dan € 21 810 013, wordt het verschil toegevoegd aan de algemene middelen van het Rijk.

5. Bij regeling van Onze Minister van Binnenlandse Zaken en Koninkrijksrelaties worden regels gesteld omtrent de verdeling over de individuele waterschappen van hetgeen de waterschappen samen aan het Rijk vergoeden voor het aandeel van de waterschappen in de kosten van de waardering, alsmede omtrent het tijdstip van de betaling aan het Rijk. Daarbij wordt de in het derde lid bedoelde vergoeding van de waterschappen gedeeld door het totale aantal objecten in alle waterschappen samen en over de individuele waterschappen verdeeld naar rato van het aantal objecten in die individuele waterschappen. Jaarlijks doet de Unie van Waterschappen aan Onze Minister van Binnenlandse Zaken en Koninkrijksrelaties een opgave van het aantal objecten per individueel waterschap. Daarbij kan de Unie van Waterschappen uitgaan van het aantal objecten in een voorgaand jaar, gecorrigeerd met een volumeopslag.

Artikel 2a [Vervallen.]

Artikel 3
Onder de *kosten* van de *Waarderingskamer*, bedoeld in artikel 2, eerste lid, worden verstaan de kosten verbonden aan de uitoefening van toezicht op de uitvoering van de basisregistratie onroerende zaken (basisregistratie WOZ), de kosten verbonden aan de uitoefening van toezicht op de waardering, de kosten verbonden aan de geschillenbeslechting, bedoeld in artikel 11 van de wet, de kosten verbonden aan advisering van de Waarderingskamer door derden, alsmede de huisvestings- en personele kosten.

Artikel 4
Onder de kosten van de waardering, bedoeld in artikel 2, eerste lid, worden verstaan de kosten verbonden aan:
1° het verrichten van algemene werkzaamheden ten behoeve van de waardebepaling;
2° het verzamelen van gegevens ten behoeve van de waardebepaling alsmede aan het bijhouden daarvan;
3° het uitvoeren van de waardebepaling;
4° het opmaken en verzenden van de beschikkingen, bedoeld in de artikelen 22, 26, 27, 28 en 29 van de wet;
5° het behandelen van bezwaar- en beroepschriften tegen de beschikkingen, bedoeld in de artikelen 22, 26, 27, en 28 van de wet.

Artikel 4a [Vervallen.]

Artikel 5
1. De kosten van de Waarderingskamer worden aan de hand van de door haar vastgestelde begroting als bedoeld in artikel 12 van de wet, in januari van het jaar waarop zij betrekking hebben, in voorlopige rekening gebracht aan de afnemers.
2. De afnemers voldoen hun aandeel in de begrote kosten binnen vier weken.
3. Na de goedkeuring door Onze Minister van het verslag van de Waarderingskamer als bedoeld in artikel 13 van de wet, vindt de definitieve kostenverrekening plaats.

Artikel 6 [Vervallen.]

HOOFDSTUK III
Gegevensbeheer

Artikel 7
1. Ten behoeve van de heffing van belastingen door de afnemers worden door het college van burgemeester en wethouders ten minste de in de bijlage vermelde gegevens geregistreerd met betrekking tot:
    a. onroerende zaken die bij de waardebepaling op grond van de wet in aanmerking worden genomen;
    b. onroerende zaken waarvan de waarde op grond van artikel 121, tweede lid, van de Waterschapswet bij de bepaling van de heffingsmaatstaf buiten aanmerking wordt gelaten.
2. De authentieke gegevens uit andere basisregistraties die worden opgenomen in de basisregistratie WOZ, bedoeld in artikel 37a, tweede lid, van de wet, zijn de in de bijlage genoemde gegevens met de codenummers 10.20, 11.10, 11.20, 11.30, 11.40, 11.70, 51.10, 51.20, 51.30, 51.40, 51.50, 41.20, 01.10, 02.30, 04.05, 03.10, 02.31, 02.41, 08.10 en 08.11.

Artikel 8
1. Het college van burgemeester en wethouders levert de in artikel 7 bedoelde gegevens aan de afnemers.
2. De levering van gegevens aan de afnemers vindt plaats:
    a. ter zake van een beschikking als bedoeld in de artikelen 22 en 26 van de wet: binnen acht weken na de aanvang van het eerste kalenderjaar waarvoor die beschikking geldt;

b. ter zake van een beschikking als bedoeld in de artikelen 27, 28 en 29 van de wet: binnen vier weken na de vaststelling van de beschikking, met dien verstande dat gegevens betreffende een beschikking die is verminderd krachtens een beslissing op een bezwaarschrift of een rechterlijke uitspraak, worden geleverd binnen twee weken nadat die uitspraak onherroepelijk is komen vast te staan.

3. Het college van burgemeester en wethouders stelt de afnemers binnen vier weken op de hoogte van feiten of omstandigheden met betrekking tot een beschikking, die voor de afnemers van belang zijn in het kader van de heffing en de invordering van hun belastingen.

Artikel 9

Onze Minister stelt in overleg met de Waarderingskamer een *standaard-uitwisselingsformaat* voor de levering van gegevens aan de afnemers vast.

HOOFDSTUK IV
Overgangs- en slotbepalingen

Artikel 10 [Vervallen.]

Artikel 11 [Vervallen.]

Artikel 12

Dit besluit treedt in werking met ingang van de dag na de datum van uitgifte van het Staatsblad waarin het wordt geplaatst en werkt terug tot en met 1 januari 1995.

Bijlage als bedoeld in artikel 7 van het Uitvoeringsbesluit kostenverrekening en gegevensuitwisseling Wet waardering onroerende zaken.

Lijst met te registreren en aan de afnemers te verstrekken gegevens

- Voor ieder WOZ-object:
(01.01)   uniek WOZ-objectnummer

Unieke adressering voorzover noodzakelijk bestaande uit:
(10.20)   woonplaatsnaam
(11.10)   straatnaam
(11.20)   huisnummer
(11.30)   huisletter
(11.40)   huisnummertoevoeging
(11.50)   aanduiding bij huisnummer
(11.60)   postcode
(11.70)   lokatieomschrijving

(12.20)   gebruikscode
(14.10)   code gebouwd/ongebouwd
(15.10)   vastgestelde waarde
(15.20)   waardepeildatum
(15.30)   bijzondere-waarderingscode
(15.40)   aanduiding valutasoort
(15.50)   code blokkeren

Indien het WOZ-object door middel van een sluimerend WOZ-object geen onderdeel gemaakt is van een complex (anders wordt dit gegeven geregistreerd en geleverd voor het sluimerend WOZ-object):
(12.10)   grondoppervlakte

Indien het WOZ-object bij het gegeven «(14.10) code gebouw/ongebouwd» is gemerkt als «gedeeltelijk gebouwd, gedeeltelijk ongebouwd»:
(14.20)   meegetaxeerde oppervlakte gebouwd
(14.30)   aandeel waarde gebouwd

(81.10)   mutatiecode
(81.20)   ingangsdatum
(81.30)   einddatum

- Per WOZ-object dat door middel van een sluimerend WOZ-object geen onderdeel gemaakt is van een complex, voor ieder kadastraal object dat betrokken is bij dat WOZ-object (anders worden deze gegevens geregistreerd en geleverd voor het sluimerend WOZ-object):

(01.01)	uniek WOZ-objectnummer
(51.10)	kadastrale gemeentecode
(51.20)	sectie
(51.30)	perceelnummer
(51.40)	perceel-index-letter
(51.50)	perceel-index-nummer
(52.10)	toegekende oppervlakte

Indien het WOZ-object bij het gegeven «(14.10) code gebouw/ongebouwd» is gemerkt als «gedeeltelijk gebouwd, gedeeltelijk ongebouwd»:

(52.20)	meegetaxeerde oppervlakte gebouwd per kadastraal object

(81.10)	mutatiecode
(81.20)	ingangsdatum
(81.30)	einddatum

- Voor ieder WOZ-object dat doorsneden wordt door een waterschapsgrens, per waterschap waarin het WOZ-object gelegen is:

(01.01)	uniek WOZ-objectnummer
(15.10)	vastgestelde waarde
(71.10)	code afnemer
(81.10)	mutatiecode
(81.20)	ingangsdatum
(81.30)	einddatum

- Per WOZ-object voor ieder subject te wiens aanzien een beschikking is genomen met betrekking tot dat WOZ-object:

(01.01)	uniek WOZ-objectnummer
(01.20)	SoFi-nummer
(01.21)	aanvulling SoFi-nummer
(41.10)	aanduiding eigenaar/gebruiker
(41.30)	c.s.-code

Indien subject een natuurlijk persoon is:

(01.10)	A-nummer natuurlijk persoon

Indien subject de eigenaar is:

(41.20)	zakelijk-rechtcode

(81.10)   mutatiecode
(81.20)   ingangsdatum
(81.30)   einddatum

– Voor ieder subject dat als belanghebbende een beschikking heeft ontvangen:
(01.20)   SoFi-nummer
(01.21)   aanvulling SoFi-nummer

Indien subject een natuurlijk persoon is:
(01.10)   A-nummer natuurlijk persoon
(02.11)   voorletters
(02.30)   voorvoegsels
(04.05)   aanduiding naamgebruik
(03.10)   geboortedatum natuurlijk persoon

Indien subject een niet-natuurlijk persoon is:
(01.30)   Handelsregisternummer

(02.40)   geslachtsnaam/statutaire naam

Indien tenaamstelling bij natuurlijk persoon anders luidt dan de geslachtsnaam:
(02.31)   voorvoegsels behorende bij partnernaam
(02.41)   partnernaam/bedrijfsnaam verkort

Indien tenaamstelling bij niet-natuurlijk persoon anders luidt dan de statutaire naam:
(02.41)   partnernaam/bedrijfsnaam verkort

Indien natuurlijk persoon overleden is:
(08.10)   datum overlijden natuurlijk persoon
(08.11)   status subject
(10.10)   functie adres

Volledig postadres van subject voorzover noodzakelijk bestaande uit:
(11.10)   straatnaam
(11.20)   huisnummer
(11.30)   huisletter
(11.40)   huisnummertoevoeging
(11.50)   aanduiding bij huisnummer
(11.60)   postcode
(11.70)   lokatieomschrijving
(10.20)   woonplaatsnaam

(13.10)   landnaam
(81.10)   mutatiecode
(81.20)   ingangsdatum
(81.30)   einddatum

– Voor iedere genomen WOZ-beschikking en voor iedere wijziging van de status van een genomen beschikking:
(01.01)   uniek WOZ-objectnummer
(01.10)   A-nummer natuurlijk persoon
(01.20)   SoFi-nummer
(01.21)   aanvulling SoFi-nummer
(15.20)   waardepeildatum
(22.10)   code status beschikking
(22.20)   datum status
(81.10)   mutatiecode
(81.20)   ingangsdatum
(81.30)   einddatum

– Voor iedere levering van gegevens aan een afnemer:
(09.10)   gemeentecode
(09.11)   gemeentenaam
(71.10)   code afnemer
(91.10)   contactpersoon
(91.20)   telefoonnummer contactpersoon
(91.30)   softwareleverancier
(91.40)   versie Stuf-WOZ
(92.10)   aanmaakdatum
(92.20)   bijgewerkt tot en met maand
(92.30)   datum vorige aanlevering
(93.30)   aard leveringsbestand

12 Uitvoeringsregeling kostenverrekening en gegevensuitwisseling Wet waardering onroerende zaken

HOOFDSTUK 1
Algemeen

Artikel 1. Reikwijdte
Deze regeling geeft uitvoering aan artikel 37g van de Wet waardering onroerende zaken en artikel 2 van het Uitvoeringsbesluit kostenverrekening en gegevensuitwisseling Wet waardering onroerende zaken.

Artikel 2. Definities
In deze regeling wordt verstaan onder:
a. wet: Wet waardering onroerende zaken;
b. besluit: Uitvoeringsbesluit kostenverrekening en gegevensuitwisseling Wet waardering onroerende zaken;
c. waardering: waardebepaling en waardevaststelling van onroerende zaken op basis van de wet;
d. verwerkbare gegevens: gegevens voor de afnemers die voldoen aan de door de Waarderingskamer opgestelde kwaliteitscriteria;
e. object: een onroerende zaak die ten minste een van de afnemers betrekt in de heffing van een belasting naar een waardemaatstaf.

HOOFDSTUK 2
Kostenverdeling over de individuele waterschappen

Artikel 3. Aandeel in de kosten van de individuele waterschappen
1. De Minister van Binnenlandse Zaken en Koninkrijksrelaties stelt jaarlijks voor de individuele waterschappen het aandeel in de kosten van de waardering, bedoeld in artikel 2, vijfde lid, van het besluit, vast. Ten behoeve van deze vaststelling verstrekt de Unie van Waterschappen de Minister van Binnenlandse Zaken en Koninkrijksrelaties uiterlijk op 1 februari van het kalenderjaar een schriftelijke opgave van het aantal objecten per individueel waterschap.
2. De in het eerste lid bedoelde vaststelling geschiedt op basis van een vast bedrag per object, voorzover gelegen in de gebieden die volgens de provinciale verordeningen bedoeld in artikel 2, eerste lid, van de Waterschapswet in waterschapsverband gelegen zijn,

naar de stand van 1 januari van het voorafgaande kalenderjaar, zoals bekend op 1 november van het voorafgaande kalenderjaar, en wordt uiterlijk op 1 maart van het kalenderjaar door de Minister van Binnenlandse Zaken en Koninkrijksrelaties aan de individuele waterschappen bekendgemaakt.

Artikel 4.   Betaling aan Onze Minister door de individuele waterschappen

De individuele waterschappen betalen aan de Minister van Binnenlandse Zaken en Koninkrijksrelaties uiterlijk op 1 april van het kalenderjaar het op de voet van artikel 3 door hem vastgestelde individuele aandeel van het waterschap in de kosten van de waardering, bedoeld in artikel 2, vijfde lid, van het besluit.

HOOFDSTUK 3.
Vergoeding van bepaalde kosten.

Artikel 5.   Vergoeding van bepaalde kosten aan de Vereniging van Nederlandse Gemeenten

Uit het gemeentefonds wordt een bedrag van € 1 000 000 afgezonderd en ter beschikking gesteld aan de Vereniging van Nederlandse Gemeenten ter vergoeding van kosten die samenhangen met verbeteringen op het gebied van kwaliteit en kostenbeheersing bij de uitvoering van de wet.

Artikel 6 [Vervallen.]

HOOFDSTUK 4.
Basisregistratie waarde onroerende zaken.

Artikel 7.   Plaatsing aantekening 'in onderzoek'

Het college plaatst de aantekening 'in onderzoek' bij een waardegegeven binnen vier dagen, nadat er ten aanzien van dat waardegegeven een terugmelding is gedaan of er overigens gerede twijfel is ontstaan omtrent de juistheid van dat gegeven.

HOOFDSTUK 5.
Slotbepalingen

Artikel 8.   Inwerkingtreding

Deze regeling treedt in werking met ingang van de tweede dag na de dagtekening van de Staatscourant waarin zij wordt geplaatst en werkt terug tot en met het tijdstip waarop het Koninklijk Besluit van 28 april 2003, Stb. 2003, 179, tot wijziging van het Uitvoeringsbesluit kostenverrekening en gegevensuitwisseling Wet waardering onroerende zaken, in verband met een nieuwe verdeelsystematiek van de kosten van de waardering in werking is getreden.

Artikel 9.   Citeertitel
Deze regeling wordt aangehaald als: Uitvoeringsregeling kostenverrekening en gegevensuitwisseling.

13   Regeling Stuf-WOZ

Artikel 1
Het in de bijlage van deze regeling geformuleerde *uitwisselingsformaat* vormt het *standaarduitwisselingsformaat* bedoeld in artikel 9 van het Uitvoeringsbesluit kostenverrekening en gegevensuitwisseling Wet waardering onroerende zaken.

Artikel 2
Het college van burgemeester en wethouders of de in artikel 1, tweede lid, van de Wet waardering onroerende zaken bedoelde gemeenteambtenaar levert de gegevens volgens het uitwisselingsformaat, bedoeld in artikel 1, aan afnemers door:
a. het toezenden of inleveren van magneettape, magneetcartridge of diskette;
b. het op elektronische wijze toezenden, mits de desbetreffende afnemer zich met de wijze van gegevenslevering akkoord heeft verklaard,

met dien verstande dat de levering van gegevens over feiten of omstandigheden die geen inhoudelijke wijziging betekenen van de genomen beschikking op papier kan plaatsvinden.

Artikel 3
Deze regeling treedt in werking met ingang van de tweede dag na de dagtekening van de Staatscourant waarin zij wordt geplaatst en werkt terug tot en met 1 januari 1995.

Artikel 4
Deze regeling wordt aangehaald als: Regeling Stuf-WOZ.

Bijlage bij de regeling Stuf-WOZ per 1 januari 1999 [1])

1. Voorlooprecord

positie		lengte	type	nummer	naam gegeven
1	- 2	2	N	93.10	Recordidentificatie-code (= 00)
3	- 6	4	N	09.10	Gemeentecode
7	- 46	40	A	09.11	Gemeentenaam
47	- 86	40	A	91.10	Contactpersoon
87	- 106	20	A	91.20	Telefoonnummer contactpersoon
107	- 110	4	N	71.10	Code afnemer
111	- 118	8	D	92.10	Aanmaakdatum
119	- 120	2	N	92.20	Bijgewerkt tot en met maand
121	- 128	8	D	92.30	Datum vorige aanlevering
129	- 129	1	A	93.30	Aard leveringsbestand
130	- 149	20	A	91.30	Softwareleverancier
150	- 151	2	N	91.40	Versie Stuf-WOZ
152	- 256	105	A		Filler

2. Indien records met WOZ-objecten worden geleverd volgt hierna (anders vervolg bij 3):

Stuurrecord					
positie		lengte	type	nummer	naam gegeven
1	- 2	2	N	93.10	Recordidentificatiecode (= 10)
3	- 4	2	N	93.20	Deelbestandsidentificatie (= 20)
5	- 256	252	A		Filler

Gegevensrecord					
		lengte	type	nummer	naam gegeven
1	- 2	2	N	93.10	Recordidentificatiecode (= 20)
3	- 14	12	N	01.01	WOZ-objectnummer

---

[1] De bijlage geldt op basis van Stcrt. 1999, nr. 37 vanaf 1 januari 1999. De bijlage zoals die gold op 31 december 1998 kan nog na die datum worden toegepast voor de verstrekking van gegevens die betrekking hebben op de periode voor 1 januari 1999.

Gegevensrecord					
		lengte	type	nummer	naam gegeven
15	-	54	40	A	10.20	Woonplaatsnaam
0,00	-	78	24	A	11.10	Straatnaam
79	-	83	5	N		Huisnummer
84	-	84	1	A		Huisletter
85	-	88	4	A		Huisnummertoevoeging
89	-	90	2	A		Aanduiding bij huisnummer
91	-	96	6	A		Postcode
97	-	136	40	A		Lokatieomschrijving
137	-	144	8	N		Grondoppervlakte
145	-	146	2	N		Gebruikscode
147	-	147	1	A		Code gebouwd/ongebouwd
148	-	155	8	N		Meegetaxeerde oppervlakte gebouwd
156	-	166	11	N		Aandeel waarde gebouwd
167	-	177	11	N		Vastgestelde waarde
178	-	185	8	D		Waardepeildatum
186	-	188	3	N		Bijzondere-waarderingscode
189	-	189	1	A		Mutatiecode
190	-	197	8	D		Ingangsdatum
198	-	205	8	D		Einddatum
206	-	210	5	A		Filler
211	-	213	3	A		Aanduiding valutasoort
214	-	215	2	N		Code blokkeren
216	-	256	41	A		Filler

Telrecord					
Positie		lengte	type	nummer	naam gegeven
1	-	2	2	N	93.10	Recordidentificatiecode (= 90)
3	-	11	9	N		Totaal aantal gegevensrecords deelbestand
12	-	21	10	N		Totaaltelling 12.10
22	-	31	10	N		Totaaltelling 14.20
32	-	44	13	N		Totaaltelling 14.30
45	-	57	13	N		Totaaltelling 15.10
58	-	256	199	A		Filler

3. Indien records met subjecten worden geleverd volgt hierna
   (anders vervolg bij 4):

Stuurrecord				
positie	lengte	type	nummer	naam gegeven
1 - 2	2	N	93.10	Recordidentificatiecode (= 10)
3 - 4	2	N	93.20	Deelbestandsidentificatie (= 30)
5 - 256	252	A		Filler

Gegevensrecord				
positie	lengte	type	nummer	naam gegeven
1 - 2	2	N	93.10	Recordidentificatiecode (= 30)
3 - 12	10	N	01.10	A-nummer natuurlijk persoon
13 - 21	9	N	01.20	SoFi-nummer
22 - 31	10	A	02.11	Voorletters
32 - 41	10	A	02.30	Voorvoegsels
42 - 176	135	A	02.40	Geslachtsnaam/statutaire naam
177 - 231	55	A	02.41	Partnernaam/bedrijfsnaam verkort
232 - 241	10	A	02.31	Voorvoegsels behorend bij partnernaam
242 - 251	10	N	01.21	aanvulling SoFi-nr.
252 - 252	1	A	04.05	Aanduiding naamgebruik
253 - 256	4	A		Filler

Gegevensrecord (vervolg)				
positie	lengte	type	nummer	naam gegeven
1 - 2	2	N	93.10	Recordidentificatiecode (= 31)
3 - 11	9	N	01.20	SoFi-nummer
12 - 35	24	A	11.10	Straatnaam
36 - 40	5	N	11.20	Huisnummer
41 - 41	1	A	11.30	Huisletter
42 - 45	4	A	11.40	Huisnummertoevoeging
46 - 47	2	A	11.50	Aanduiding bij huisnummer
48 - 53	6	A	11.60	Postcode
54 - 93	40	A	10.20	Woonplaatsnummer
94 - 133	40	A	13.10	Landnaam
134 - 134	1	A	81.10	Mutatiecode
135 - 142	8	D	81.20	Ingangsdatum

Gegevensrecord (vervolg)					
positie		lengte	type	nummer	naam gegeven
143 - 150		8	D	81.30	Einddatum
151 - 190		40	A	11.70	Lokatieomschrijving
191 - 200		10	N	01.21	Aanvulling SoFi-nr.
201 - 208		8	N	01.30	Handelsregisternr.
209 - 226		18	A		Filler
227 - 234		8	D	03.10	Geboortedatum natuurlijk persoon
235 - 242		8	D	08.10	Datum overlijden natuurlijk persoon
243 - 243		1	A	08.11	Status subject
244 - 248		5	A		Filler
249 - 249		1	A	10.10	Functie adres
250 - 256		7	A		Filler

Telrecord					
positie		lengte	type	nummer	naam gegeven
1 - 2		2	N	93.10	Recordidentificatiecode (= 90)
3 - 11		9	N		Totaal aantal gegevensrecords deelbestand
12 - 20		9	N		Totaal aantal gegevensrecords recordidentificatiecode = 30
21 - 29		9	N		Totaal aantal gegevensrecords recordidentificatiecode = 31
30 - 256		227	A		Filler

4. Indien records met kadastrale identificaties WOZ-objecten worden geleverd volgt hierna (anders vervolg bij 5):

Stuurrecord					
positie		lengte	type	nummer	naam gegeven
1 - 2		2	N	93.10	Recordidentificatiecode (= 10)
3 - 4		2	N	93.20	Deelbestandsidentificatie (= 40)
5 - 256		252	A		Filler

Gegevensrecords

positie		lengte	type	nummer	naam gegeven
1	- 2	2	N	93.10	Recordidentificatiecode (= 40)
3	- 14	12	N	01.01	WOZ-objectnummer
15	- 19	5	A	51.10	Kadastrale gemeentecode
20	- 21	2	A	51.20	Sectie
22	- 26	5	N	51.30	Perceelnummer
27	- 27	1	A	51.40	Perceel-index-letter
28	- 31	4	N	51.50	Perceel-index-nummer
32	- 39	8	N	52.10	Toegekende Oppervlakte
40	- 47	8	N	52.20	Meegetaxeerde oppervlakte gebouwd per kadastraal object
48	- 48	1	A	81.10	Mutatiecode
49	- 56	8	D	81.20	Ingangsdatum
57	- 64	8	D	81.30	Einddatum
65	- 256	192	A		Filler

Telrecord

positie		lengte	type	nummer	naam gegeven
1	- 2	2	N	93.10	Recordidentificatiecode (= 90)
3	- 11	9	N		Totaal aantal gegevensrecords deelbestand
12	- 24	13	N		Totaaltelling 52.10
25	- 37	13	N		Totaaltelling 52.20
38	- 256	219	A		Filler

5. Indien records met identificaties eigenaar/gebruiker worden geleverd volgt hierna (anders vervolg bij 6):

Stuurrecord

positie		lengte	type	nummer	naam gegeven
1	- 2	2	N	93.10	Recordidentificatiecode (= 10)
3	- 4	2	N	93.20	Deelbestandsidentificatie (= 60)
5	- 256	252	A		Filler

Gegevensrecords

positie		lengte	type	nummer	naam gegeven
1	- 2	2	N	93.10	Recordidentificatiecode (= 60)
3	- 14	12	N	01.01	WOZ-objectnummer

15	-	24	10	N	01.10	A-nummer natuurlijk persoon
25	-	33	9	N	01.20	SoFi-nummer
34	-	34	1	A	41.10	Aanduiding eigenaar/gebruiker
35	-	40	6	A	41.20	Zakelijk-rechtcode
41	-	42	2	A	41.30	c.s.-code
43	-	43	1	A	81.10	Mutatiecode
44	-	51	8	D	81.20	Ingangsdatum
52	-	59	8	D	81.30	Einddatum
60	-	69	10	N	01.21	Aanvulling SoFi-nr.
70	-	256	187	A		Filler

Telrecord

positie			lengte	type	nummer	naam gegeven
1	-	2	2	N	93.10	Recordidentificatiecode (= 90)
3	-	11	9	N		Totaal aantal gegevensrecords deelbestand
12	-	256	246	A		Filler

6. Indien records met WOZ-objecten doorsneden door een waterschapsgrens worden geleverd volgt hierna (anders vervolg bij 7):

Stuurrecord

positie			lengte	type	nummer	naam gegeven
1	-	2	2	N	93.10	Recordidentificatiecode (= 10)
3	-	4	2	N	93.20	Deelbestandsidentificatie (= 70)
5	-	256	252	A		Filler

Gegevensrecords

positie			lengte	type	nummer	naam gegeven
1	-	2	2	N	93.10	Recordidentificatiecode (= 70)
3	-	14	12	N	01.01	WOZ-objectnummer
15	-	25	11	N	15.10	Vastgestelde waarde
26	-	29	4	N	71.10	Code afnemer
30	-	30	1	A	81.10	Mutatiecode
31	-	38	8	D	81.20	Ingangsdatum
39	-	46	8	D	81.30	Einddatum
47	-	256	210	A		Filler

Telrecord

positie		lengte	type	nummer	naam gegeven
1	- 2	2	N	93.10	Recordidentificatiecode (= 90)
3	- 11	9	N		Totaal aantal gegevensrecords deelbestand
12	- 24	13	N		Totaaltelling 15.10
25	- 256	232	A		Filler

7. Indien records met statusveranderingen van beschikkingen worden geleverd volgt hierna (anders vervolg bij 8):

Stuurrecord

positie		lengte	type	nummer	naam gegeven
1	- 2	2	N	93.10	Recordidentificatiecode (= 10)
3	- 4	2	N	93.20	Deelbestandsidentificatie (= 80)
5	- 256	252	A		Filler

Gegevensrecord

positie		lengte	type	nummer	naam gegeven
1	- 2	2	N	93.10	Recordidentificatiecode (= 80)
3	- 14	12	N	01.01	WOZ-objectnummer
15	- 22	8	D	15.20	Waardepeildatum
23	- 24	2	A		Filler
25	- 26	2	N	22.10	Code status beschikking
27	- 27	1	A	81.10	Mutatiecode
28	- 35	8	D	81.20	Ingangsdatum
36	- 43	8	D	81.30	Einddatum
44	- 53	10	N	01.10	A-nummer natuurlijk persoon
54	- 62	9	N	01.20	SoFi-nummer
63	- 72	10	N	01.21	Aanvulling SoFi-nummer
73	- 80	8	D	22.20	Datum status
81	- 256	176	A		Filler

Telrecord

positie		lengte	type	nummer	naam gegeven
1	- 2	2	N	93.10	Recordidentificatiecode (= 90)
3	- 11	9	N		Totaal aantal gegevensrecords deelbestand
12	- 256	232	A		Filler

Sluitrecord						
positie			lengte	type	nummer	naam gegeven
1	-	2	2	N	93.10	Recordidentificatiecode (= 90)
3	-	11	9	N		Totaal aantal records code = 10
12	-	20	9	N		Totaal aantal records code = 20
21	-	29	9	N		Totaal aantal records code = 30
30	-	38	9	N		Totaal aantal records code = 31
39	-	47	9	N		Totaal aantal records code = 40
48	-	56	9	N		Totaal aantal records code = 60
57	-	65	9	N		Totaal aantal records code = 70
66	-	74	9	N		Totaal aantal records code = 80
75	-	83	9	N		Totaal aantal records code = 90
84	-	256	173	A		Filler

14 Geschillenregeling Waarderingskamer

Artikel 1 Begripsbepaling

In deze regeling wordt verstaan onder:

a. partijen: de bij een geschil betrokken gemeente of gemeenten, waterschap of waterschappen en/of de Belastingdienst;

b. geschil: een geschil tussen partijen met betrekking tot de uitvoering van de Wet waardering onroerende zaken of van de op deze wet gebaseerde uitvoeringsregels;

c. *Geschillencommissie*: de commissie die door de waarderingskamer belast is met de behandeling van geschillen;

d. lid of plaatsvervangend lid: lid of plaatsvervangend lid van de Geschillencommissie;

e. deze regeling: de Geschillenregeling Waarderingskamer.

Artikel 2 Geschillentaak Waarderingskamer

1. De Waarderingskamer doet op verzoek van partijen een bindende uitspraak in geschillen.

2. De Waarderingskamer doet geen uitspraak met betrekking tot geschillen indien:

a. het een geschil betreft waarover bij de rechter een geding aanhangig is;

b. het een geschil betreft ter zake waarvan de rechter reeds een uitspraak heeft gedaan.

3. De Waarderingskamer kan, indien het geschil ingevolge het bepaalde in het tweede lid buiten haar bevoegdheid valt, het gedeelte van de klacht welke binnen haar bevoegdheid valt toch in behandeling nemen, indien en voorzover afsplitsing van dat gedeelte mogelijk is en partijen met een dergelijke afsplitsing akkoord gaan.

Artikel 3 Geschillencommissie

1. Geschillen die aan de Waarderingskamer worden voorgelegd, worden in behandeling genomen door de Geschillencommissie. De Geschillencommissie behandelt en beslist geschillen krachtens mandaat van de Waarderingskamer.

2. Behoudens het bepaalde in artikel 8 van het Commissiereglement Waarderingskamer is dat reglement niet van toepassing op de Geschillencommissie.

3. De Geschillencommissie stelt een procedure voor de behandeling van geschillen vast.

Artikel 4 Samenstelling geschillencommissie

1. De Geschillencommissie bestaat uit de voorzitter van de Waarderingskamer, de twee onafhankelijke leden als bedoeld in artikel 1, onderdeel d, van het Reglement Waarderingskamer en drie plaatsvervangende leden.
2. De plaatsvervangende leden worden benoemd door de Waarderingskamer.
3. De leden kiezen uit hun midden een voorzitter.
4. De leden en de plaatsvervangende leden worden benoemd voor een periode van vier jaar. Na afloop van deze termijn kunnen zij worden herbenoemd.
5. De Geschillencommissie wordt bijgestaan door een secretaris. De secretaris van de Geschillencommissie wordt door de secretaris van de Waarderingskamer benoemd.
6. De Waarderingskamer wijst drie leden van de Waarderingskamer aan die door de Geschillencommissie als deskundigen worden opgeroepen om voorafgaande aan de uitspraak te worden gehoord met dien verstande dat één lid de gemeenten, één lid de waterschappen en één lid de Belastingdienst vertegenwoordigt.

Artikel 5 Plaatsvervangende leden

1. Een zitting van de Geschillencommissie en de daarmee samenhangende beraadslagingen vindt plaats in een samenstelling die bestaat uit de leden, waarvan voor twee leden, plaatsvervangende leden kunnen optreden.
2. De voorzitter van de Geschillencommissie nodigt een plaatsvervangend lid uit een zitting van de Geschillencommissie bij te wonen en deel te nemen aan de verdere behandeling van het geschil.

Artikel 6 Zitting

1. Zittingen van de Geschillencommissie vinden plaats op een door de Geschillencommissie te bepalen plaats, dag en uur.
2. De zittingen van de Geschillencommissie zijn openbaar.
3. De beraadslaging over het geschil geschiedt in besloten vergadering.
4. In afwijking van het tweede lid kan de Geschillencommissie in het belang van de openbare orde of zedelijkheid of om gewichtige redenen, al dan niet op verzoek van een of meer partijen, bepalen dat de zitting geheel of gedeeltelijk achter gesloten deuren plaatsvindt.

Artikel 7 Geheimhouding

Met betrekking tot de beraadslagingen en zittingen achter gesloten deuren, als genoemd in artikel 6, derde respectievelijk vierde lid, zijn de leden, de plaatsvervangende leden en de secretaris van de Geschillencommissie geheimhouding verplicht.

Artikel 8 Wraking

1. Een partij kan de voorzitter van de Waarderingskamer verzoeken een lid of plaatsvervangend lid te wraken op grond van feiten en omstandigheden, waardoor de onpartijdigheid van het lid of plaatsvervangend lid in het betreffende geschil schade zou kunnen leiden. Het verzoek geschiedt schriftelijk en is gemotiveerd.

2. De voorzitter van de Waarderingskamer beslist met redenen omkleed over het verzoek tot wraking.

3. In afwijking van de laatste volzin van het eerste lid kan het verzoek tijdens de zitting van de Geschillencommissie ook mondeling geschieden door tussenkomst van de voorzitter van de Geschillencommissie. Geschiedt het verzoek ter zitting, dan wordt de zitting geschorst.

4. Indien het verzoek tot wraking ter zitting geschiedt en de voorzitter van de Waarderingskamer niet bereikbaar is, beslist de plaatsvervangend voorzitter van de Waarderingskamer over het verzoek tot wraking. Is ook de plaatsvervangend voorzitter van de Waarderingskamer niet bereikbaar dan wordt de zitting verdaagd.

5. Wordt de wraking toegewezen dan neemt het lid of plaatsvervangend lid om wiens wraking is verzocht niet deel aan de verdere behandeling van het betreffende geschil in de Geschillencommissie.

Artikel 9 Verschoning

1. Een lid of plaatsvervangend lid kan bij de voorzitter van de Waarderingskamer een schriftelijk verzoek doen tot verschoning indien het van mening is dat op grond van feiten en omstandigheden zijn onpartijdigheid in een geschil schade zou kunnen leiden.
   Het verzoek geschiedt schriftelijk en is gemotiveerd.

2. De voorzitter van Waarderingskamer beslist met redenen omkleed over het verzoek tot verschoning.

3. In afwijking van de laatste volzin van het eerste lid kan het verzoek tijdens de zitting van de Geschillencommissie ook mondeling geschieden door tussenkomst van de voorzitter van de Geschillencommissie. Geschiedt het verzoek tot zitting dan wordt de zitting geschorst.

4. Indien het verzoek tot verschoning ter zitting geschiedt en de voorzitter van de Waarderingskamer niet bereikbaar is, beslist de plaatsvervangend voorzitter van de Waarderingskamer over het verzoek tot verschoning. Is ook de plaatsvervangend voorzitter niet bereikbaar dan wordt de zitting verdaagd.

5. Wordt de verschoning toegewezen dan neemt het lid of plaatsvervangend lid die om verschoning heeft verzocht niet deel aan de verdere behandeling van het betreffende geschil in de Geschillencommissie.

Artikel 10   Aanmelding geschillen

1. Een geschil moet schriftelijk door een of meer partijen aangemeld worden bij de Waarderingskamer.

2. Uit het geschrift moet blijken waarover het geschil gaat. Voorts worden in het geschrift de standpunten van partijen gemotiveerd weergegeven.

3. Het geschil moet uiterlijk aan het eind van het jaar na het jaar waarop het geschil betrekking heeft bij de Geschillencommissie zijn aangemeld. Het geschil dat betrekking heeft op de eindafrekening van kosten die verband houden met het tijdvak 1997 tot en met 2000 dient uiterlijk dertien weken na de vaststelling daarvan bij de Geschillencommissie te zijn aangemeld.

Artikel 11   Aanvang behandeling geschillen

1. Terstond na de aanmelding, van een geschil wordt aan alle bij het geschil betrokken partijen gevraagd schriftelijk in te stemmen met deze regeling.

2. Het geschil wordt zodanig in behandeling genomen nadat van alle partijen de in het eerste lid bedoelde instemming is ontvangen. De behandelingstermijn vangt aan op de dag van binnenkomst van de laatste instemmingsverklaring.

3. Ingeval een geschil niet in behandeling genomen kan worden, wordt dit aan partijen onder opgaaf van reden schriftelijk medegedeeld.

Artikel 12   Inlichtingen

1. Partijen verstrekken desgevraagd nadere informatie omtrent het geschil aan de Geschillencommissie.

2. De Geschillencommissie kan externe deskundigen inschakelen.
3. De Geschillencommissie kan of zal, indien een partij hiertoe de wens te kennen geeft, partijen oproepen teneinde mondeling te worden gehoord.
4. De Geschillencommissie kan, al dan niet op verzoek van één van de partijen, getuigen of deskundigen horen.

Artikel 13   Mondelinge behandeling
1. De Geschillencommissie bepaalt tijdens welke zitting van de commissie de mondelinge behandeling van het geschil plaatsvindt.
2. De Geschillencommissie stelt partijen in de gelegenheid gehoord te worden.
3. Partijen zijn niet verplicht te verschijnen.
4. Partijen hebben het recht zich bij de behandeling van een geschil door derden te laten bijstaan of vertegenwoordigen. Zij kunnen verklaringen van getuigen en deskundigen overleggen, waarvan door de Geschillencommissie een afschrift aan de wederpartij(en) wordt verstrekt.
5. Het horen van partijen geschiedt in elkaars tegenwoordigheid.

Artikel 14   Oproeping
1. De secretaris van de Geschillencommissie roept partijen schriftelijk ten minste tien dagen voor de dag van behandeling van het geschil op.
2. In de roeping wordt de samenstelling van de Geschillencommissie medegedeeld.

Artikel 15   Uitspraak
1. De uitspraak wordt met redenen omkleed.
2. De uitspraak wordt schriftelijk aan partijen bekend gemaakt.
3. De uitspraak is bindend voor partijen.
4. De uitspraak wordt openbaar gemaakt.

Artikel 16   Voegen van geschillen
1. De Geschillencommissie is bevoegd de behandeling van geschillen waarbij een of meer dezelfde partijen betrokken zijn samen te voegen.
2. Bij voeging van geschillen worden partijen hiervan schriftelijk op de hoogte gesteld.
3. Ingeval een der partijen bezwaar heeft tegen de voeging beslist de voorzitter van de Waarderingskamer over de voeging.

Artikel 17   Intrekken van een geschil

1. Partijen kunnen gezamenlijk een geschil, dat bij de Geschillencommissie in behandeling is, intrekken, onder meer ingeval het geschil door een minnelijke regeling is geschikt.
2. De intrekking van een geschil dient schriftelijk te geschieden bij de Waarderingskamer.
3. De behandeling van een geschil wordt terstond na ontvangst van de intrekking gestaakt.

Artikel 18   Termijnen

1. De Waarderingskamer doet uitspraak binnen dertien weken nadat de in artikel 11, tweede lid, bedoelde termijn is aangevangen.
2. De in het eerste lid bedoelde termijn kan op voorstel van de Geschillencommissie door de voorzitter van de Waarderingskamer, met redenen omkleed, eenmaal met dertien weken verlengd worden.
3. Partijen ontvangen schriftelijk bericht van de verlenging van de termijn.
4. Met instemming van de betrokken partijen kan de termijn verder verlengd worden.

Artikel 19   Kosten

1. De kosten die verband houden met de geschillenbehandeling worden door partijen gedragen.
2. Bij de uitspraak wordt bepaald hoe de in het eerste lid bedoelde kosten over partijen worden verdeeld.
3. Bij intrekking van het geschil, als bedoeld in artikel 17, worden de tot en met de dag van intrekking van het geschil veroorzaakte kosten gelijkelijk over partijen verdeeld.
4. Daarnaast kan bij de uitspraak bepaald worden dat de partij die in het ongelijk gesteld is de externe kosten, die de andere partij in het kader van de geschillenbehandeling heeft gemaakt, moet vergoeden.

Artikel 20   Overgangs- en slotbepalingen

1. De op 28 juli 1993 door de voorlopige Waarderingskamer vastgestelde geschillenregeling wordt ingetrokken.
2. Geschillen die onder de in het vorige lid genoemde regeling voor behandeling in aanmerking zouden komen, worden beschouwd als geschillen, bedoeld in artikel 1, onder b, van deze regeling.

3. In de gevallen waarin deze regeling niet voorziet, beslist de voorzitter, gehoord de leden van de Geschillencommissie, met inachtneming van de eisen van redelijkheid en billijkheid.

Artikel 21   Inwerkingtreding en citeertitel

1. Deze regeling treedt in werking op 1 mei 1995 en werkt terug tot en met 1 januari 1995.
2. Deze regeling wordt aangehaald als: Geschillenregeling Waarderingskamer.

15 Monumentenwet 1988 (uittreksel)

Artikel 1

In deze wet en de daarop berustende bepalingen wordt verstaan onder:

a. Onze Minister: Onze Minister van Onderwijs, Cultuur en Wetenschap;
b. *monumenten*:
   1. alle vóór ten minste vijftig jaar vervaardigde zaken welke van belang zijn wegens hun schoonheid, hun betekenis voor de wetenschap of hun cultuurhistorische waarde;
   2. terreinen welke van algemeen belang zijn wegens daar aanwezige zaken als bedoeld onder 1;
c. *archeologische monumenten*: de monumenten, bedoeld in onderdeel b, onder 2;
d. *beschermde monumenten*: onroerende monumenten welke zijn ingeschreven in de ingevolge de wet vastgestelde registers;
e. *kerkelijke monumenten*: onroerende monumenten welke eigendom zijn van een kerkgenootschap, een zelfstandig onderdeel daarvan, een lichaam waarin kerkgenootschappen zijn verenigd, of van een ander genootschap op geestelijke grondslag en welke uitsluitend of voor een overwegend deel worden gebruikt voor het gezamenlijk belijden van de godsdienst of levensovertuiging;
f. *stad- en dorpsgezichten*: groepen van onroerende zaken die van algemeen belang zijn wegens hun schoonheid, hun onderlinge ruimtelijke of structurele samenhang dan wel hun wetenschappelijke of cultuurhistorische waarde en in welke groepen zich één of meer monumenten bevinden;
g. *beschermde stads- en dorpsgezichten*: stad- en dorpsgezichten die door Onze Minister en Onze Minister van Volkshuisvesting, Ruimtelijke Ordening en Milieubeheer als zodanig ingevolge artikel 35 van deze wet zijn aangewezen, met ingang van de datum van publicatie van die aanwijzing in de Nederlandse Staatscourant;
h. het doen van *opgravingen*: het verrichten van werkzaamheden met als doel het opsporen of onderzoeken van monumenten, waardoor verstoring van de bodem optreedt;
i. de Raad: de *Raad voor cultuur*, bedoeld in artikel 2a van de Wet op het specifiek cultuurbeleid.

(...)

Artikel 6

1. Onze Minister houdt voor elke gemeente een *register* aan van de beschermde monumenten. In het register schrijft hij de monumenten in die hij heeft aangewezen, voorzover geen beroep tegen die aanwijzing is ingesteld of een beroep is afgewezen.
2. Van de inschrijving in het register zendt Onze Minister aan gedeputeerde staten, aan burgemeester en wethouders telkens één afschrift.
3. Het aan burgemeester en wethouders gezonden afschrift wordt ter inzage ter secretarie van de gemeente neergelegd. Een ieder kan zich aldaar op zijn kosten afschriften doen verstrekken.

(...)

Artikel 70

Deze wet wordt aangehaald als: Monumentenwet 1988.

16   Ambtenarenwet (uittreksel)

Artikel 1

1. Ambtenaar in de zin van deze wet is degene, die is aangesteld om in openbare dienst werkzaam te zijn.
2. Tot den openbaren dienst behooren alle diensten en bedrijven door den Staat en de openbare lichamen beheerd.
3. Niet is ambtenaar in de zin van deze wet degene, met wie een arbeidsovereenkomst naar burgerlijk recht is gesloten.
4. Tenzij het tegendeel blijkt, zijn in deze wet onder ambtenaren gewezen ambtenaren begrepen.

(...)

Artikel 137

Deze wet wordt aangehaald als: Ambtenarenwet.

17   Burgerlijk Wetboek (uittreksel)

Boek 3. Vermogensrecht in het algemeen

Artikel 3:1
Goederen zijn alle zaken en alle vermogensrechten.

(...)

Artikel 3:3
1. *Onroerend* zijn de grond, de nog niet gewonnen delfstoffen, de met de grond verenigde beplantingen, alsmede de gebouwen en werken die duurzaam met de grond zijn verenigd, hetzij rechtstreeks, hetzij door vereniging met andere gebouwen of werken.
2. *Roerend* zijn alle zaken die niet onroerend zijn.

Artikel 3:4
1. Al hetgeen volgens verkeersopvatting onderdeel van een zaak uitmaakt, is *bestanddeel* van die zaak.
2. Een zaak die met een hoofdzaak zodanig verbonden wordt dat zij daarvan niet kan worden afgescheiden zonder dat beschadiging van betekenis wordt toegebracht aan een der zaken, wordt bestanddeel van de hoofdzaak.

(...)

Artikel 3:8
Een *beperkt recht* is een recht dat is afgeleid uit een meer omvattend recht, hetwelk met het beperkt recht is bezwaard.

(...)

Artikel 3:107
1. *Bezit* is het houden van een goed voor zichzelf.
2. Bezit is onmiddellijk, wanneer iemand bezit zonder dat een ander het goed voor hem houdt.
3. Bezit is middellijk, wanneer iemand bezit door middel van een ander die het goed voor hem houdt.
4. Houderschap is op overeenkomstige wijze onmiddellijk of middellijk.

(...)

Artikel 3:201

Vruchtgebruik geeft het recht om goederen die aan een ander toebehoren, te gebruiken en daarvan de vruchten te genieten.

(...)

Boek 5. Zakelijke rechten

Artikel 5:1

1. *Eigendom* is het meest omvattende recht dat een persoon op een zaak kan hebben.
2. Het staat de eigenaar met uitsluiting van een ieder vrij van de zaak gebruik te maken, mits dit gebruik niet strijdt met rechten van anderen en de op wettelijk voorschriften en regels van ongeschreven recht gegronde beperkingen daarbij in acht worden genomen.
3. De eigenaar van de zaak wordt, behoudens rechten van anderen, eigenaar van de afgescheiden vruchten.

(...)

Artikel 5:3

Voor zover de wet niet anders bepaalt, is de eigenaar van een zaak eigenaar van al haar bestanddelen.

(...)

Artikel 5:20

De eigendom van de grond omvat, voor zover de wet niet anders bepaalt:

a. de bovengrond;
b. de daaronder zich bevindende aardlagen;
c. het grondwater dat door een bron, put of pomp aan de oppervlakte is gekomen;
d. het water dat zich op de grond bevindt en niet in open gemeenschap met water op een ander erf staat.
e. gebouwen en werken die duurzaam met de grond zijn verenigd, hetzij rechtstreeks, hetzij door vereniging met andere gebouwen en werken, voor zover ze geen bestanddeel zijn van eens anders onroerende zaak;
f. met de grond verenigde beplantingen.

(...)

Artikel 5:70

1. Een *erfdienstbaarheid* is een last, waarmede een onroerende zaak – het dienende erf – ten behoeve van een andere onroerende zaak – het heersende erf – is bezwaard.
2. In de akte van vestiging van een erfdienstbaarheid kan aan de eigenaar van het heersende erf de verplichting worden opgelegd aan de eigenaar van het dienende erf op al dan niet regelmatig terugkerende tijdstippen een geldsom - de retributie - te betalen.

(...)

Artikel 5:85

1. *Erfpacht* is een zakelijk recht dat de erfpachter de bevoegdheid geeft eens anders onroerende zaak te houden en te gebruiken.
2. In de akte van vestiging kan aan de erfpachter de verplichting worden opgelegd aan de eigenaar op al dan niet regelmatig terugkerende tijdstippen een geldsom - de canon - te betalen.

(...)

Artikel 5:101

1. Het *recht van opstal* is een zakelijk recht om in, op of boven een onroerende zaak van een ander gebouwen, werken of beplantingen in eigendom te hebben of te verkrijgen.
2. Het recht van opstal kan zelfstandig dan wel afhankelijk van een ander zakelijk recht of van een recht van huur of pacht op de onroerende zaak worden verleend.
3. In de akte van vestiging kan de opstaller de verplichting worden opgelegd aan de eigenaar op al dan niet regelmatig terugkerende tijdstippen een geldsom - de retributie - te betalen.

(...)

Artikel 5:106

1. Een eigenaar, erfpachter of opstaller is bevoegd zijn recht op een gebouw met toebehoren en op de daarbij behorende grond met toebehoren te splitsen in appartementsrechten.
2. Een eigenaar, erfpachter of opstaller is eveneens bevoegd zijn recht op een stuk grond te splitsen in appartementsrechten.
3. Een *appartementsrecht* is op zijn beurt voor splitsing in appartementsrechten vatbaar. Een appartementseigenaar is tot deze ondersplitsing bevoegd, voor zover in de akte van splitsing niet anders is bepaald.

4. Onder appartementsrecht wordt verstaan een aandeel in de goederen die in de splitsing zijn betrokken, dat de bevoegdheid omvat tot het uitsluitend gebruik van bepaalde gedeelten van het gebouw die blijkens hun inrichting bestemd zijn of worden om als afzonderlijk geheel te worden gebruikt. Het aandeel kan mede omvatten de bevoegdheid tot het uitsluitend gebruik van bepaalde gedeelten van de bij het gebouw behorende grond. In het geval van lid 2 omvat het aandeel de bevoegdheid tot het uitsluitend gebruik van bepaalde gedeelten van het stuk grond, die blijkens hun inrichting of aanduiding bestemd zijn of worden om als afzonderlijk geheel te worden gebruikt.

5. Onder appartementseigenaar wordt verstaan de gerechtigde tot een appartementsrecht.

6. Onder gebouw wordt in deze titel mede verstaan een groep van gebouwen die in één splitsing zijn betrokken.

7. Een erfpachter of opstaller is tot een splitsing in appartements-rechten slechts bevoegd na verkregen toestemming van de grondeigenaar. Indien deze de vereiste toestemming kennelijk zonder redelijke grond weigert of zich niet verklaart, kan de toestemming op verzoek van degene die haar behoeft worden vervangen door een machtiging van de kantonrechter van de rechtbank van het arrondisement waarin het gebouw of het grootste gedeelte daarvan is gelegen.

Boek 7. Bijzondere overeenkomsten

(...)

Artikel 7:311

Pacht is de overeenkomst waarbij de ene partij, de verpachter, zich verbindt aan de andere partij, de pachter, een onroerende zaak of een gedeelte daarvan in gebruik te verstrekken ter uitoefening van de landbouw en de pachter zich verbindt tot een tegenprestatie.

Artikel 7:312

Onder *landbouw* wordt verstaan, steeds voorzover bedrijfsmatig uitgeoefend: akkerbouw; weidebouw; veehouderij; pluimveehoude-rij; tuinbouw, daaronder begrepen fruitteelt en het kweken van bomen, bloemen en bloembollen; de teelt van griendhout en riet; elke andere tak van bodemcultuur, met uitzondering van de bos-bouw.

Artikel 7:313

1. Een *hoeve* is een complex bestaande uit een of meer gebouwen of gedeelten daarvan en het daarbij behorende land, dienende tot de uitoefening van de landbouw.
2. Hetgeen in deze titel is bepaald met betrekking tot los land, geldt mede met betrekking tot een of meer gebouwen of gedeelten daarvan, welke dienen tot de uitoefening van de landbouw.
3. Indien echter tussen dezelfde partijen bij één overeenkomst los land en bij een andere overeenkomst een of meer gebouwen of gedeelten daarvan zijn verpacht, worden de bepalingen omtrent verpachting van hoeven op beide overeenkomsten van toepassing met ingang van het tijdstip waarop de laatste van beide overeenkomsten is gesloten.
4. Onder hoeve en los land worden begrepen de daarbij behorende, niet tot de uitoefening van de landbouw dienende gronden met inbegrip van de zich daarop bevindende houtopstanden.

(...)

18 Gemeentewet (uittreksel)

§ 5. Bekendmaking en inwerkingtreding van besluiten die algemeen verbindende voorschriften inhouden

Artikel 139

1. Besluiten van het gemeentebestuur die algemeen verbindende voorschriften inhouden, verbinden niet dan wanneer zij zijn bekendgemaakt.
2. De bekendmaking geschiedt door plaatsing in het gemeenteblad, dan wel, bij gebreke daarvan, door opneming in een andere door de gemeente algemeen verkrijgbaar gestelde uitgave.
3. Bij de bekendmaking van een besluit dat aan goedkeuring is onderworpen, wordt de dagtekening vermeld van het besluit waarbij die goedkeuring is verleend of wordt de mededeling gedaan van de omstandigheid dat ingevolge artikel 10:31, vierde lid, van de Algemene wet bestuursrecht een besluit tot goedkeuring wordt geacht te zijn genomen.

Artikel 140

Besluiten van het gemeentebestuur die algemeen verbindende voorschriften inhouden, liggen voor een ieder kosteloos ter inzage op de gemeentesecretarie of op een andere door de raad te bepalen plaats.

Artikel 141

Een ieder kan op zijn verzoek een afschrift verkrijgen van de besluiten van het gemeentebestuur die ingevolge artikel 140 ter inzage liggen.

Artikel 142

De bekendgemaakte besluiten treden in werking met ingang van de achtste dag na die van de bekendmaking, tenzij in deze besluiten daarvoor een ander tijdstip is aangewezen.

(...)

Hoofdstuk IX. De bevoegdheid van de raad

Artikel 147

1. Gemeentelijke verordeningen worden door de raad vastgesteld voor zover de bevoegdheid daartoe niet bij de wet of door de

raad krachtens de wet aan het college van burgemeester en wethouders of de burgemeester is toegekend.

2. De overige bevoegdheden, bedoeld in artikel 108, berusten bij de raad voorzover deze niet bij of krachtens de wet aan het college van burgemeester en wethouders of de burgemeester zijn toegekend.

Artikel 147a

1. Een lid van de raad kan een voorstel voor een verordening of een ander voorstel ter behandeling in de raad indienen.
2. De raad regelt op welke wijze een voorstel voor een verordening wordt ingediend en behandeld.
3. De raad regelt op welke wijze en onder welke voorwaarden een ander voorstel wordt ingediend en behandeld.

Artikel 147b

1. Een lid van de raad kan een voorstel tot wijziging van een voor de vergadering van de raad geagendeerde ontwerp-verordening of ontwerp-beslissing indienen.
2. Het tweede lid van artikel 147a is van overeenkomstige toepassing.

(...)

Artikel 156

1. De raad kan aan het college, een door hem ingestelde bestuurscommissie en een deelraad bevoegdheden overdragen, tenzij de aard van de bevoegdheid zich daartegen verzet.
2. De raad kan in ieder geval niet overdragen de bevoegdheid tot:
   a. de instelling van een onderzoek, bedoeld in artikel 155a, eerste lid;
   b. de vaststelling of wijziging van de begroting, bedoeld in artikel 189;
   c. de vaststelling van de jaarrekening, bedoeld in artikel 198;
   d. het stellen van straf op overtreding van de gemeentelijke verordeningen;
   e. de vaststelling van de verordeningen, bedoeld in artikelen 212, eerste lid, 213, eerste lid, en 213a, eerste lid;
   f. de aanwijzing van een of meer accountants, bedoeld in artikel 213, tweede lid;

g. de heffing van andere belastingen dan de belastingen, genoemd in artikel 225, de precariobelasting, de rechten, genoemd in artikel 229, de rechten waarvan de heffing geschiedt krachtens andere wetten dan deze wet en de heffing,
bedoeld in artikel 15.33 van de Wet milieubeheer.

3. De bevoegdheid tot het vaststellen van verordeningen, door
strafbepaling of bestuursdwang te handhaven, kan de raad
slechts overdragen voor zover het betreft de vaststelling van
nadere regels met betrekking tot bepaalde door hem in zijn
verordeningen aangewezen onderwerpen.

4. De artikelen 139, tweede lid, 140 en 141 zijn van overeenkomstige toepassing op een besluit dat wordt genomen op grond van
het eerste lid.

5. Het tweede lid, aanhef en onder d, en het derde lid zijn niet van
toepassing op de overdracht van bevoegdheden aan een deelraad.

(...)

Hoofdstuk XV.   De gemeentelijke belastingen

§ 1.   Algemene bepalingen

Artikel 216
De raad besluit tot het invoeren, wijzigen of afschaffen van een
gemeentelijke belasting door het vaststellen van een *belastingverordening.*

Artikel 217
Een belastingverordening vermeldt, in de daartoe leidende gevallen,
de belastingplichtige, het voorwerp van de belasting, het belastbare
feit, de heffingsmaatstaf, het tarief, het tijdstip van ingang van de
heffing, het tijdstip van beëindiging van de heffing en hetgeen
overigens voor de heffing en de invordering van belang is.

(...)

Artikel 219
1. Behalve de gemeentelijke belastingen waarvan de heffing krachtens andere wetten dan deze geschiedt, worden geen andere
belastingen geheven dan die bedoeld in de tweede en derde
paragraaf van dit hoofdstuk.

2. Behoudens het bepaalde in andere wetten dan deze en in de tweede en derde paragraaf van dit hoofdstuk kunnen de gemeentelijke belastingen worden geheven naar in de belastingverordening te bepalen heffingsmaatstaven, met dien verstande dat het bedrag van een gemeentelijke belasting niet afhankelijk mag worden gesteld van het inkomen, de winst of het vermogen.

§ 2. *Bijzondere bepalingen omtrent de onroerende-zaakbelastingen*

Artikel 220
Ter zake van binnen de gemeente gelegen onroerende zaken kunnen onder de naam onroerende-zaakbelastingen worden geheven:
a. een belasting van degenen die bij het begin van het kalenderjaar onroerende zaken die niet in hoofdzaak tot woning dienen, al dan niet krachtens eigendom, bezit, beperkt recht of persoonlijk recht, gebruiken;
b. een belasting van degenen die bij het begin van het kalenderjaar van onroerende zaken het genot hebben krachtens eigendom, bezit of beperkt recht.

Artikel 220a
1. Met betrekking tot de onroerende-zaakbelastingen wordt als onroerende zaak aangemerkt de onroerende zaak, bedoeld in hoofdstuk III van de Wet waardering onroerende zaken.
2. Een onroerende zaak dient in hoofdzaak tot woning indien de waarde die op grond van hoofdstuk IV van de Wet waardering onroerende zaken is vastgesteld voor die onroerende zaak in hoofdzaak kan worden toegerekend aan delen van de onroerende zaak die dienen tot woning dan wel volledig dienstbaar zijn aan woondoeleinden.

Artikel 220b
1. Voor de toepassing van artikel 220, onderdeel a, wordt:
a. gebruik door degene aan wie een deel van een onroerende zaak in gebruik is gegeven, aangemerkt als gebruik door degene die dat deel in gebruik heeft gegeven; degene die het deel in gebruik heeft gegeven is bevoegd de belasting als zodanig te verhalen op degene aan wie dat deel in gebruik is gegeven;

b. het ter beschikking stellen van een onroerende zaak voor volgtijdig gebruik aangemerkt als gebruik door degene die die onroerende zaak ter beschikking heeft gesteld; degene die de onroerende zaak ter beschikking heeft gesteld is bevoegd de belasting als zodanig te verhalen op degene aan wie die zaak ter beschikking is gesteld.

2. Voor de toepassing van artikel 220, onderdeel b, wordt als genothebbende krachtens eigendom, bezit of beperkt recht aangemerkt degene die bij het begin van het kalenderjaar als zodanig in de basisregistratie kadaster is vermeld, tenzij blijkt dat hij op dat tijdstip geen genothebbende krachtens eigendom, bezit of beperkt recht is.

Artikel 220c
De heffingsmaatstaf voor de onroerende-zaakbelastingen is de op de voet van hoofdstuk IV van de Wet waardering onroerende zaken voor de onroerende zaak vastgestelde waarde voor het kalenderjaar bedoeld in artikel 220.

Artikel 220d
1. In afwijking in zoverre van artikel 220c wordt bij de bepaling van de heffingsmaatstaf voor de *onroerende-zaakbelastingen buiten aanmerking gelaten*, voor zover dit niet reeds is geschied bij de bepaling van de in dat artikel bedoelde waarde, de waarde van:

a. ten behoeve van de land- of bosbouw bedrijfsmatig geëxploiteerde cultuurgrond, daaronder mede begrepen de open grond, alsmede de ondergrond van glasopstanden, die bedrijfsmatig aangewend wordt voor de kweek of teelt van gewassen, zonder daarbij de ondergrond als voedingsbodem te gebruiken;

b. glasopstanden, die bedrijfsmatig worden aangewend voor de kweek of teelt van gewassen, voor zover de ondergrond daarvan bestaat uit de in onderdeel a bedoelde grond;

c. onroerende zaken die in hoofdzaak zijn bestemd voor de openbare eredienst of voor het houden van openbare bezinningssamenkomsten van levensbeschouwelijke aard, een en ander met uitzondering van delen van zodanige onroerende zaken die dienen als woning;

    d. één of meer onroerende zaken die deel uitmaken van een op de voet van de Natuurschoonwet 1928 aangewezen landgoed dat voldoet aan bij of krachtens algemene maatregel van bestuur te stellen voorwaarden, met uitzondering van de daarop voorkomende gebouwde eigendommen;

    e. natuurterreinen, waaronder mede worden verstaan duinen, heidevelden, zandverstuivingen, moerassen en plassen, die door rechtspersonen met volledige rechtsbevoegdheid welke zich uitsluitend of nagenoeg uitsluitend het behoud van natuurschoon ten doel stellen, beheerd worden;

    f. openbare land- en waterwegen en banen voor openbaar vervoer per rail, een en ander met inbegrip van kunstwerken;

    g. waterverdedigings- en waterbeheersingswerken die worden beheerd door organen, instellingen of diensten van publiek- rechtelijke rechtspersonen, met uitzondering van de delen van zodanige werken die dienen als woning;

    h. werken die zijn bestemd voor de zuivering van riool- en ander afvalwater en die worden beheerd door organen, instel- lingen of diensten van publiekrechtelijke rechtspersonen, met uitzondering van de delen van zodanige werken die dienen als woning;

    i. een onroerende zaak of een deel daarvan waarvan de waarde ingevolge de gemeentelijke belastingverordening bij de bepaling van de heffingsmaatstaf buiten aanmerking blijft;

    j. werktuigen die van een onroerende zaak kunnen worden afgescheiden zonder dat beschadiging van betekenis aan die werktuigen wordt toegebracht en die niet op zichzelf als gebouwde eigendommen zijn aan te merken.

2. Voor de toepassing van het eerste lid, onderdelen a en b, wordt het begrip landbouw opgevat als in artikel 312 van Boek 7 van het Burgerlijk Wetboek.

3. Bij de toepassing van het eerste lid is het bepaalde bij of krach- tens de artikelen 17, 18 en 20, tweede lid, van de Wet waarde- ring onroerde zaken van overeenkomstige toepassing.

4. Indien met betrekking tot een onroerende zaak geen waarde is vastgesteld op de voet van hoofdstuk IV van de Wet waardering onroerende zaken wordt de heffingsmaatstaf van die onroerende zaak bepaald met toepassing van het eerste en het tweede lid, alsmede met overeenkomstige toepassing van het bepaalde bij of krachtens de artikelen 17, 18 en 20, tweede lid, van de Wet waardering onroerende zaken.

Artikel 220e

In afwijking van artikel 220c wordt bij de bepaling van de heffings-maatstaf voor de onroerendezaakbelasting bedoeld in artikel 220, onderdeel a, buiten aanmerking gelaten de waarde van gedeelten van de onroerende zaak die in hoofdzaak tot woning dienen dan wel in hoofdzaak dienstbaar zijn aan woondoeleinden.

Artikel 220f

De belasting bedraagt een percentage van de heffingsmaatstaf. Het percentage wordt gelijkelijk vastgesteld voor onderscheidenlijk:

a. de belasting, bedoeld in artikel 220, onderdeel a;

b. de belasting, bedoeld in artikel 220, onderdeel b, voor zover het onroerende zaken betreft die in hoofdzaak tot woning dienen;

c. de belasting, bedoeld in artikel 220, onderdeel b, voor zover het onroerende zaken betreft die niet in hoofdzaak tot woning dienen.

Artikel 220g [Vervallen.]

Artikel 220h

1. In de belastingverordening kan worden bepaald dat geen belasting wordt geheven indien de heffingsmaatstaf blijft beneden € 12 000 dan wel een in de belastingverordening te bepalen lager bedrag.

2. In de belastingverordening kunnen belastingbedragen tot maximaal € 10 worden opgenomen waarvoor geen invordering zal plaatsvinden. Voor de toepassing van de vorige volzin kan in de belastingverordening worden bepaald dat het totaal van op één aanslagbiljet of kennisgeving verenigde verschuldigde bedragen wordt aangemerkt als één belastingbedrag.

Artikel 220i [Vervallen.]

§ 3. Bijzondere bepalingen omtrent de andere belastingen dan de onroerende-zaakbelastingen

Artikel 221

1. Ter zake van binnen de gemeente gelegen woon- en bedrijfs-ruimten, welke duurzaam aan een plaats gebonden zijn en dienen tot permanente bewoning of permanent gebruik, doch niet onroerend zijn, kunnen twee belastingen worden geheven, te weten:

    a. een belasting van degenen die bij het begin van het kalenderjaar de ruimten die niet in hoofdzaak tot woning dienen,
al dan niet krachtens eigendom, bezit, beperkt recht of persoonlijk recht, gebruiken;
    b. een belasting van degenen die bij het begin van het kalenderjaar van de ruimten het genot hebben krachtens eigendom,
bezit of beperkt recht.

2. Bij de toepassing van het eerste lid zijn de artikelen 220a,
tweede lid, 220b, 220d tot en met 220f en 220h alsmede het
bepaalde bij of krachtens de artikelen 17 en 18 van de Wet
waardering onroerende zaken van overeenkomstige toepassing.

3. Het tarief van de in het eerste lid genoemde belastingen is gelijk
aan het binnen de gemeente geldende tarief voor de onroerende-zaakbelastingen.

Artikel 222

1. Ter zake van de in een bepaald gedeelte van de gemeente gelegen onroerende zaak die gebaat is door voorzieningen die tot
stand worden of zijn gebracht door of met medewerking van het
gemeentebestuur, kan van degenen die van die onroerende zaak
het genot hebben krachtens eigendom, bezit of beperkt recht, een
baatbelasting worden geheven, waarbij de aan de voorzieningen
verbonden lasten geheel of gedeeltelijk worden omgeslagen.
Indien de aan de voorzieningen verbonden lasten ter zake van
een onroerende zaak krachtens overeenkomst zijn of worden
voldaan, wordt de baatbelasting ter zake van die onroerende
zaak niet geheven.

2. Voordat met het treffen van voorzieningen wordt aangevangen,
wordt door de raad besloten in welke mate de aan die voorzieningen verbonden lasten door middel van een baatbelasting
zullen worden verhaald. Een besluit als bedoeld in de eerste
volzin bevat een aanduiding van het gebied waarbinnen de
gebate onroerende zaak is gelegen. Het besluit wordt bekend
gemaakt overeenkomstig artikel 139.

3. Of een onroerende zaak is gebaat wordt beoordeeld naar de
toestand op een in de belastingverordening te bepalen tijdstip,
dat is gelegen uiterlijk een jaar nadat de voorzieningen geheel
zijn voltooid.

4. Tot invoering van de belasting wordt besloten uiterlijk twee
jaren nadat de voorzieningen geheel zijn voltooid.

5. De belasting wordt ineens geheven, met dien verstande dat de belasting op verzoek van de belastingplichtige in de vorm van een jaarlijkse belasting wordt geheven gedurende ten hoogste dertig jaren, een en ander volgens in de verordening vast te stellen regelen.

Artikel 223

1. Er kan een *forensenbelasting* worden geheven van de natuurlijke personen, die, zonder in de gemeente hoofdverblijf te hebben, er gedurende het belastingjaar meer dan negentig malen nachtverblijf houden, anders dan als verpleegde of verzorgde in een inrichting tot verpleging of verzorging van zieken, van gebrekkigen, van hulpbehoevenden of bejaarden, of er op meer dan negentig dagen van dat jaar voor zich of hun gezin een gemeubileerde woning beschikbaar houden.
2. Degene die ter tijdelijke waarneming van een openbare betrekking of ter bijwoning van de vergaderingen van een algemeen vertegenwoordigend orgaan, waarvan hij het lidmaatschap bekleedt, dan wel ingevolge last of bevel van de overheid, buiten de gemeente van zijn hoofdverblijf vertoeft, is op die grond niet belastingplichtig.
3. Of iemand in de gemeente hoofdverblijf heeft, wordt naar de omstandigheden beoordeeld.

Artikel 224

1. Ter zake van het houden van verblijf binnen de gemeente door personen die niet als ingezetene in de gemeentelijke basisadministratie persoonsgegevens zijn ingeschreven, kan een *toeristenbelasting* worden geheven.
2. Voor zover de belasting wordt geheven van degene die gelegenheid tot verblijf biedt, is deze bevoegd de belasting als zodanig te verhalen op degene ter zake van wiens verblijf de belasting verschuldigd wordt.

Artikel 225

1. In het kader van de parkeerregulering kunnen de volgende belastingen worden geheven:
   a. een belasting ter zake van het parkeren van een voertuig op een bij de belastingverordening dan wel krachtens de belastingverordening in de daarin aangewezen gevallen door het college te bepalen plaats, tijdstip en wijze;

   b. een belasting ter zake van een van gemeentewege verleende vergunning voor het parkeren van een voertuig op de in die vergunning aangegeven plaats en wijze.

2. Voor de toepassing van het eerste lid wordt onder parkeren verstaan het gedurende een aaneengesloten periode doen of laten staan van een voertuig, anders dan gedurende de tijd die nodig is voor en gebruikt wordt tot het onmiddellijk in- en uitstappen van personen dan wel het onmiddellijk laden of lossen van zaken, op de binnen de gemeente gelegen voor het openbaar verkeer openstaande terreinen of weggedeelten, waarop dit doen of laten staan niet ingevolge een wettelijk voorschrift is verboden.

3. De belasting, bedoeld in het eerste lid, onderdeel a, wordt geheven van degene die het voertuig heeft geparkeerd.

4. Als degene die het voertuig heeft geparkeerd wordt mede aangemerkt degene die de belasting voldoet dan wel te kennen geeft of heeft gegeven de belasting te willen voldoen.

5. Zolang geen voldoening van de in het eerste lid, onderdeel a, bedoelde belasting heeft plaatsgevonden wordt de houder van het voertuig aangemerkt als degene die het voertuig heeft geparkeerd. Met betrekking tot een motorrijtuig dat is ingeschreven in het kentekenregister, bedoeld in de Wegenverkeerswet 1994, wordt als houder aangemerkt degene op wiens naam het voor het motorrijtuig opgegeven kenteken ten tijde van het parkeren in het register was ingeschreven. De tweede volzin vindt geen toepassing indien:
   a. blijkt dat ten tijde van het parkeren een ander in het kentekenregister had moeten staan ingeschreven, in welk geval die ander wordt aangemerkt als degene die het voertuig heeft geparkeerd;
   b. een voor ten hoogste drie maanden aangegane huurovereenkomst wordt overgelegd waaruit blijkt wie ten tijde van het parkeren ingevolge deze overeenkomst de huurder van het voertuig was, in welk geval de huurder wordt aangemerkt als degene die het voertuig heeft geparkeerd.

6. De belasting wordt niet geheven van degene die ingevolge het vijfde lid is aangemerkt als degene die het voertuig heeft geparkeerd, indien deze aannemelijk maakt dat ten tijde van het parkeren een ander tegen zijn wil van het voertuig gebruik heeft gemaakt en dat hij dit gebruik redelijkerwijs niet heeft kunnen voorkomen.

7. De belasting, bedoeld in het eerste lid, onderdeel b, wordt geheven van degene die de vergunning heeft aangevraagd.

8. Het tarief van de in het eerste lid bedoelde belastingen kan afhankelijk worden gesteld van de parkeerduur, van de parkeertijd, van de ingenomen oppervlakte en van de ligging van de terreinen of weggedeelten.

Artikel 226
1. Ter zake van het houden van een hond kan van de houder een *hondenbelasting* worden geheven.
2. De belasting wordt geheven naar het aantal honden dat wordt gehouden.
3. Voor de toepassing van het eerste lid wordt het houden van een hond door een lid van een huishouden aangemerkt als het houden van een hond door een door de in artikel 231, tweede lid, onderdeel b, bedoelde gemeenteambtenaar aan te wijzen lid van dat huishouden.

Artikel 227
Ter zake van openbare aankondigingen zichtbaar vanaf de openbare weg kan een *reclamebelasting* worden geheven.

Artikel 227a [Vervallen.]

Artikel 228
Ter zake van het hebben van voorwerpen onder, op of boven voor de openbare dienst bestemde gemeentegrond, kan een *precariobelasting* worden geheven.

Artikel 228a
1. Onder de naam rioolheffing kan een belasting worden geheven ter bestrijding van de kosten die voor de gemeente verbonden zijn aan:
   a. de inzameling en het transport van huishoudelijk afvalwater en bedrijfsafvalwater, alsmede de zuivering van huishoudelijk afvalwater en
   b. de inzameling van afvloeiend hemelwater en de verwerking van het ingezamelde hemelwater, alsmede het treffen van maatregelen teneinde structureel nadelige gevolgen van de grondwaterstand voor de aan de grond gegeven bestemming zoveel mogelijk te voorkomen of te beperken.
2. Ter zake van de kosten, bedoeld in het eerste lid, onderdelen a en b, kunnen twee afzonderlijke belastingen worden geheven.

3. Onder de kosten, bedoeld in het eerste lid, wordt mede verstaan de omzetbelasting die als gevolg van de Wet op het BTW-compensatiefonds recht geeft op een bijdrage uit dat fonds.

Artikel 229
1. Rechten kunnen worden geheven ter zake van:
   a. het gebruik overeenkomstig de bestemming van voor de openbare dienst bestemde gemeentebezittingen of van voor de openbare dienst bestemde werken of inrichtingen die bij de gemeente in beheer of in onderhoud zijn;
   b. het genot van door of vanwege het gemeentebestuur verstrekte diensten;
   c. het geven van *vermakelijkheden* waarbij gebruik wordt gemaakt van door of met medewerking van het gemeentebestuur tot stand gebrachte of in stand gehouden voorzieningen of waarbij een bijzondere voorziening in de vorm van toezicht of anderszins van de zijde van het gemeentebestuur getroffen wordt.
2. Voor de toepassing van deze paragraaf en de eerste en vierde paragraaf van dit hoofdstuk worden de in het eerste lid bedoelde rechten aangemerkt als gemeentelijke belastingen.

Artikel 229a
De rechten, bedoeld in artikel 229, eerste lid, onder a en b, kunnen worden geheven door de gemeente die het gebruik van de bezittingen, werken of inrichtingen toestaat of de diensten verleent, ongeacht of het belastbare feit zich binnen of buiten het grondgebied van de gemeente voordoet.

Artikel 229b
1. In verordeningen op grond waarvan rechten als bedoeld in artikel 229, eerste lid, onder a en b, worden geheven, worden de tarieven zodanig vastgesteld dat de geraamde baten van de rechten niet uitgaan boven de geraamde lasten ter zake.
2. Onder de in het eerste lid bedoelde lasten worden mede verstaan:
   a. bijdragen aan bestemmingsreserves en voorzieningen voor noodzakelijke vervanging van de betrokken activa;
   b. de omzetbelasting die ingevolge de Wet op het BTW-compensatiefonds recht geeft op een bijdrage uit het fonds.

Artikel 229c
Bij of krachtens algemene maatregel van bestuur kunnen inzake de belastingen, bedoeld in de tweede en derde paragraaf van dit hoofdstuk, nadere regels worden gegeven.

Artikel 229d [Vervallen.]

§ 4.   Heffing en invordering

Artikel 230
In deze paragraaf wordt verstaan onder:
Algemene wet: Algemene wet inzake rijksbelastingen;
heffing op andere wijze: heffing op andere wijze dan bij wege van aanslag of bij wege van voldoening op aangifte.

Artikel 231
1. Onverminderd het overigens in deze paragraaf bepaalde geschieden de heffing en de invordering van gemeentelijke belastingen met toepassing van de Algemene wet, de Invorderingswet 1990 en de Kostenwet invordering rijksbelastingen als waren die belastingen rijksbelastingen.
2. Onverminderd het overigens in deze paragraaf bepaalde gelden de bevoegdheden en de verplichtingen van de hierna vermelde, in de Algemene wet, de Invorderingswet 1990 en de Kostenwet invordering rijksbelastingen genoemde functionarissen, met betrekking tot de gemeentelijke belastingen voor de daarachter genoemde colleges of functionarissen:
   a. Onze Minister van Financiën, het bestuur van 's Rijksbelastingen en de directeur: het college;
   b. de inspecteur: de gemeenteambtenaar, belast met de heffing van gemeentelijke belastingen;
   c. de ontvanger of een inzake rijksbelastingen bevoegde ontvanger: de gemeenteambtenaar belast met de invordering van gemeentelijke belastingen;
   d. de ambtenaren van de rijksbelastingdienst: de gemeenteambtenaren belast met de heffing of de invordering van gemeentelijke belastingen;
   e. de belastingdeurwaarder: de daartoe aangewezen gemeenteambtenaar;
   f. de Tweede Kamer der Staten-Generaal of de Tweede Kamer: de raad.

3. Onverminderd het overigens in deze paragraaf bepaalde wordt met betrekking tot gemeentelijke belastingen in de Algemene wet en in de Invorderingswet 1990 voor 'algemene maatregel van bestuur' en voor 'ministeriële regeling' gelezen: besluit van het college van burgemeester en wethouders.

4. Met betrekking tot gemeentelijke belastingen wordt in de artikelen 27l, 27n, 27p en 29a van de Algemene wet en in artikel 24 van de Invorderingswet 1990 voor 'de Staat' gelezen: de gemeente.

Artikel 232

1. Het college kan bepalen dat voor de toezending of uitreiking van aanslagbiljetten ingevolge artikel 8, eerste lid, van de Invorderingswet 1990 voor de in artikel 231, tweede lid, onderdeel c, bedoelde ambtenaar een andere gemeenteambtenaar in de plaats treedt.

2. De colleges van twee of meer gemeenten kunnen met betrekking tot een of meer gemeentelijke belastingen bepalen dat ambtenaren van een van die gemeenten worden aangewezen als:

   a. de in artikel 231, tweede lid, onderdeel b, bedoelde ambtenaar van die gemeenten voor de uitvoering van enige wettelijke bepaling betreffende de heffing van gemeentelijke belastingen;

   b. de in artikel 231, tweede lid, onderdeel c, bedoelde ambtenaar van die gemeenten voor de uitvoering van enige wettelijke bepaling betreffende de invordering van gemeentelijke belastingen;

   c. de in artikel 231, tweede lid, onderdeel d, bedoelde ambtenaren van die gemeenten voor de uitvoering van enige wettelijke bepaling betreffende de heffing of de invordering van gemeentelijke belastingen;

   d. de in artikel 231, tweede lid, onderdeel e, bedoelde ambtenaar van die gemeenten, voor de uitvoering van enige wettelijke bepaling betreffende de invordering van gemeentelijke belastingen.

3. Het eerste lid is van overeenkomstige toepassing ten aanzien van het college van de gemeente waarvan de ambtenaar, belast met de invordering van gemeentelijke belastingen op grond van het tweede lid, onderdeel b, wordt aangewezen.

4. Indien voor de heffing of de invordering van gemeentelijke belastingen een gemeenschappelijke regeling is getroffen en bij die regeling een openbaar lichaam is ingesteld, kan bij of krach-

tens die regeling worden bepaald dat een daartoe aangewezen ambtenaar van dat openbare lichaam wordt aangewezen als:

a. de in artikel 231, tweede lid, onderdeel b, bedoelde ambtenaar van de gemeente voor de uitvoering van enige wettelijke bepaling betreffende de heffing van gemeentelijke belastingen;

b. de in artikel 231, tweede lid, onderdeel c, bedoelde ambtenaar van de gemeente voor de uitvoering van enige wettelijke bepaling betreffende de invordering van gemeentelijke belastingen;

c. de in artikel 231, tweede lid, onderdeel d, bedoelde ambtenaren van de gemeente voor de uitvoering van enige wettelijke bepaling betreffende de heffing of de invordering van gemeentelijke belastingen;

d. de in artikel 231, tweede lid, onderdeel e, bedoelde ambtenaar van de gemeente voor de uitvoering van enige wettelijke bepaling betreffende de invordering van gemeentelijke belastingen.

5. Het eerste lid is van overeenkomstige toepassing ten aanzien van het dagelijks bestuur van het openbaar lichaam waarvan een ambtenaar op grond van het vierde lid, onderdeel b, wordt aangewezen.

Artikel 233
Gemeentelijke belastingen kunnen worden geheven bij wege van aanslag, bij wege van voldoening op aangifte of op andere wijze, doch niet bij wege van afdracht op aangifte.

Artikel 233a
1. Indien de gemeentelijke belastingen op andere wijze worden geheven, bepaalt de belastingverordening op welke wijze deze worden geheven en de wijze waarop de belastingschuld aan de belastingplichtige wordt bekendgemaakt. De belastingverordening kan daarnaast bepalen dat het college omtrent de uitvoering van een en ander nadere regels geeft.

2. De op andere wijze geheven belastingen worden voor de toepassing van de Algemene wet en de Invorderingswet 1990 aangemerkt als bij wege van aanslag geheven belastingen, met dien verstande dat wordt verstaan onder:

a. de aanslag, de voorlopige aanslag, de navorderingsaanslag: het gevorderde, onderscheidenlijk het voorlopig gevorderde, het nagevorderde bedrag;

b. het aanslagbiljet: de kennisgeving van het in onderdeel a bedoelde bedrag;

c. de dagtekening van het aanslagbiljet: de dagtekening van de schriftelijke kennisgeving van het in onderdeel a bedoelde bedrag, of bij gebreke van een schriftelijke kennisgeving, de datum waarop het bedrag op andere wijze ter kennis van de belastingplichtige is gebracht.

Artikel 234

1. De belasting, bedoeld in artikel 225, eerste lid, onder a, wordt geheven bij wege van voldoening op aangifte dan wel op andere wijze.
2. Als voldoening op aangifte wordt uitsluitend aangemerkt:
   a. het bij de aanvang van het parkeren in werking stellen van een parkeermeter of een parkeerautomaat op de daartoe bestemde wijze en met inachtneming van de door het college gestelde voorschriften;
   b. indien ingevolge artikel 235, eerste lid, een wielklem is aangebracht, de voldoening op aangifte op de door het college bepaalde wijze.
3. In afwijking van artikel 26, tweede lid, van de Algemene wet kan tegen de in het tweede lid, onderdeel a, bedoelde voldoening op aangifte geen beroep worden ingesteld.
4. Ingeval een *naheffingsaanslag* wordt opgelegd, wordt deze berekend over een parkeerduur van een uur, tenzij aannemelijk is dat het voertuig langer dan een uur zonder betaling geparkeerd heeft gestaan.
5. De artikelen 67b, 67c en 67f van de Algemene wet blijven buiten toepassing.
6. Ter zake van het opleggen van een *naheffingsaanslag* worden *kosten* in rekening gebracht. Deze kosten maken onderdeel uit van de naheffingsaanslag en worden afzonderlijk op het aanslagbiljet vermeld. Ten aanzien van hetzelfde voertuig worden per aaneengesloten periode de kosten niet vaker dan eenmaal per kalenderdag in rekening gebracht.
7. Bij algemene maatregel van bestuur worden regels gesteld met betrekking tot de wijze van berekening en de maximale hoogte van de in het zesde lid bedoelde kosten. In de belastingverordening wordt het bedrag van de in rekening te brengen kosten bepaald.

8. In afwijking van artikel 8, eerste lid, van de Invorderingswet 1990 kan, indien het niet mogelijk is het aanslagbiljet terstond aan de belastingschuldige uit te reiken, worden volstaan met het aanbrengen van het aanslagbiljet op of aan het voertuig. Alsdan vermeldt het aanslagbiljet niet de naam van de belastingschuldige maar het kenteken van het voertuig. Bij gebreke van een kenteken vermeldt het aanslagbiljet een of meer gegevens die kenmerkend zijn voor het geparkeerde voertuig.

9. De naheffingsaanslag is dadelijk en ineens invorderbaar.

Artikel 234a [Vervallen.]

Artikel 234b [Vervallen.]

Artikel 235

1. Bij de belastingverordening, bedoeld in artikel 225, eerste lid, onder a, kan worden bepaald dat terstond nadat het aanslagbiljet aan de belastingschuldige is uitgereikt dan wel terstond nadat het aanslagbiljet, overeenkomstig artikel 234, achtste lid, aan het voertuig is aangebracht, de in artikel 231, tweede lid, onderdeel b, bedoelde gemeenteambtenaar bevoegd is tot zekerheid van de betaling van de naheffingsaanslag, bedoeld in artikel 234, vierde lid, aan het voertuig een mechanisch hulpmiddel, hierna te noemen: *wielklem*, te doen aanbrengen, waardoor wordt verhinderd dat het voertuig wordt weggereden.

2. Bij de belastingverordening dan wel krachtens de belastingverordening in de daarin aangewezen gevallen door het college worden de terreinen of weggedeelten aangewezen waar de wielklem wordt toegepast.

3. Ter zake van het aanbrengen alsmede van het verwijderen van de wielklem worden kosten in rekening gebracht.

4. De wielklem wordt niet verwijderd dan nadat de naheffingsaanslag alsmede de kosten van het aanbrengen en van het verwijderen van de wielklem zijn voldaan. Na deze voldoening vindt de verwijdering van de wielklem zo spoedig mogelijk plaats.

5. Na afloop van een in de belastingverordening te bepalen termijn, die ten minste 24 uren bedraagt na aanbrenging van de wielklem, is de in artikel 231, tweede lid, onderdeel b, bedoelde gemeenteambtenaar bevoegd het voertuig naar een door hem aangewezen plaats te doen overbrengen en in bewaring te doen stellen. Ter zake van de in de eerste volzin

bedoelde overbrenging en bewaring wordt procesverbaal opgemaakt en worden kosten in rekening gebracht.

6. De in artikel 231, tweede lid, onderdeel b, bedoelde gemeenteambtenaar draagt er zorg voor dat in een daartoe aangelegd register aantekening wordt gemaakt van de gevallen waarin de in het vijfde lid bedoelde bevoegdheid wordt uitgeoefend.

7. De in artikel 231, tweede lid, onderdeel b, bedoelde gemeenteambtenaar draagt zorg voor de bewaring van de ingevolge het vijfde lid in bewaring gestelde voertuigen.

8. De in artikel 231, tweede lid, onderdeel b, bedoelde gemeenteambtenaar geeft het voertuig terug aan de rechthebbende, nadat de naheffingsaanslag, de kosten van het aanbrengen en verwijderen van de wielklem en de kosten van overbrenging en bewaring zijn voldaan.

9. Wanneer het voertuig binnen 48 uren na het in bewaring stellen niet is afgehaald, geeft de in artikel 231, tweede lid, onderdeel b, bedoelde gemeenteambtenaar zo mogelijk binnen zeven dagen van de overbrenging en bewaring kennis:

   a. indien het voertuig een motorrijtuig is, dat een kenteken voert als bedoeld in artikel 36, eerste lid, van de Wegenverkeerswet 1994, aan degene aan wie dat kenteken is opgegeven;

   b. indien blijkt dat ter zake van het voertuig aangifte van vermissing is gedaan, aan degene die aangifte heeft gedaan;

   c. in nader door Onze Minister te bepalen gevallen op de daarbij aangegeven wijze.

10. De kosten van opsporing van degene aan wie de kennisgeving wordt gezonden en die van het doen van de kennisgeving worden voor de toepassing van dit artikel gerekend tot de kosten van overbrenging en bewaring.

11. Wanneer het voertuig binnen drie maanden na het in bewaring stellen niet is afgehaald, is de in artikel 231, tweede lid, onderdeel b, bedoelde gemeenteambtenaar bevoegd het te verkopen of, indien verkoop naar hun oordeel niet mogelijk is, het voertuig om niet aan een derde in eigendom over te dragen of te laten vernietigen. Gelijke bevoegdheid heeft de in artikel 231, tweede lid, onderdeel b, bedoelde gemeenteambtenaar ook binnen die termijn, zodra het gezamenlijke bedrag van de naheffingsaanslag, de kosten van het aanbrengen en verwijderen van de wielklem en de kosten van overbrenging en bewaring, vermeerderd met de voor de verkoop,

de eigendomsoverdracht om niet of de vernietiging geraamde kosten, in verhouding tot de waarde van het voertuig naar zijn mening onevenredig hoog zou worden. Verkoop, eigendomsoverdracht om niet of vernietiging vindt niet plaats binnen twee weken nadat de kennisgeving als bedoeld in het negende lid is uitgegaan. Voor de toepassing van de volgende leden worden de kosten van verkoop, eigendomsoverdracht om niet of vernietiging gerekend tot de kosten van overbrenging en bewaring.

12. Gedurende drie jaren na het tijdstip van de verkoop heeft degene, die op dat tijdstip eigenaar was, recht op de opbrengst van het voertuig, met dien verstande dat eerst de kosten van het aanbrengen en verwijderen van de wielklem en van het overbrengen en bewaren van het voertuig en vervolgens de naheffingsaanslag met die opbrengst worden verrekend. Na het verstrijken van die termijn vervalt het eventueel batige saldo aan de gemeente.

13. Bij algemene maatregel van bestuur worden regels gesteld met betrekking tot de wijze van berekening van de kosten van het aanbrengen en verwijderen van de wielklem en van het overbrengen en bewaren van het voertuig. In de belastingverordening wordt bepaald tot welke bedragen de kosten in rekening worden gebracht.

14. De in artikel 231, tweede lid, onderdeel b, bedoelde gemeenteambtenaar stelt het bedrag van de in rekening te brengen kosten vast bij voor bezwaar vatbare beschikking.

15. Bij of krachtens algemene maatregel van bestuur worden regels gesteld omtrent de overbrenging, bewaring, verkoop, eigendomsoverdracht om niet en vernietiging, het inrichten en aanhouden van het in het zesde lid bedoelde register, alsmede omtrent hetgeen verder voor de uitvoering van dit artikel noodzakelijk is.

16. Indien aantoonbaar is dat door het aanbrengen of het verwijderen van de wielklem dan wel tijdens de overbrenging en bewaring schade aan het voertuig is toegebracht, is de gemeente gehouden deze schade te vergoeden.

Artikel 236

1. Bij de heffing van gemeentelijke belastingen blijven de artikelen 2, vierde lid, 3, 37 tot en met 39, 47a, 48, 52, 53, 54, 55, 62, 71, 76, 80, tweede, derde en vierde lid, 82, 84, 86, 87 en 90 tot en met 95 van de Algemene wet buiten toepassing. Bij de heffing van gemeentelijke belastingen die op andere wijze worden gehe-

ven, blijven bovendien de artikelen 5, 6 tot en met 9, 11, tweede lid, en 12 van die wet buiten toepassing.

2. Op een bezwaarschrift dat niet is ingediend in de laatste zes weken van een kalenderjaar, doet de in artikel 231, tweede lid, onderdeel b, bedoelde gemeenteambtenaar, in afwijking van artikel 7:10, eerste lid, van de Algemene wet bestuursrecht, uitspraak in het kalenderjaar waarin het bezwaarschrift is ontvangen.

Artikel 237

1. Het uitnodigen tot het doen van aangifte, bedoeld in artikel 6 van de Algemene wet, geschiedt door het uitreiken van een aangiftebiljet.

2. Het doen van aangifte, bedoeld in artikel 8 van de Algemene wet, geschiedt door het inleveren of toezenden van het uitgereikte aangiftebiljet met de daarbij gevraagde bescheiden.

3. In afwijking in zoverre van de vorige leden kan de in artikel 231, tweede lid, onderdeel b, bedoelde gemeenteambtenaar vorderen dat een verplichting tot het doen van aangifte of tot het indienen van een verzoek om uitreiking van een aangiftebiljet wordt nagekomen door het mondeling doen van aangifte. Daarbij:

   a. worden de door de in artikel 231, tweede lid, onderdeel b, bedoelde gemeenteambtenaar gevraagde bescheiden overgelegd;

   b. kan de in artikel 231, tweede lid, onderdeel b, bedoelde gemeenteambtenaar vorderen dat een van de mondelinge aangifte opgemaakt relaas door de aangever wordt ondertekend, bij gebreke waarvan de aangifte geacht wordt niet te zijn gedaan.

4. Indien het derde lid toepassing vindt, kan de in artikel 231, tweede lid, onderdeel b, bedoelde gemeenteambtenaar voor de termijnen, genoemd in artikel 9, eerste lid en derde lid, eerste volzin, artikel 10, tweede lid, en artikel 19, eerste, derde en vierde lid, van de Algemene wet of voor de kortere termijn, bedoeld in artikel 238, eerste of tweede lid, kortere termijnen in de plaats stellen en is artikel 12 van de Algemene wet niet van toepassing.

5. Bij de belastingverordening kan van het eerste en tweede lid worden afgeweken.

Artikel 238

1. Met betrekking tot de bij wege van aanslag geheven gemeentelijke belastingen kan in de belastingverordening voor de in artikel 9, eerste en derde lid, van de Algemene wet genoemde termijn van ten minste een maand een kortere termijn in de plaats worden gesteld.
2. Met betrekking tot de bij wege van voldoening op aangifte geheven gemeentelijke belastingen kan in de belastingverordening voor de termijn van een maand, genoemd in artikel 10, tweede lid, en artikel 19, eerste, derde en vierde lid, van de Algemene wet, een kortere termijn in de plaats worden gesteld.

Artikel 239

1. De in artikel 231, tweede lid, onderdeel b, bedoelde gemeenteambtenaar is bevoegd voor eenzelfde belastingplichtige bestemde belastingaanslagen van dezelfde soort die betrekking kunnen hebben op verschillende belastingen, op één aanslagbiljet te verenigen.
2. Het eerste lid vindt overeenkomstige toepassing ingeval de belasting op andere wijze wordt geheven.

Artikel 240 [Vervallen.]

Artikel 241 [Vervallen.]

Artikel 242

1. Degene die ingevolge de belastingverordening aanspraak kan maken op een gehele of gedeeltelijke vrijstelling, vermindering, ontheffing of teruggaaf, kan binnen zes weken nadat de omstandigheid welke die aanspraak deed ontstaan, zich heeft voorgedaan, of, voor zover het een belasting betreft die bij wege van aanslag wordt geheven en op dat tijdstip nog geen aanslagbiljet is uitgereikt of is toegezonden, binnen zes weken na de dagtekening van het aanslagbiljet, een aanvraag tot het verkrijgen van vrijstelling, vermindering, ontheffing of teruggaaf indienen bij de in artikel 231, tweede lid, onderdeel b, bedoelde gemeenteambtenaar.
2. Het eerste lid vindt overeenkomstige toepassing ingeval de belasting op andere wijze wordt geheven.
3. De in artikel 231, tweede lid, onderdeel b, bedoelde gemeenteambtenaar beslist op de aanvraag bij voor bezwaar vatbare beschikking.

Artikel 243

In de gevallen waarin het volkenrecht dan wel, naar het oordeel van Onze Minister en Onze Minister van Financiën, het internationale gebruik daartoe noodzaakt, wordt vrijstelling van gemeentelijke belastingen verleend. Onze genoemde Ministers kunnen gezamenlijk ter zake nadere regels stellen.

Artikel 244

Naast een in de belastingverordening voorziene vermindering, ontheffing of teruggaaf kan de in artikel 231, tweede lid, onderdeel b, bedoelde gemeenteambtenaar ook een in de belastingverordening voorziene vrijstelling ambtshalve verlenen.

Artikel 245 [Vervallen.]

Artikel 246 [Vervallen.]

Artikel 246a

1. Met betrekking tot gemeentelijke belastingen kunnen bij algemene maatregel van bestuur:
   a. regels worden gesteld waarbij de artikelen 48, 52, 53, eerste en vierde lid, 54 of 55 van de Algemene wet inzake rijksbelastingen, alsmede de artikelen 59 of 62 van de Invorderingswet 1990 geheel of gedeeltelijk van toepassing worden verklaard, dan wel
   b. regels worden gesteld die overeenkomen met die in de in onderdeel a genoemde artikelen.
2. De in het eerste lid bedoelde regels bevatten in elk geval een omschrijving van degene op wie de verplichting rust, alsmede van de belasting ten behoeve waarvan de verplichting geldt. Voorts vermelden deze regels naar gelang de aard van de verplichting een omschrijving van de aard van de te verstrekken gegevens en inlichtingen, van de aard van de gegevens welke uit de administratie dienen te blijken of van het doel waarvoor het voor raadpleging beschikbaar stellen van gegevensdragers kan geschieden.

Artikel 247 [Vervallen.]

Artikel 248 [Vervallen.]

Artikel 249

Bij de invordering van gemeentelijke belastingen blijven van de Invorderingswet 1990 buiten toepassing de artikelen 5, 20, 21 59, 62 en 69. Bij de invordering van gemeentelijke belastingen die op andere wijze worden geheven, blijven bovendien de artikelen 7, derde lid, en 8, eerste lid, van die wet buiten toepassing.

Artikel 250

1. De belastingverordening kan van artikel 9 van de Invorderingswet 1990 afwijkende voorschriften inhouden.
2. De belastingverordening kan bepalen dat het verschuldigde bedrag moet worden betaald gelijktijdig met en op dezelfde wijze als de voldoening van een andere vordering aan de schuldeiser van die andere vordering.

Artikel 250a [Vervallen.]

Artikel 251

Met betrekking tot het doen van een vordering als bedoeld in artikel 19, vierde lid, van de Invorderingswet 1990 zijn de krachtens het tiende lid van dat artikel door Onze minister van Financiën gestelde regels van overeenkomstige toepassing.

Artikel 251a [Vervallen.]

Artikel 252

De verrekening van aan de belastingschuldige uit te betalen en van hem te innen bedragen ter zake van gemeentelijke belastingen op de voet van artikel 24 van de Invorderingswet 1990 is ook mogelijk ingeval de in artikel 9 van de Invorderingswet 1990 gestelde termijn, dan wel de krachtens artikel 250, eerste lid, gestelde termijn nog niet is verstreken.

(...)

Artikel 253

1. Indien ter zake van hetzelfde voorwerp van de belasting of hetzelfde belastbare feit twee of meer personen belastingplichtig zijn, kan de belastingaanslag ten name van een van hen worden gesteld.

2. Indien de belastingplicht, bedoeld in het eerste lid, voortvloeit uit het genot van een onroerende zaak krachtens eigendom, bezit of beperkt recht en de aanslag ten name van één van de belastingplichtigen is gesteld, kan de met de invordering van gemeentelijke belastingen belaste gemeenteambtenaar de belastingaanslag op de gehele onroerende zaak verhalen ten name van degene te wiens name de aanslag is gesteld, zonder rekening te houden met de rechten van de overige belastingplichtigen.

3. De belastingschuldige die de belastingaanslag heeft voldaan kan hetgeen hij meer heeft voldaan dan overeenkomt met zijn belastingplicht verhalen op de overige belastingplichtigen naar evenredigheid van ieders belastingplicht.

4. Tegen een met toepassing van het eerste lid vastgestelde belastingaanslag kan mede beroep bij de rechtbank worden ingesteld door de belastingplichtige wiens naam niet op het aanslagbiljet staat vermeld. Artikel 26a, derde lid, van de Algemene wet is van overeenkomstige toepassing.

5. Van het derde lid kan bij overeenkomst worden afgeweken.

Artikel 254
Voor de toepassing van artikel 66 van de Invorderingswet 1990 met betrekking tot gemeentelijke belastingen blijven de artikelen 76, 80, tweede, derde en vierde lid, 82, 84, 86 en 87 van de Algemene wet buiten toepassing.

Artikel 255
1. De in artikel 26 van de Invorderingswet 1990 bedoelde kwijtschelding wordt met betrekking tot gemeentelijke belastingen verleend door de in artikel 231, tweede lid, onderdeel c, bedoelde gemeenteambtenaar.

2. Met betrekking tot het verlenen van gehele of gedeeltelijke kwijtschelding zijn de krachtens artikel 26 van de Invorderingswet 1990 door Onze Minister van Financiën bij ministeriële regeling gestelde regels van toepassing.

3. De raad kan bepalen dat, in afwijking van de in het tweede lid bedoelde regels, in het geheel geen dan wel gedeeltelijk kwijtschelding wordt verleend.

4. Met inachtneming van door Onze Minister, in overeenstemming met Onze Minister van Financiën, te stellen regels kan de raad met betrekking tot de wijze waarop de kosten van bestaan in aanmerking worden genomen afwijkende regels stellen die er toe leiden dat in ruimere mate kwijtschelding wordt verleend.

5. Het college kan de belasting geheel of gedeeltelijk oninbaar verklaren. Het daartoe strekkende besluit ontheft de gemeenteambtenaar belast met de invordering van gemeentelijke belastingen van de verplichting verdere pogingen tot invordering te doen.

Artikel 255a [Vervallen.]

Artikel 256
Indien ter zake van een gemeentelijke belasting exploot moet worden gedaan, een akte van vervolging betekend of een dwangbevel ten uitvoer gelegd in een andere gemeente dan die aan welke de belasting is verschuldigd, is daartoe naast de belastingdeurwaarder van laatstbedoelde gemeente mede de belastingdeurwaarder van eerstbedoelde gemeente bevoegd en desgevraagd verplicht.

Artikel 257
Bij of krachtens algemene maatregel van bestuur kunnen inzake de belastingen, bedoeld in artikel 220, nadere, zo nodig afwijkende, regels worden gegeven inzake de heffing en de invordering, alsmede inzake alle gemeentelijke belastingen andere in het kader van deze paragraaf passende nadere regels ter aanvulling van de in deze paragraaf geregelde onderwerpen.

Artikel 258 [Vervallen.]

(...)

Artikel 310
Deze wet kan worden aangehaald als: Gemeentewet

19 Besluit gegevensverstrekking gemeentelijke belastingheffing

Artikel 1

1. In dit besluit wordt verstaan onder *informatieplichtige*: degene die in het bezit is van boeken, bescheiden of andere gegevensdragers waarvan de raadpleging, onderscheidenlijk de gegevens- en inlichtingenverstrekking van belang kunnen zijn voor de vaststelling van feiten die van invloed kunnen zijn op de heffing of de invordering van gemeentelijke belastingen van derden, dan wel degene die van deze feiten kennis draagt, met dien verstande dat:

   a. voor de belastingen, bedoeld in de artikelen 220 en 221 van de Gemeentewet, slechts hieronder wordt begrepen: de eigenaar, bezitter, beperkt of persoonlijk gerechtigde of beheerder van een onroerende zaak als bedoeld in artikel 220a van de Gemeentewet, dan wel van een woon- en bedrijfsruimte als bedoeld in artikel 221 van de Gemeentewet, de eigenaar of beheerder van een energie- of waterleidingbedrijf, dan wel van een administratiekantoor dat ten behoeve van een van deze bedrijven werkzaam is;

   b. voor de belastingen, bedoeld in de artikelen 223 en 224 van de Gemeentewet, slechts hieronder wordt begrepen: degene die gelegenheid tot verblijf biedt dan wel de eigenaar of beheerder van een terrein waar gelegenheid tot verblijf wordt geboden, alsmede de eigenaar of beheerder van een energie- of waterleidingbedrijf, dan wel van een administratiekantoor dat ten behoeve van een van deze bedrijven werkzaam is;

   c. voor de belasting, bedoeld in artikel 226 van de Gemeentewet, slechts hieronder wordt begrepen: een kynologenvereniging, alsmede degene die zich hoofdzakelijk bezighoudt met de verzorging of diergeneeskundige behandeling of opvang van honden;

   d. voor de belastingen, bedoeld in de artikelen 228 en 229, eerste lid, van de Gemeentewet, slechts hieronder wordt begrepen: de eigenaar of beheerder van een energie- of waterleidingbedrijf van een voor verblijfsrecreatie bestemd terrein waarop roerende zaken of onroerende zaken zijn gelegen die direct of indirect zijn aangesloten op de gemeentelijke riolering, van een vuilverwerkingsbedrijf, reparatiebedrijf van schepen, vuilafvoerbedrijf of vuilstortplaats, alsmede van een rederij en een vervoers, bevrachtings-, opslag-, overslag- of transitobedrijf, of van een verzekeringsmaatschappij, dan wel van een administratiekantoor dat ten behoeve van een van deze bedrijven werkzaam is;

e. voor de belasting, bedoeld in artikel 15.33 van de Wet milieubeheer, slechts hieronder wordt begrepen: de eigenaar of beheerder van een vuilverwerkingsbedrijf, vuilafvoerbedrijf of vuilstortplaats;

f. in afwijking in zoverre van de onderdelen a en d, voor de belastingen, bedoeld in de artikelen 220, 221 en 229, eerste lid, onderdeel b, van de Gemeentewet, hieronder tevens wordt begrepen: degene die onroerende zaken, dan wel roerende woon- en bedrijfsruimten vervaardigt.

2. Informatieplichtig als bedoeld in het eerste lid zijn slechts degenen die voor de heffing van rijksbelastingen administratieplichtig zijn.

3. Voor zover dit redelijkerwijs van belang kan worden geacht voor de uitvoering van dit besluit, gelden de in dit besluit genoemde bevoegdheden en verplichtingen ook buiten de gemeente.

Artikel 2

Een informatieplichtige als bedoeld in artikel 1, eerste lid, aanhef en onderdeel a, die kennis heeft van, dan wel de beschikking heeft over naam-, adres- en woonplaatsgegevens van de eigenaren, bezitters, beperkt of persoonlijk gerechtigden van een onroerende zaak, dan wel van woon- en bedrijfsruimten, is gehouden desgevraagd aan de in artikel 231, tweede lid, onderdelen b of c, van de Gemeentewet bedoelde gemeenteambtenaar:

a. deze gegevens en inlichtingen te verstrekken, of

b. de boeken, bescheiden en andere gegevensdragers of de inhoud daarvan - zulks ter keuze van de in artikel 231, tweede lid, onderdelen b of c, van de Gemeentewet bedoelde gemeenteambtenaar - voor raadpleging beschikbaar te stellen.

Artikel 3

1. Een informatieplichtige als bedoeld in artikel 1, eerste lid, aanhef en onderdeel b, die kennis heeft van, dan wel de beschikking heeft over naam-, adres- en woonplaatsgegevens van de eigenaren, bezitters, beperkt of persoonlijk gerechtigden van een roerende of onroerende zaak die dient tot verblijf dan wel de beschikking heeft over gegevens over de aansluitingen op nutsvoorzieningen van die zaken, is gehouden desgevraagd aan de in

artikel 231, tweede lid, onderdeel b, van de Gemeentewet bedoelde gemeenteambtenaar:

a. deze gegevens en inlichtingen te verstrekken, of
b. de boeken, bescheiden en andere gegevensdragers of de inhoud daarvan - zulks ter keuze van de in artikel 231, tweede lid, onderdeel b, van de Gemeentewet bedoelde gemeenteambtenaar - voor raadpleging beschikbaar te stellen.

2. Een informatieplichtige als bedoeld in artikel 1, eerste lid, aanhef en onderdeel b, die kennis heeft van, dan wel de beschikking heeft over naam-, adres- en woonplaatsgegevens van degenen die verblijf hebben gehouden of gegevens betreffende het aantal dagen dat verblijf is gehouden of betreffende de overnachtingsprijs, is gehouden desgevraagd aan de in artikel 231, tweede lid, onderdeel b, van de Gemeentewet bedoelde gemeenteambtenaar:

a. deze gegevens en inlichtingen te verstrekken, of
b. de boeken, bescheiden en andere gegevensdragers of de inhoud daarvan – zulks ter keuze van de in artikel 231, tweede lid, onderdeel b, van de Gemeentewet bedoelde gemeenteambtenaar – voor raadpleging beschikbaar te stellen.

3. De in het eerste en tweede lid bedoelde verplichtingen ter zake van naam-, adres- en woonplaatsgegevens gelden mede jegens de in artikel 231, tweede lid, onderdeel c, van de Gemeentewet bedoelde gemeenteambtenaar.

Artikel 4

Een informatieplichtige als bedoeld in artikel 1, eerste lid, aanhef en onderdeel c, die kennis heeft van, dan wel de beschikking heeft over naam-, adres- en woonplaatsgegevens van personen wier hond is geregistreerd, verzorgd, behandeld of opgevangen, is gehouden desgevraagd aan de in artikel 231, tweede lid, onderdelen b of c, van de Gemeentewet bedoelde gemeenteambtenaar:

a. deze gegevens en inlichtingen te verstrekken, of
b. de boeken, bescheiden en andere gegevensdragers of de inhoud daarvan – zulks ter keuze van de in artikel 231, tweede lid, onderdelen b of c, van de Gemeentewet bedoelde gemeenteambtenaar – voor raadpleging beschikbaar te stellen.

Artikel 5

1. Een informatieplichtige als bedoeld in artikel 1, eerste lid, aanhef en onderdelen d en e, die kennis heeft van, dan wel de beschikking heeft over naam-, adres- en woonplaatsgegevens van personen die voor openbare dienst bestemde gemeentebezit-

tingen gebruiken dan wel genot hebben van gemeentelijke diensten, alsmede over gegevens betreffende de hoeveelheid water die door of vanwege een waterleidingbedrijf naar een woning of een bedrijf is toegevoerd, de soort en hoeveelheid vuil die van een woning of bedrijf door een vuilafvoerbedrijf is afgevoerd dan wel aan een vuilverwerkingsbedrijf of vuilstortplaats is aangeboden, het laadvermogen, de oppervlakte en de lengte van een vaartuig dat van de gemeentelijke haven gebruik heeft gemaakt, de soort en de hoeveelheid van de door een vaartuig te vervoeren of vervoerde zaken, alsmede over de tijd en het aantal keren dat door een vaartuig van een haven gebruik is gemaakt, is gehouden desgevraagd aan de in artikel 231, tweede lid, onderdeel b, van de Gemeentewet bedoelde gemeenteambtenaar:

a. deze gegevens en inlichtingen te verstrekken, of

b. de boeken, bescheiden en andere gegevensdragers of de inhoud daarvan - zulks ter keuze van de in artikel 231, tweede lid, onderdeel b, van de Gemeentewet bedoelde gemeenteambtenaar - voor raadpleging beschikbaar te stellen.

2. De in het eerste lid bedoelde verplichtingen ter zake van naam-, adres- en woonplaatsgegevens gelden mede jegens de in artikel 231, tweede lid, onderdeel c, van de Gemeentewet bedoelde gemeenteambtenaar.

Artikel 6

Een informatieplichtige als bedoeld in artikel 1, eerste lid, aanhef en onderdeel f, die kennis heeft van, dan wel de beschikking heeft over gegevens betreffende de vervaardigingskosten van een roerende of onroerende zaak, is gehouden desgevraagd aan de in artikel 231, tweede lid, onderdeel b, van de Gemeentewet bedoelde gemeenteambtenaar:

a. deze gegevens en inlichtingen te verstrekken, of

b. de boeken, bescheiden en andere gegevensdragers of de inhoud daarvan - zulks ter keuze van de in artikel 231, tweede lid, onderdeel b, van de Gemeentewet bedoelde gemeenteambtenaar - voor raadpleging beschikbaar te stellen.

Artikel 7

Indien een belastingschuldige een *verzoek heeft ingediend tot het verlenen* van *kwijtschelding* van belasting op de voet van artikel 26 van de Invorderingswet 1990, is de rijksbelastingdienst gehouden desgevraagd gegevens en inlichtingen te verstrekken aan de in artikel 231, tweede lid, onderdeel c, van de Gemeentewet bedoelde gemeenteambtenaar over de inkomens- en vermogenspositie van de belastingschuldige, ten behoeve van de beoordeling van dit verzoek.

Artikel 8

1. De in artikel 47, eerste lid, onderdeel b, van de Algemene wet inzake rijksbelastingen bedoelde verplichting geldt mede voor een administratiekantoor waarbij zich gegevensdragers bevinden van degene die, voor de belastingen, bedoeld in de artikelen 220, 221, 223, 224, 226, 228 en 229 van de Gemeentewet, gehouden is deze, of de inhoud daarvan, aan de in artikel 231, tweede lid, onderdeel b, van de Gemeentewet bedoelde gemeenteambtenaar voor raadpleging beschikbaar te stellen.

2. De in artikel 231, tweede lid, onderdeel b, van de Gemeentewet bedoelde gemeenteambtenaar stelt degene wiens gegevensdragers het bij een administratiekantoor vordert, gelijktijdig hiervan in kennis.

Artikel 9

Dit besluit treedt in werking met ingang van de dag na de datum van uitgifte van het Staatsblad waarin het wordt geplaatst.

Artikel 10

Dit besluit wordt aangehaald als: Besluit gegevensverstrekking gemeentelijke belastingheffing.

20 Waterschapswet (uittreksel)

§ 5. Bekendmaking en inwerkingtreding van besluiten die algemeen verbindende voorschriften inhouden

Artikel 73

1. Besluiten van het waterschapsbestuur die algemeen verbindende voorschriften inhouden, verbinden niet dan wanneer zij zijn bekendgemaakt.
2. Bekendmaking geschiedt door plaatsing in een vanwege het waterschapsbestuur tegen betaling van kosten algemeen verkrijgbaar gestelde publicatie en door het doen van mededeling daarvan in een plaatselijk verschijnend dag- of nieuwsblad.
3. Bij de bekendmaking van een besluit dat aan goedkeuring is onderworpen, wordt tevens de dagtekening vermeld van het besluit waarbij de goedkeuring is verleend of wordt mededeling gedaan van de omstandigheid dat ingevolge artikel 10:31, vierde lid, van de Algemene wet bestuursrecht een besluit tot goedkeuring wordt geacht te zijn genomen.
4. Besluiten als bedoeld in het eerste lid worden tegelijk met de bekendmaking voor een ieder ter inzage gelegd voor de tijd van twaalf weken, op de secretarie van het waterschap of op een andere door het waterschapsbestuur te bepalen plaats.

Artikel 74

De bekend gemaakte besluiten treden in werking met ingang van de achtste dag na die van de bekendmaking, tenzij in deze besluiten daarvoor een ander tijdstip is aangewezen.

Artikel 75

1. In afwijking van artikel 74 treden besluiten tot vaststelling of wijziging van een keur niet eerder in werking dan nadat de in artikel 6:7 van de Algemene wet bestuursrecht bedoelde termijn is verstreken.
2. De besluiten tot vaststelling of wijziging van de keur worden medegedeeld aan de rechtbank en het gerechtshof onder wier rechtsmacht het waterschap valt, aan het parket van die colleges, alsmede aan de besturen der gemeenten in het gebied waarvan de keur toepassing kan vinden.

Artikel 76
Met betrekking tot de intrekking van besluiten die algemeen verbindende regels inhouden, zijn de artikelen 73 tot en met 75 van overeenkomstige toepassing, met dien verstande dat de in artikel 73, tweede lid, voorgeschreven mededeling geschiedt binnen één week.

(...)

Hoofdstuk XVI. De waterschapsbelastingen

Artikel 110
Het algemeen bestuur besluit tot het invoeren, wijzigen of afschaffen van een waterschapsbelasting door het vaststellen van een belastingverordening.

Artikel 111
De belastingverordening vermeldt in de daartoe leidende gevallen de belastingplichtige, het voorwerp van de belasting, het belastbare feit, de heffingsmaatstaf, het tarief, het tijdstip van ingang van de heffing, en hetgeen overigens voor de heffing en de invordering van belang is, alsmede het tijdstip van inwerkingtreding.

Artikel 112 [Vervallen.]

Artikel 113
Behalve de belastingen of rechten waarvan de heffing krachtens bijzondere wetten geschiedt, worden door het waterschap geen andere belastingen en rechten geheven dan de precariobelasting, bedoeld in artikel 114, de rechten, bedoeld in artikel 115, en de heffingen, bedoeld in de artikelen 117, 122a en 122d.

Artikel 114
Het waterschap kan een precariobelasting heffen voor het hebben van voorwerpen onder, op of boven grond of water van het waterschap, voor de openbare dienst bestemd.

Artikel 115
1. Het waterschap kan alleen rechten heffen ter zake van:
    a. het gebruik overeenkomstig de bestemming van voor de openbare dienst bestemde bezittingen van het waterschap of van voor de openbare dienst bestemde werken of inrichtingen die bij het waterschap in beheer of in onderhoud zijn;

b. het genot van door of vanwege het bestuur van het waterschap verstrekte diensten;

c. het behandelen van verzoeken tot het verlenen van vergunningen of ontheffingen.

2. Voor de toepassing van dit hoofdstuk en van hoofdstuk XVIII worden de in het eerste lid bedoelde rechten aangemerkt als waterschapsbelastingen.

3. In verordeningen op grond waarvan rechten als bedoeld in het eerste lid worden geheven, worden de tarieven zodanig vastgesteld dat de geraamde baten van de rechten niet uitgaan boven de geraamde lasten ter zake.

Artikel 115a

1. Een aanslag die een bij de belastingverordening te bepalen bedrag niet te bovengaat, wordt niet opgelegd.

2. Voor de toepassing van het eerste lid wordt het totaal van de op één aanslagbiljet verenigde aanslagen aangemerkt als één aanslag.

Hoofdstuk XVII. De watersysteemheffing

Artikel 116

Voor de toepassing van dit hoofdstuk en de daarop berustende bepalingen wordt verstaan onder:

a. ingezetenen: degene die, blijkens de gemeentelijke basisadministratie persoonsgegevens, bij het begin van het kalenderjaar woonplaats heeft in het gebied van het waterschap en die aldaar gebruik heeft van woonruimte, met dien verstande dat in geval van gebruik van woonruimte door de leden van een gezamenlijke huishouding het door een door de in artikel 123, derde lid, onderdeel b, bedoelde ambtenaar van het waterschap aan te wijzen lid van dat huishouden;

b. woonruimte: een ruimte die blijkens zijn inrichting bestemd is om als een afzonderlijk geheel te voorzien in woongelegenheid en waarvan de delen blijkens de inrichting van die ruimte niet bestemd zijn om afzonderlijk in gebruik te worden gegeven;

c. natuurterreinen: ongebouwde onroerende zaken waarvan de inrichting en het beheer geheel of nagenoeg geheel en duurzaam zijn afgestemd op het behoud of de ontwikkeling van natuur. Onder natuurterreinen worden mede verstaan bossen en open wateren met een oppervlakte van tenminste één hectare.

Artikel 117

Ter bestrijding van kosten die zijn verbonden aan de zorg voor het watersysteem wordt onder de naam watersysteemheffing een heffing geheven van hen die:

a. ingezetenen zijn;

b. krachtens eigendom, bezit of beperkt recht het genot hebben van ongebouwde onroerende zaken, niet zijnde natuurterreinen;

c. krachtens eigendom, bezit of beperkt recht het genot hebben van natuurterreinen;

d. krachtens eigendom, bezit of beperkt recht het genot hebben van gebouwde onroerende zaken.

Artikel 118

1. Als *één gebouwde onroerende zaak* als bedoeld in artikel 117, onderdeel d, wordt aangemerkt:

   a. een gebouwd eigendom;

   b. een gedeelte van een gebouwd eigendom dat blijkens zijn indeling is bestemd om als een afzonderlijk geheel te worden gebruikt;

   c. een samenstel van twee of meer van de in onderdeel a bedoelde gebouwde eigendommen of van in onderdeel b bedoelde gedeelten daarvan die bij dezelfde belastingplichtige in gebruik zijn en die, naar de omstandigheden beoordeeld, bij elkaar behoren;

   d. het binnen het gebied van een gemeente gelegen deel van een in onderdeel a bedoeld eigendom, van een in onderdeel b bedoeld gedeelte of van een in onderdeel c bedoeld samenstel;

   e. het binnen het gebied van het waterschap gelegen deel van een in onderdeel a bedoeld eigendom, van een in onderdeel b bedoeld gedeelte, van een in onderdeel c bedoeld samenstel of van een in onderdeel d bedoeld deel.

2. Voor de toepassing van het eerste lid maken de ongebouwde eigendommen voorzover die een samenstel vormen met een gebouwd eigendom als bedoeld in het eerste lid, onderdeel a tot en met e, deel uit van de gebouwde onroerende zaak, met uitzondering van de ongebouwde eigendommen, voorzover de waarde daarvan bij de waardebepaling op de voet van hoofdstuk IV van de Wet waardering onroerende zaken op basis van het bepaalde krachtens 18, derde lid, van die wet buiten aanmerking wordt gelaten.

3. Als één ongebouwde onroerende zaak als bedoeld in artikel 117, onderdeel b, wordt aangemerkt een kadastraal perceel of gedeelte daarvan, met dien verstande dat buiten aanmerking wordt gelaten:
   a. hetgeen ingevolge het eerste en tweede lid wordt aangemerkt als een gebouwde onroerende zaak;
   b. een natuurterrein.

4. Als één natuurterrein wordt aangemerkt een kadastraal perceel of gedeelte daarvan, met dien verstande dat buiten aanmerking wordt gelaten:
   a. hetgeen ingevolge het eerste en tweede lid wordt aangemerkt als een gebouwde onroerende zaak;
   b. hetgeen ingevolge het derde lid wordt aangemerkt als een ongebouwde onroerende zaak.

5. Voor de heffing, bedoeld in artikel 117, worden openbare land- en waterwegen en banen voor openbaar vervoer per rail, één en ander met inbegrip van kunstwerken, alsmede waterverdedigingswerken die worden beheerd door organen, instellingen of diensten van publiekrechtelijke rechtspersonen, met uitzondering van de delen van zodanige werken die dienen als woning, aangemerkt als ongebouwde eigendommen, niet zijnde natuurterreinen.

Artikel 119

1. Heffingsplichtig in de zin van artikel 117, onderdelen b, c en d, zijn degenen die bij het begin van het kalenderjaar als rechthebbende in de basisregistratie kadaster is vermeld, tenzij blijkt dat hij op dat tijdstip geen rechthebbende krachtens eigendom, bezit of beperkt recht is.

2. Voor de toepassing van artikel 117, onderdelen b, c en d, is heffingplichtig de:
   a. beperkt gerechtigde en niet de eigenaar, ingeval de onroerende zaak is onderworpen aan het recht van beklemming, van erfpacht, van opstal of van vruchtgebruik;
   b. eigenaar voor wat betreft het recht van opstal, indien dat recht uitsluitend is gevestigd ten behoeve van de aanleg of het onderhoud, dan wel ten behoeve van de aanleg en het onderhoud, van ondergrondse dan wel bovengrondse leidingen.

3. Indien de onroerende zaak is onderworpen aan beperkte rechten als bedoeld in het tweede lid, heeft voor de heffingplicht:
   a. de vruchtgebruiker voorrang boven zowel de opstaller als de erfpachter, onderscheidenlijk de beklemde meier;

b. de opstaller voorrang boven de erfpachter, onderscheidenlijk de beklemde meier.

Artikel 120

1. Het algemeen bestuur stelt ten behoeve van de in artikel 117 bedoelde heffing een verordening vast, waarin voor elk van de categorieën van heffingplichtigen de toedeling van het kostendeel is opgenomen. Bij die verordening kan worden bepaald dat kosten van heffing en invordering van de watersysteemheffing en kosten van de verkiezing van de leden van het algemeen bestuur rechtstreeks worden toegerekend aan de betrokken categorieën van heffingplichtigen.

2. De toedeling van het kostendeel voor de categorie, bedoeld in artikel 117, onderdeel a, wordt bepaald aan de hand van de gemiddelde inwonerdichtheid per vierkante kilometer in het gebied van het waterschap. Het door het waterschap bij verordening, als bedoeld onder het eerste lid, te bepalen kostenaandeel bedraagt:

   a. minimaal 20% en maximaal 30% wanneer het aantal inwoners per vierkante kilometer niet meer bedraagt dan 500;

   b. minimaal 31% en maximaal 40% wanneer het aantal inwoners per vierkante kilometer meer bedraagt dan 500 maar niet meer dan 1000;

   c. minimaal 41% en maximaal 50% wanneer het aantal inwoners per vierkante kilometer meer bedraagt dan 1000.

3. Het algemeen bestuur kan de in het tweede lid genoemde maximale percentages verhogen tot 40, onderscheidenlijk 50 en 60 %.

4. De toedeling van het kostendeel voor de categorieën, bedoeld in artikel 117, onderdelen b tot en met d, wordt bepaald op basis van de waarde van de onroerende zaken in het economische verkeer. Bij of krachtens algemene maatregel van bestuur worden hiertoe nadere regels gesteld.

5. De in het eerste lid bedoelde verordening behoeft de goedkeuring van gedeputeerde staten. Het besluit tot vaststelling van de verordening wordt binnen vier weken na de vaststelling door het algemeen bestuur toegezonden aan gedeputeerde staten, met de naar voren gebrachte bedenkingen en overwegingen daaromtrent van het algemeen bestuur.

6. De in het eerste lid bedoelde verordening wordt tenminste eenmaal in de vijf jaren herzien.

Artikel 121

1. Voor de heffing geldt als heffingsmaatstaf:
    a. ter zake van ingezetenen als bedoeld in artikel 117, onderdeel a: de woonruimte, waarbij het tarief wordt gesteld op een gelijk bedrag per woonruimte;
    b. ter zake van ongebouwde onroerende zaken als bedoeld in artikel 117, onderdeel b: de oppervlakte, waarbij het tarief wordt gesteld op een gelijk bedrag per hectare;
    c. ter zake van ongebouwde onroerende zaken als bedoeld in artikel 117, onderdeel c: de oppervlakte, waarbij het tarief wordt gesteld op een gelijk bedrag per hectare;
    d. ter zake van gebouwde onroerende zaken als bedoeld in artikel 117, onderdeel d: de waarde die voor de onroerende zaak wordt bepaald op de voet van hoofdstuk IV van de Wet waardering onroerende zaken voor het kalenderjaar, waarbij het tarief wordt gesteld op een vast percentage van de waarde.
2. In afwijking in zoverre van het eerste lid, onderdeel d, wordt bij de bepaling van de heffingsmaatstaf voor de heffingen ter zake van gebouwde onroerende zaken de waarde van onroerende zaken of onderdelen daarvan als bedoeld in artikel 220d, eerste lid, onderdelen c, h en j, van de Gemeentewet en van waterbeheersingswerken die worden beheerd door organen, instellingen of diensten van publiekrechtelijke rechtspersonen, met uitzondering van de delen die dienen als woning, buiten aanmerking gelaten, voor zover dit niet reeds is geschied bij de bepaling van de in het eerste lid, onderdeel d, bedoelde waarde.
3. Bij de toepassing van het tweede lid is het bepaalde bij of krachtens de artikelen 17, 18 en 20, tweede lid, van de Wet waardering onroerende zaken van overeenkomstige toepassing.

Artikel 122

1. In afwijking van artikel 121, eerste lid, onderdelen b, c, en d kan het algemeen bestuur in de in artikel 120, eerste lid, genoemde verordening de heffing maximaal 75% lager vaststellen voor buitendijks gelegen onroerende zaken en voor onroerende zaken die blijkens de legger, bedoeld in artikel 78, tweede lid, als waterberging worden gebruikt.
2. In afwijking van artikel 121, eerste lid, onderdelen b, c, en d kan het algemeen bestuur in de in artikel 120, eerste lid, genoemde verordening de heffing maximaal 100% hoger vaststellen voor onroerende zaken gelegen in bemalen gebieden.

3. In afwijking van artikel 121, eerste lid, onderdelen b, c, en d kan het algemeen bestuur in de in artikel 120, eerste lid, genoemde verordening de heffing maximaal 100% hoger vaststellen voor onroerende zaken die in hoofdzaak bestaan uit glasopstanden als bedoeld in artikel 220d, eerste lid, onderdeel b, van de Gemeentewet en voor verharde openbare wegen.

4. De afwijkingen als bedoeld in het eerste, tweede en derde lid kunnen naast elkaar worden toegepast.

Hoofdstuk XVIIa. De heffing ter bekostiging van het wegenbeheer

Artikel 122a

1. Ter bestrijding van kosten die zijn verbonden aan de behartiging van de taak ter zake van het wegenbeheer kan, binnen het gebied waar deze taak wordt uitgevoerd, onder de naam wegenheffing een heffing worden geheven.

2. De wegenheffing kan worden geheven van hen die:
   a. ingezetenen zijn;
   b. krachtens eigendom, bezit of beperkt recht het genot hebben van ongebouwde onroerende zaken, niet zijnde natuurterreinen;
   c. krachtens eigendom, bezit of beperkt recht het genot hebben van natuurterreinen;
   d. krachtens eigendom, bezit of beperkt recht het genot hebben van gebouwde onroerende zaken.

Artikel 122b

1. Het algemeen bestuur stelt ten behoeve van de in artikel 122a bedoelde heffing een verordening vast, waarin voor elk van de categorieën van heffingplichtigen de toedeling van het kostendeel is opgenomen.

2. Bij reglement wordt bepaald aan welke regels de toedeling van het kostendeel, bedoeld in het eerste lid, voldoet. Daarbij kunnen de artikelen 118, 119 en 121 van overeenkomstige toepassing worden verklaard.

3. De heffing, bedoeld in artikel 122a, kan onderdeel uitmaken van de in artikel 117 bedoelde heffing.

Hoofdstuk XVIIb. De zuiveringsheffing

Artikel 122c

Voor de toepassing van dit hoofdstuk en de daarop berustende bepalingen wordt verstaan onder:

a. zuiveringtechnisch werk: een werk voor het zuiveren van afvalwater of het transport van afvalwater, niet zijnde een riolering;

b. riolering: een voorziening voor de inzameling en het transport van afvalwater, in beheer bij een gemeente;

c. afvoeren: het brengen van stoffen op een riolering of op een zuiveringtechnisch werk;

d. stoffen: afvalstoffen, verontreinigende of schadelijke stoffen;

e. afvalwater: afvalwater als bedoeld in artikel 15a, tweede lid, van de Wet verontreiniging oppervlaktewateren;

f. drinkwater: water als bedoeld in artikel 1, eerste lid, onderdeel b, van de Waterleidingwet;

g. waterleidingbedrijf: een bedrijf als bedoeld in artikel 1, eerste lid, onderdeel c, van de Waterleidingwet;

h. woonruimte: een ruimte als bedoeld in artikel 116, onder b;

i. bedrijfsruimte: een naar zijn aard en inrichting als afzonderlijk geheel te beschouwen ruimte of terrein, niet zijnde een woonruimte, een zuiveringtechnisch werk of een riolering.

Artikel 122d

1. Ter bestrijding van kosten die zijn verbonden aan de behartiging van de taak inzake het zuiveren van afvalwater, wordt onder de naam zuiveringsheffing een heffing ingesteld ter zake van afvoeren.

2. Aan de heffing worden onderworpen:

   a. ter zake van afvoeren vanuit een bedrijfsruimte of woonruimte: degene die het gebruik heeft van die ruimte;

   b. ter zake van het afvoeren anders dan bedoeld onder a: degene die afvoert.

3. Voor de toepassing van het tweede lid, onderdeel a, is heffingplichtig:

   a. in geval van gebruik van een woonruimte door de leden van een huishouden: degene die door de in artikel 123, derde lid, onderdeel d, bedoelde ambtenaar van het waterschap is aangewezen;

   b. in geval van gebruik door degene aan wie een deel van een bedrijfsruimte in gebruik is gegeven: degene die dat deel in gebruik heeft gegeven, met dien verstande dat degene die het deel in gebruik heeft gegeven, bevoegd is de heffing als

zodanig te verhalen op degene aan wie dat deel in gebruik is gegeven;
c. in geval van het ter beschikking stellen van een woonruimte of bedrijfsruimte voor volgtijdig gebruik: degene die die ruimte ter beschikking heeft gesteld, met dien verstande dat degene die de ruimte ter beschikking heeft gesteld, bevoegd is de heffing als zodanig te verhalen op degene aan wie de ruimte ter beschikking is gesteld.

4. Indien stoffen met behulp van een riolering worden afgevoerd, is degene bij wie die riolering in beheer is, slechts voor die stoffen die de beheerder zelf op de riolering heeft gebracht aan een heffing onderworpen.

5. De opbrengst van de heffing kan tevens worden besteed:
a. aan het verstrekken van subsidies ter tegemoetkoming in de kosten van het voorbereiden en uitvoeren van maatregelen die verband houden met het zuiveren van afvalwater aan diegenen die tot het treffen van die maatregelen zijn gehouden;
b. aan het verstrekken van subsidies aan heffingplichtigen tot behoud van het gebruik van zuiveringtechnische werken teneinde een stijging van het tarief van de heffing zoveel mogelijk te voorkomen.

Artikel 122e
Voor de heffing geldt als grondslag de hoeveelheid en de hoedanigheid van de stoffen die in een kalenderjaar worden afgevoerd.

Artikel 122f
1. Voor de heffing geldt als heffingsmaatstaf de vervuilingswaarde van de stoffen die in een kalenderjaar worden afgevoerd, waarbij de vervuilingswaarde wordt uitgedrukt in vervuilingseenheden.

2. Eén vervuilingseenheid vertegenwoordigt met betrekking tot:
a. het zuurstofverbruik het jaarlijks verbruik van 54,8 kilogram zuurstof;
b. de gewichtshoeveelheden van de groep van stoffen chroom, koper, lood, nikkel, zilver en zink 1,00 kilogram;
c. de gewichtshoeveelheden van de groep van stoffen arseen, kwik en cadmium 0,100 kilogram;
d. de gewichtshoeveelheden van de stof chloride 650 kilogram;
e. de gewichtshoeveelheden van de stof sulfaat 650 kilogram;
f. de gewichtshoeveelheden van de stof fosfor 20,0 kilogram.

3. Het algemeen bestuur kan bij verordening bepalen dat:

a. de gewichtshoeveelheden met betrekking tot één of meer van de in het tweede lid, onderdelen b tot en met f bedoelde stoffen niet worden onderworpen aan de heffing;

b. het aantal vervuilingseenheden met betrekking tot de gewichtshoeveelheden van één of meer van de in het tweede lid, onderdelen b tot en met f bedoelde stoffen:

    1°.   tot minimaal nihil wordt verminderd op een door hem vast te stellen wijze;

    2°.   op nihil wordt gesteld indien dit aantal, na toepassing van het bepaalde krachtens de onderdelen a en b, niet uitgaat boven een door hem vast te stellen aantal vervuilingseenheden.

Artikel 122g

Het aantal vervuilingseenheden wordt berekend met behulp van door meting, bemonstering en analyse verkregen gegevens, overeenkomstig bij algemene maatregel van bestuur te stellen regels.

Artikel 122h

1. In afwijking van artikel 122g wordt de vervuilingswaarde van de stoffen die vanuit een woonruimte worden afgevoerd gesteld op drie vervuilingseenheden. De vervuilingswaarde van de stoffen die vanuit een door één persoon gebruikte woonruimte worden afgevoerd bedraagt één vervuilingseenheid.

2. In afwijking van het eerste lid kan bij verordening van het algemeen bestuur worden bepaald dat de vervuilingswaarde van de stoffen geheel of gedeeltelijk wordt bepaald aan de hand van de door het waterleidingbedrijf geleverde hoeveelheid drinkwater.

3. De heffing met betrekking tot de in het tweede lid bedoelde woonruimten wordt geheven over het tijdvak van 12 maanden zoals dat door het betrokken waterleidingbedrijf bij de levering van drinkwater ten behoeve van die woonruimten wordt gehanteerd.

4. Indien het in het derde lid bedoelde tijdvak in twee kalenderjaren is gelegen worden de voor de kalenderjaren geldende tarieven per vervuilingseenheid naar tijdsevenredigheid toegepast.

5. Het eerste lid is niet van toepassing op de voor recreatiedoeleinden bestemde woonruimten die zich bevinden op een voor verblijfsrecreatie bestemd terrein dat als zodanig wordt geëxploiteerd. De in de vorige volzin bedoelde woonruimten worden tezamen aangemerkt als één bedrijfsruimte dan wel als onderdeel van een bedrijfsruimte.

6. Indien in de loop van een kalenderjaar het gebruik van een woonruimte, waarvan de heffing is bepaald op basis van het eerste lid, aanvangt of eindigt, wordt de gebruiker voor een evenredig gedeelte van de op basis van dit lid bepaalde aantal vervuilingseenheden aan de heffing onderworpen.

Artikel 122i
1. In afwijking van artikel 122g wordt de vervuilingswaarde van de stoffen, die vanuit een bedrijfsruimte worden afgevoerd, gesteld op drie vervuilingseenheden indien door de heffingplichtige aannemelijk is gemaakt dat die vervuilingswaarde minder dan vijf vervuilingseenheden bedraagt en op één vervuilingseenheid indien door de heffingplichtige aannemelijk is gemaakt dat die één vervuilingseenheid of minder bedraagt.
2. In afwijking van artikel 122g wordt de vervuilingswaarde van de stoffen die worden afgevoerd vanuit een bedrijfsruimte of een onderdeel van een bedrijfsruimte bestemd om in het kader van de uitoefening van een beroep of een bedrijf onder een permanente opstand van glas of kunststof gewassen te telen, gesteld op drie vervuilingseenheden per hectare vloeroppervlak waarop onder glas of kunststof wordt geteeld en per deel van een hectare vloeroppervlak een evenredig deel van drie vervuilingseenheden.
3. Indien in de loop van het kalenderjaar het gebruik van een in het tweede lid bedoelde bedrijfsruimte of onderdeel van een bedrijfsruimte dan wel van een deel daarvan door de gebruiker aanvangt of eindigt, wordt hij in dat kalenderjaar voor die bedrijfsruimte, voor een evenredig gedeelte aan de heffing onderworpen.
4. Een vervuilingswaarde voor de bedrijfsruimte of het onderdeel van de bedrijfsruimte, berekend op basis van het tweede of derde lid van minder dan vijf vervuilingseenheden, wordt op drie vervuilingseenheden, en van één of minder dan één vervuilingseenheid op één vervuilingseenheid gesteld.

Artikel 122j
Het aantal vervuilingseenheden in een kalenderjaar kan geheel of gedeeltelijk door middel van schatting worden vastgesteld indien door de heffingplichtige:
a. de meting, bemonstering en analyse niet of niet geheel is geschied in overeenstemming met de in artikel 122g bedoelde regels;
b. bepaling van de vervuilingswaarde op grond van artikel 122h, eerste lid, of 122i eerste of vierde lid, niet mogelijk is;

c. bepaling van de vervuilingswaarde op grond van artikel 122k, vierde lid wel mogelijk is, maar door de heffingplichtige gedurende het heffingsjaar geen verzoek als bedoeld in dat artikel is gedaan.

Artikel 122k

1. Indien door de heffingplichtige aannemelijk is gemaakt dat het aantal vervuilingseenheden met betrekking tot het zuurstofverbruik in een kalenderjaar voor een bedrijfsruimte of een onderdeel daarvan, die hij gebruikt, 1000 of minder bedraagt, en dat dit aantal aan de hand van de hoeveelheid ten behoeve van die bedrijfsruimte of dat onderdeel van die bedrijfsruimte ingenomen water bepaald kan worden, wordt dat aantal in afwijking van artikel 122g vastgesteld volgens de formule: A x B, waarbij,

$A =$ het aantal m^3 in het kalenderjaar ten behoeve van de bedrijfsruimte of het onderdeel van de bedrijfsruimte ingenomen water;

$B =$ de afvalwatercoëfficiënt behorende bij de klasse van de in het derde lid opgenomen tabel met de klassegrenzen waarbinnen de vervuilingswaarde met betrekking tot het zuurstofverbruik per m^3 ten behoeve van de bedrijfsruimte of van het onderdeel van de bedrijfsruimte ingenomen water is gelegen.

2. Bij algemene maatregel van bestuur worden nadere regels gesteld voor de bepaling van de vervuilingswaarde met betrekking tot het zuurstofverbruik per m^3 ten behoeve van de bedrijfsruimte of het onderdeel van de bedrijfsruimte ingenomen water.

3. De onderstaande tabel bevat klassen met bijbehorende klassegrenzen en afvalwatercoëfficiënten:

Klasse	Klassegrenzen uitgedrukt in aantal vervuilingseenheden met betrekking tot het zuurstofverbruik per m^3 ingenomen water		Afvalwatercoëfficiënt uitgedrukt in aantal vervuilingseenheden per m^3 ingenomen water in het heffingsjaar
	Ondergrens	Bovengrens	
1	> 0	0,0013	0,0010
2	> 0,0013	0,0020	0,0016
3	> 0,0020	0,0031	0,0025
4	> 0,0031	0,0048	0,0039
5	> 0,0048	0,0075	0,0060
6	> 0,0075	0,012	0,0094
7	> 0,012	0,018	0,015
8	> 0,018	0,029	0,023

Klasse	Klassegrenzen uitgedrukt in aantal vervuilingseenheden met betrekking tot het zuurstofverbruik per m³ ingenomen water		Afvalwatercoëfficiënt uitgedrukt in aantal vervuilingseenheden per m³ ingenomen water in het heffingsjaar
	Ondergrens	Bovengrens	
9	> 0,029	0,045	0,036
10	> 0,045	0,070	0,056
11	> 0,070	0,11	0,088
12	> 0,11	0,17	0,14
13	> 0,17	0,27	0,21
14	> 0,27	0,42	0,33
15	> 0,42		0,5

4. Indien het aantal vervuilingseenheden met betrekking tot het zuurstofverbruik in een kalenderjaar voor de bedrijfsruimte of onderdeel van een bedrijfsruimte meer dan 1000 bedraagt en door de heffingplichtige aannemelijk is gemaakt dat de berekening van dit aantal overeenkomstig het eerste lid niet resulteert in een lager aantal vervuilingseenheden dan de berekening van dit aantal overeenkomstig artikel 122g is het eerste lid op verzoek van de heffingplichtige van overeenkomstige toepassing.

Hoofdstuk XVIII. De heffing en invordering van waterschapsbelastingen

Artikel 123 Definities
1. Voor de toepassing van dit hoofdstuk wordt verstaan onder:
   a. waterschapsbelastingen: de belastingen die het waterschap heft, bedoeld in artikel 113;
   b. Algemene wet: Algemene wet inzake rijksbelastingen;
   c. heffing op andere wijze : heffing op andere wijze dan bij wege van aanslag of bij wege van voldoening op aangifte.
2. Onverminderd het overigens in dit hoofdstuk bepaalde geschieden de heffing en de invordering van waterschapsbelastingen met toepassing van de Algemene wet, de Invorderingswet 1990 en de Kostenwet invordering rijksbelastingen als waren die belastingen rijksbelastingen.
3. Onverminderd het overigens in dit hoofdstuk bepaalde, gelden de bevoegdheden en verplichtingen van de hierna vermelde, in de Algemene wet, de Invorderingswet 1990 en de Kostenwet invordering rijksbelastingen genoemde functionarissen, met betrekking tot de waterschapsbelastingen voor de daarachter genoemde colleges of functionarissen:

a. Onze Minister van Financiën, het bestuur van 's Rijksbelastingen en de directeur: het dagelijks bestuur;

b. de inspecteur: de daartoe aangewezen ambtenaar van het waterschap;

c. de ontvanger of een inzake rijksbelastingen bevoegde ontvanger: de ambtenaar van het waterschap, belast met de invordering van waterschapsbelastingen;

d. de ambtenaren van de rijksbelastingdienst: de ambtenaren van het waterschap, belast met de heffing of de invordering van waterschapsbelastingen;

e. belastingdeurwaarder: de daartoe door het dagelijks bestuur aangewezen ambtenaar van het waterschap, dan wel een als belastingdeurwaarder van het waterschap aangewezen gerechtsdeurwaarder, bedoeld in de Gerechtsdeurwaarderswet;

f. de Tweede Kamer der Staten-Generaal of de Tweede Kamer: het algemeen bestuur.

4. Onverminderd het overigens in dit hoofdstuk bepaalde wordt met betrekking tot waterschapsbelastingen in de Algemene wet en in de Invorderingswet 1990 voor algemene maatregel van bestuur en voor ministeriële regeling gelezen: besluit van het dagelijks bestuur.

5. Met betrekking tot waterschapsbelastingen wordt in de artikelen 27l, 27n, 27p en 29a van de Algemene wet en in artikel 24 van de Invorderingswet 1990 voor 'de Staat' gelezen: het waterschap.

Artikel 124

1. Het dagelijks bestuur kan bepalen dat voor de toezending of uitreiking van aanslagbiljetten ingevolge artikel 8, eerste lid, van de Invorderingswet 1990, voor de in artikel 123, derde lid, onderdeel c, bedoelde ambtenaar van het waterschap, een andere ambtenaar van het waterschap in de plaats treedt.

2. De dagelijkse besturen van twee of meer waterschappen kunnen met betrekking tot een of meer waterschapsbelastingen bepalen dat het dagelijks bestuur van één van die waterschappen voor de uitvoering van enige wettelijke bepaling betreffende de heffing of invordering van waterschapsbelastingen in de plaats treedt van het andere dagelijks bestuur onderscheidenlijk van die andere dagelijkse besturen.

3. De dagelijkse besturen van twee of meer waterschappen kunnen met betrekking tot een of meer waterschapsbelastingen bepalen dat daartoe aangewezen ambtenaren van één van die waterschappen worden aangewezen als:

    a. de in artikel 123, derde lid, onderdeel b, bedoelde ambtenaar van die waterschappen voor de uitvoering van enige wettelijke bepaling betreffende de heffing van waterschapsbelastingen;

    b. de in artikel 123, derde lid, onderdeel c, bedoelde ambtenaar van die waterschappen voor de uitvoering van enige wettelijke bepaling betreffende de invordering van waterschapsbelastingen;

    c. de in artikel 123, derde lid, onderdeel d, bedoelde ambtenaren van die waterschappen voor de uitvoering van enige wettelijke bepaling betreffende de heffing of de invordering van waterschapsbelastingen;

    d. de in artikel 123, derde lid, onderdeel e, bedoelde ambtenaar van die waterschappen voor de uitvoering van enige wettelijke bepaling betreffende de invordering van waterschapsbelastingen.

4. Het eerste lid is van overeenkomstige toepassing ten aanzien van het dagelijks bestuur van het waterschap waarvan de ambtenaar belast met de invordering van waterschapsbelastingen op grond van het derde lid, onderdeel b, wordt aangewezen.

5. Indien voor de heffing of de invordering van een of meer waterschapsbelastingen een gemeenschappelijke regeling is getroffen en bij die regeling een openbaar lichaam is ingesteld, kan bij of krachtens die regeling worden bepaald dat een daartoe aangewezen ambtenaar van dat openbaar lichaam wordt aangewezen als:

    a. de in artikel 123, derde lid, onderdeel b, bedoelde ambtenaar van het waterschap voor de uitvoering van enige wettelijke bepaling betreffende de heffing van waterschapsbelastingen;

    b. de in artikel 123, derde lid, onderdeel c, bedoelde ambtenaar van het waterschap voor de uitvoering van enige wettelijke bepaling betreffende de invordering van waterschapsbelastingen;

    c. de in artikel 123, derde lid, onderdeel d, bedoelde ambtenaren van het waterschap voor de uitvoering van enige wettelijke bepaling betreffende de heffing of de invordering van waterschapsbelastingen;

    d. de in artikel 123, derde lid, onderdeel e, bedoelde ambtenaar van het waterschap voor de uitvoering van enige wettelijke bepaling betreffende de invordering van waterschapsbelastingen.

6. Het eerste lid is van overeenkomstige toepassing ten aanzien van het dagelijks bestuur van het openbaar lichaam waarvan een ambtenaar op grond van het vijfde lid, onderdeel b, wordt aangewezen.

Artikel 125

Waterschapsbelastingen kunnen worden geheven bij wege van aanslag, bij wege van voldoening op aangifte of op andere wijze, doch niet bij wege van afdracht op aangifte.

Artikel 125a

1. Indien de waterschapsbelastingen op andere wijze worden geheven, bepaalt de belastingverordening op welke wijze deze worden geheven en de wijze waarop de belastingschuld aan de belastingplichtige wordt bekendgemaakt. De belastingverordening kan daarnaast bepalen dat het dagelijks bestuur omtrent de uitvoering van een en ander nadere regels geeft.
2. De op andere wijze geheven belastingen worden voor de toepassing van de Algemene wet en de Invorderingswet 1990 aangemerkt als bij wege van aanslag geheven belastingen, met dien verstande dat wordt verstaan onder:
   a. de aanslag, de voorlopige aanslag, de navorderingsaanslag: het gevorderde, onderscheidenlijk het voorlopig gevorderde, het nagevorderde bedrag;
   b. het aanslagbiljet: de kennisgeving van het in onderdeel a bedoelde bedrag;
   c. de dagtekening van het aanslagbiljet: de dagtekening van de schriftelijke kennisgeving van het in onderdeel a bedoelde bedrag, of bij gebreke van een schriftelijke kennisgeving, de datum waarop het bedrag op andere wijze ter kennis van de belastingplichtige is gebracht.

Artikel 126

Bij de heffing van waterschapsbelastingen blijven van de Algemene wet buiten toepassing de artikelen 2, vierde lid, 3, 37 tot en met 39, 47a, 48, 52, 53, 54, 55, 62, 71, 76, 80, tweede, derde en vierde lid, 82, 84, 86, 87 en 90 tot en met 95. Bij de heffing van waterschapsbelastingen die op andere wijze worden geheven, blijven bovendien de artikelen 5, 6 tot en met 9, 11, tweede lid, en 12 van die wet buiten toepassing.

Artikel 126a

1. Met betrekking tot waterschapsbelastingen kunnen bij algemene maatregel van bestuur:
   a. regels worden gesteld waarbij de artikelen 48, 52, 53, eerste en vierde lid, 54 of 55 van de Algemene wet, alsmede de artikelen 59 of 62 van de Invorderingswet 1990 geheel of gedeeltelijk van toepassing worden verklaard, dan wel
   b. regels worden gesteld die overeenkomen met die in de in onderdeel a genoemde artikelen.
2. De in het eerste lid bedoelde regels bevatten in elk geval een omschrijving van degene op wie de verplichting rust, alsmede van de belasting ten behoeve waarvan de verplichting geldt. Voorts vermelden deze regels naar gelang de aard van de verplichting een omschrijving van de aard van de te verstrekken gegevens en inlichtingen, van de aard van de gegevens welke uit de administratie dienen te blijken of van het doel waarvoor het voor raadpleging beschikbaar stellen van gegevensdragers kan geschieden.

Artikel 127

1. Het uitnodigen tot het doen van aangifte, bedoeld in artikel 6 van de Algemene wet, geschiedt door het uitreiken van een aangiftebiljet.
2. Het doen van aangifte, bedoeld in artikel 8 van de Algemene wet, geschiedt door het inleveren of toezenden van het uitgereikte aangiftebiljet met de daarbij gevraagde bescheiden.
3. In afwijking in zoverre van de vorige leden kan de in artikel 123, derde lid, onderdeel b, bedoelde ambtenaar van het waterschap vorderen dat een verplichting tot het doen van aangifte of tot het indienen van een verzoek om uitreiking van een aangiftebiljet wordt nagekomen door het mondeling doen van aangifte. Daarbij:
   a. worden de door de in artikel 123, derde lid, onderdeel b, bedoelde ambtenaar van het waterschap gevraagde bescheiden overgelegd;
   b. kan de in artikel 123, derde lid, onderdeel b, bedoelde ambtenaar van het waterschap vorderen dat een van de mondelinge aangifte opgemaakt relaas door de aangever wordt ondertekend, bij gebreke waarvan de aangifte geacht wordt niet te zijn gedaan.

4. Indien het derde lid toepassing vindt, kan de in artikel 123, derde lid, onderdeel b, bedoelde ambtenaar van het waterschap voor de termijnen, genoemd in artikel 9, eerste en derde lid, eerste volzin, artikel 10, tweede lid, en artikel 19, eerste, derde en vierde lid, van de Algemene wet of voor de kortere termijn, bedoeld in artikel 128, eerste of tweede lid, kortere termijnen in de plaats stellen en is artikel 12 van de Algemene wet niet van toepassing.

5. Bij de belastingverordening kan van het eerste en tweede lid worden afgeweken.

Artikel 128

1. Met betrekking tot de bij wege van aanslag geheven waterschapsbelastingen kan in de belastingverordening voor de in artikel 9, eerste en derde lid, van de Algemene wet genoemde termijn van ten minste een maand een kortere termijn in de plaats worden gesteld.

2. Met betrekking tot de bij wege van voldoening op aangifte geheven waterschapsbelastingen kan in de belastingverordening voor de termijn van een maand, genoemd in artikel 10, tweede lid, en artikel 19, eerste, derde en vierde lid, van de Algemene wet, een kortere termijn in de plaats worden gesteld.

Artikel 128a

1. Een besluit als bedoeld in artikel 18, derde lid, onderdeel a, van de Wet verontreiniging oppervlaktewateren, wordt voor de in artikel 18, eerste lid, van die wet, bedoelde waterschapsbelasting, genomen door de in artikel 123, derde lid, onderdeel b, bedoelde ambtenaar van het waterschap.

2. Een ambtenaar als bedoeld in artikel 123, derde lid, onderdeel d, is voor zover dit voor de heffing van de in artikel 18, eerste lid, van de Wet verontreiniging oppervlaktewateren, bedoelde waterschapsbelasting redelijkerwijs nodig is, bevoegd:
   a. elke plaats met medeneming van de benodigde apparatuur, zo nodig met behulp van de sterke arm, met uitzondering van een woning zonder toestemming van de bewoner te betreden;
   b. monsters te nemen van het afvalwater dat wordt afgevoerd in de zin van artikel 17, onderdeel i, van de Wet verontreiniging oppervlaktewateren.

Artikel 129

1. De in artikel 123, derde lid, onderdeel b, bedoelde ambtenaar van het waterschap is bevoegd voor eenzelfde belastingplichtige bestemde belastingaanslagen van dezelfde soort die betrekking kunnen hebben op verschillende belastingen, op één aanslagbiljet te verenigen.
2. Het eerste lid vindt overeenkomstige toepassing ingeval de belasting op andere wijze wordt geheven.

Artikel 130

1. In afwijking van artikel 7:10, eerste lid, van de Algemene wet bestuursrecht doet de in artikel 123, derde lid, onder b, bedoelde ambtenaar van het waterschap binnen 13 weken na ontvangst van het bezwaarschrift uitspraak daarop.
2. Een beschikking op aanvraag in de zin van artikel 1:3, derde lid, van de Algemene wet bestuursrecht geeft de in artikel 123, derde lid, onder b, bedoelde ambtenaar van het waterschap binnen 13 weken na ontvangst van de aanvraag.
3. Voor de toepassing van artikel 25a, elfde lid, van de Algemene wet inzake rijksbelastingen geldt in afwijking van artikel 7:10, eerste lid, van de Algemene wet bestuursrecht een termijn van 13 weken na het onherroepelijk worden van de rechterlijke uitspraak.

Artikel 131

Indien bezwaar wordt gemaakt zowel tegen een belastingaanslag in de heffing ter zake van een gebouwde of ongebouwde onroerende zaak als tegen een op de voet van hoofdstuk IV van de Wet waardering onroerende zaken gegeven beschikking welke ten grondslag heeft gelegen aan die belastingaanslag, vangt, ingeval feiten en omstandigheden in het geding zijn die van belang zijn zowel voor de heffing ter zake van een gebouwde of ongebouwde onroerende zaak als voor de vaststelling van de waarde op de voet van genoemd hoofdstuk IV, de termijn waarbinnen de in artikel 123, derde lid, onderdeel b, bedoelde ambtenaar van het waterschap uitspraak doet op het eerstbedoelde bezwaar aan, in afwijking van artikel 7:10, eerste lid, van de Algemene wet bestuursrecht op het tijdstip waarop de op de voet van genoemd hoofdstuk IV gegeven beschikking onherroepelijk is komen vast te staan.

Artikel 132

1. Degene die ingevolge de belastingverordening aanspraak kan maken op een gehele of gedeeltelijke vrijstelling, vermindering, ontheffing of teruggaaf kan binnen zes weken nadat de omstandigheid welke die aanspraak deed ontstaan, zich heeft voorgedaan, of, voor zover het een belasting betreft die bij wege van aanslag wordt geheven en op dat tijdstip nog geen aanslagbiljet is uitgereikt of ter post is bezorgd, binnen zes weken na de dagtekening van het aanslagbiljet, een aanvraag tot het verkrijgen van vrijstelling, vermindering, ontheffing of teruggaaf indienen bij de in artikel 123, derde lid, onderdeel b, bedoelde ambtenaar van het waterschap.
2. Het eerste lid vindt overeenkomstige toepassing ingeval de belasting op andere wijze wordt geheven.
3. De in artikel 123, derde lid, onderdeel b, bedoelde ambtenaar van het waterschap beslist op de aanvraag bij voor bezwaar vatbare beschikking.

Artikel 133

In de gevallen waarin het *volkenrecht* dan wel, naar het oordeel van Onze Ministers van Verkeer en Waterstaat en van Financiën, het internationale gebruik daartoe noodzaakt, wordt *vrijstelling* van waterschapsbelastingen verleend. Onze genoemde Ministers kunnen gezamenlijk ter zake nadere regels stellen.

Artikel 134

Naast een in de belastingverordening voorziene vermindering, ontheffing of teruggaaf kan door de in artikel 123, derde lid, onderdeel b, bedoelde ambtenaar van het waterschap ook een in die verordening voorziene vrijstelling ambtshalve worden verleend.

(...)

Artikel 172

Op termijnen gesteld in een verordening van het waterschap zijn de artikelen 1 tot en met 4 van de Algemene Termijnenwet (Stb. 1964, 314) van overeenkomstige toepassing, tenzij in het reglement anders is bepaald.

21   Wet inkomstenbelasting 2001 (uittreksel)

HOOFDSTUK I
Algemene bepalingen

Artikel 1.1
Onder de naam inkomstenbelasting wordt een belasting geheven van natuurlijke personen.

HOOFDSTUK 2
Raamwerk

Afdeling 2.2 Heffingsgrondslagen

Artikel 2.3 Heffingsgrondslagen
De inkomstenbelasting wordt geheven over het door de belasting-plichtige in het kalenderjaar genoten:
a. belastbare inkomen uit werk en woning;
b. belastbare inkomen uit aanmerkelijk belang en
c. belastbare inkomen uit sparen en beleggen.

Artikel 2.4 Bepalingen heffingsgrondslagen
1. Het belastbare inkomen uit werk en woning wordt bepaald:
   a. voor binnenlandse belastingplichtigen: volgens de regels van hoofdstuk 3;
   b. voor buitenlandse belastingplichtigen: volgens de regels van afdeling 7.2.
2. Het belastbare inkomen uit aanmerkelijk belang wordt bepaald:
   a. voor binnenlandse belastingplichtigen: volgens de regels van hoofdstuk 4;
   b. voor buitenlandse belastingplichtigen: volgens de regels van afdeling 7.3.
3. Het belastbare inkomen uit sparen en beleggen wordt bepaald:
   a. voor binnenlandse belastingplichtigen: volgens de regels van hoofdstuk 5;
   b. voor buitenlandse belastingplichtigen: volgens de regels van afdeling 7.4.

HOOFDSTUK 3
Heffingsgrondslag bij werk en woning

Afdeling 3.1 Belastbaar inkomen uit werk en woning

Artikel 3.19 Bijtelling privé-gebruik woning

1. Bij het bepalen van de winst met betrekking tot een woning die de belastingplichtige of personen die behoren tot zijn huishouden, anders dan tijdelijk als hoofdverblijf ter beschikking staat, wordt de waarde van de onttrekking gesteld op het bedrag in het tweede lid.

2. De onttrekking bedraagt bij een woningwaarde van:

meer dan	maar niet meer dan	op jaarbasis
–	€ 12 500	0,75% van deze waarde, maar niet minder dan € 100
€ 12 500	€ 25 000	0,95% van deze waarde
€ 25 000	€ 50 000	1,05% van deze waarde
€ 50 000	€ 75 000	1,15% van deze waarde
€ 75 000	€ 1 000 000	1,30% van deze waarde
€ 1 000 000	-	€ 13 000 vermeerderd met 1,30% van de woningwaarde voor zover deze uitgaat boven € 1 000 000.

3. De woningwaarde is de volgens hoofdstuk IV van de Wet waardering onroerende zaken voor die woning vastgestelde waarde of waarden voor het kalenderjaar van de onttrekking. Indien een woning deel uitmaakt van een onroerende zaak als bedoeld in artikel 16 van de Wet waardering onroerende zaken, wordt de woningwaarde gesteld op het gedeelte van de waarde van de onroerende zaak dat kan worden toegerekend aan die woning.

4. Indien met betrekking tot een woning het derde lid geen toepassing kan vinden door het ontbreken van een op grond van hoofdstuk IV van de Wet waardering onroerende zaken vastgestelde waarde, is de woningwaarde de waarde van de woning die wordt bepaald met overeenkomstige toepassing van het bepaalde bij of krachtens de artikelen 16 tot en met 18 en 20, tweede lid, van die wet.

5. Voor toepassing van dit artikel:

a. wordt onder woning mede verstaan: een duurzaam aan een plaats gebonden schip of woonwagen in de zin van artikel 1 van de Woningwet;
b. blijft onder woning begrepen een werkruimte waarvan de kosten en lasten, indien die werkruimte niet tot het ondernemingsvermogen zou behoren, ingevolge artikel 3.16, eerste lid, niet in aftrek zouden komen.

Artikel 3.110 Belastbare inkomsten uit eigen woning

Belastbare inkomsten uit eigen woning zijn de voordelen uit eigen woning vermeerderd met het voordeel uit kapitaalverzekering eigen woning, het voordeel uit spaarrekeningen eigen woning en het voordeel uit beleggingsrecht eigen woning en verminderd met de op de voordelen uit eigen woning drukkende aftrekbare kosten (artikel 3.120).

Artikel 3.111 Eigen woning

1. In deze afdeling en de daarop berustende bepalingen wordt verstaan onder eigen woning: een gebouw, een duurzaam aan een plaats gebonden schip of woonwagen in de zin van artikel 1 van de Woningwet, of een gedeelte van een gebouw, een schip of een woonwagen, met de daartoe behorende aanhorigheden, voorzover dat, de belastingplichtige of personen die behoren tot zijn huishouden anders dan tijdelijk als hoofdverblijf ter beschikking staat op grond van:
   a. eigendom, waaronder begrepen economische eigendom, of een recht van lidmaatschap van een coöperatie, indien met betrekking tot die woning de belastingplichtige of zijn partner de voordelen geniet, de kosten en lasten op de belastingplichtige of zijn partner drukken en de waardeverandering hen grotendeels aangaat;
   b. een recht van vruchtgebruik, een recht van bewoning of een recht van gebruik dat de belastingplichtige krachtens erfrecht heeft verkregen, indien met betrekking tot die woning de belastingplichtige de voordelen geniet en de kosten en lasten op hem drukken.
2. Een woning wordt mede aangemerkt als eigen woning indien de woning de belastingplichtige in het kalenderjaar of in een van de voorafgaande twee jaar als eigen woning als bedoeld in het eerste lid ter beschikking heeft gestaan en sindsdien leeg staat en hij aannemelijk maakt dat de woning bestemd is voor verkoop.

3. Een woning wordt mede aangemerkt als eigen woning indien de belastingplichtige aannemelijk maakt dat de woning leeg staat of in aanbouw is en uitsluitend bestemd is om in het kalenderjaar of in een van de daaropvolgende twee jaren hem als eigen woning als bedoeld in het eerste lid ter beschikking te staan.

4. Een woning wordt voor ten hoogste twee jaren na het tijdstip waarop de woning de belastingplichtige niet langer anders dan tijdelijk als hoofdverblijf ter beschikking staat mede aangemerkt als eigen woning indien de belastingplichtige aannemelijk maakt dat gedurende die periode de woning zijn gewezen partner anders dan tijdelijk als hoofdverblijf ter beschikking staat.

5. Een woning wordt voor ten hoogste twee jaren na het tijdstip waarop de woning de belastingplichtige niet langer anders dan tijdelijk als hoofdverblijf ter beschikking staat mede aangemerkt als eigen woning indien de belastingplichtige gedurende die periode verblijft in een instelling, die op grond van artikel 8 van de Algemene Wet Bijzondere Ziektekosten moet zijn toegelaten om zorg als bedoeld in artikel 6 van die wet te verlenen.

6. Een woning die de belastingplichtige gedurende tenminste een jaar als eigen woning als bedoeld in het eerste lid ter beschikking heeft gestaan en sindsdien tijdelijk als hoofd- verblijf niet anders dan tijdelijk ter beschikking staat, kan op verzoek mede worden aangemerkt als eigen woning indien gedurende die periode:
   a. de woning niet aan derden ter beschikking wordt gesteld en
   b. de belastingplichtige tezamen met zijn partner niet met betrekking tot een andere woning belastbare inkomsten uit eigen woning geniet.

7. Het tijdelijk ter beschikking stellen van een woning aan derden, ontneemt daaraan niet het karakter van hoofdverblijf.

8. Bij een belastingplichtige en zijn partner tezamen wordt niet meer dan één hoofdverblijf in aanmerking genomen. Indien partners meer dan één woning hebben die als hoofdverblijf kan worden aangemerkt, kunnen de belastingplichtige en zijn partner gezamenlijk bij de aangifte kiezen welke van die woningen als zodanig wordt aangemerkt.

9. Indien de belastingplichtige en zijn partner voor een kalen- derjaar:

a. de keuze om één woning als hoofdverblijf aan te merken hebben gemaakt, kan niet op die keuze worden teruggekomen;

b. geen keuze hebben gemaakt, wordt geen van de woningen als hoofdverblijf aangemerkt.

10. Onder eigen woning wordt niet begrepen een naar verkeersopvatting zelfstandig gedeelte van een gebouw, schip of woonwagen met de daartoe behorende aanhorigheden dat wordt gebruikt:

1°. in een ondernemingvan de belastingplichtige of persoon die tot zijn huishouden behoort en bij de bepaling van de winst van die onderneming ter zake van dat gebruik een bedrag ten laste van de winst kan worden gebracht;

2°. voor resultaat uit een of meer werkzaamheden van de belastingplichtige of persoon die tot zijn huishouden behoort en bij de bepaling van dat resultaat ter zake van dat gebruik een bedrag ten laste van het resultaat kan worden gebracht, of

3°. in een vennootschap waarin belastingplichtige of persoon die tot zijn huishouden behoort een aanmerkelijk belang heeft als bedoeld in hoofdstuk 4, uitgezonderd de artikelen 4.10 en 4.11, en bij de bepaling van de winst van die vennootschap ter zake van dat gebruik een bedrag ten laste van de winst kan worden gebracht.

Artikel 3.112 Eigenwoningforfait

1. De voordelen uit *eigen woning* worden bij een eigenwoningwaarde van:

meer dan		maar niet meer dan	op jaarbasis gesteld op
–		€ 12 500	nihil
€	12 500	€ 25 000	0,20% van deze waarde
€	25 000	€ 50 000	0,30% van deze waarde
€	50 000	€ 75 000	0,40% van deze waarde
€	75 000	€ 1 000 000	0,55% van deze waarde
€ 1 000 000		-	€ 5 500 vermeerderd met 0,55% van de eigenwoningwaarde voor zover deze uitgaat boven € 1 000 000

2. De eigenwoningwaarde is de volgens hoofdstuk IV van de Wet waardering onroerende zaken voor die woning vastgestelde waarde of waarden voor het kalenderjaar. Indien een eigen woning deel uitmaakt van een onroerende zaak als bedoeld in artikel 16 van de Wet waardering onroerende zaken, wordt de eigenwoningwaarde gesteld op het gedeelte van de waarde van de onroerende zaak dat kan worden toegekend aan de woning.

3. Met betrekking tot de eigen woning ter zake waarvan het tweede lid geen toepassing kan vinden door het ontbreken van een op grond van hoofdstuk IV van de Wet waardering onroerende zaken vastgestelde waarde, is de eigenwoningwaarde de waarde van de woning die wordt bepaald met overeenkomstige toepassing van het bepaalde bij of krachtens de artikelen 16 tot en met 18 en 20, tweede lid, van die wet.

4. De voordelen uit een eigen woning als bedoeld in artikel 3.111, tweede en derde lid, worden gesteld op nihil.

5. De voordelen uit een eigen woning als bedoeld in artikel 3.111, zesde lid, worden gesteld op 0,9% van de eigenwoningwaarde, In afwijking van de eerste volzin, worden bij een eigenwoningwaarde van meer dan € 1 000 000 de voordelen gesteld op € 9 000 vermeerderd met 1% van de eigenwoningwaarde voor zover deze uitgaat boven € 1 000 000.

Artikel 5.20 Waardering woningen andere dan eigen woningen

1. De waarde van een woning die een belastingplichtige in belangrijke mate ter beschikking staat, wordt, in afwijking van artikel 5.19, eerste lid, gesteld op de volgens hoofdstuk IV van de Wet waardering onroerende zaken voor die woning vastgestelde waarde of waarden voor het kalenderjaar. Indien de woning deel uitmaakt van een onroerende zaak als bedoeld in artikel 16 van de Wet waardering onroerende zaken, wordt de waarde van de woning gesteld op het gedeelte van de waarde van de onroerende zaak dat kan worden toegerekend aan de woning.

2. Voor de toepassing van deze afdeling wordt onder een woning verstaan een woning als bedoeld in artikel 3.111, eerste lid, aanhef, die de belastingplichtige niet anders dan tijdelijk als hoofdverblijf ter beschikking staat.

Artikel 10.3 Bijstelling eigenwoningforfait

1. Bij het begin van het kalenderjaar worden de hierna aangeduide percentages en bedragen, vermeld in artikel 3.19, tweede lid, en artikel 3.112, eerste en vijfde lid, bij ministeriële regeling vervangen door andere percentages en andere bedragen. Het betreft

met betrekking tot artikel 3.19, tweede lid: het laatste bedrag van de eerste kolom, het laatste bedrag van de tweede kolom, de twee bedragen in de derde kolom en de eerste vijf percentages in de derde kolom. Het betreft met betrekking tot artikel 3.112, eerste lid: het laatste bedrag van de eerste kolom, het laatste bedrag van de tweede kolom, de twee bedragen in de derde kolom en de eerste vier percentages in de derde kolom. Het betreft met betrekking tot artikel 3.112, vijfde lid: het percentage in de eerste volzin en de bedragen in de tweede volzin.

2. Het laatstvermelde bedrag in de eerste, tweede en derde kolom in artikel 3.19, tweede lid, en in artikel 3.112, eerste lid, en het in artikel 3.112, vijfde lid, tweede volzin, als eerste en als laatste vermelde bedrag, worden berekend door het te vervangen bedrag te vermenigvuldigen met de tabelcorrectiefactor, bedoeld in artikel 10.2.

3. Het in de derde kolom in artikel 3.19, tweede lid, als vijfde vermelde percentage en het in de derde kolom in artikel 3.112, eerste lid, als vierde vermelde percentage worden berekend door het te vervangen percentage te vermenigvuldigen met het product van de factor i_h en de factor i_w.

4. Onder de factor i_h wordt verstaan: de verhouding van het indexcijfer van de woninghuren over juli van het voorafgaande kalenderjaar tot dat indexcijfer over juli van het tweede voorafgaande kalenderjaar.

5. Onder de factor i_w wordt verstaan: de verhouding van het gemiddelde van de eigenwoningwaarden die betrekking hebben op het voorafgaande kalenderjaar en het gemiddelde van die waarden die betrekking hebben op het kalenderjaar.

6. De in artikel 3.112, eerste lid, derde kolom, eerstvermelde drie percentages worden achtereenvolgens berekend door het volgens het derde lid berekende, als vierde vermelde percentage in artikel 3.112, eerste lid, derde kolom, te vermenigvuldigen met 0,4, 0,6 en 0,8.

7. Het in artikel 3.112, vijfde lid, eerste volzin, vermelde percentage wordt berekend door het volgens het derde lid berekende, als vierde vermelde percentage in artikel 3.112, eerste lid, derde kolom, te vermenigvuldigen met 10/6.

8. De in de derde kolom in artikel 3.19, tweede lid, eerstvermelde vier percentages worden achtereenvolgens berekend door respectievelijk nihil en de volgens het zesde lid berekende drie percentages van artikel 3.112, eerste lid, derde kolom, te vermeerderen met het volgens artikel 10.4, tweede lid, berekende percentage.

9. Het in de derde kolom van artikel 3.19, tweede lid, eerstvermelde bedrag wordt berekend door het volgens het tweede lid berekende laatstvermelde bedrag in de eerste kolom van artikel 3.19, tweede lid, te vermenigvuldigen met het volgens het derde lid berekende, als vijfde vermelde percentage in de derde kolom van artikel 3.19, tweede lid. Het in de derde kolom van artikel 3.112, eerste lid, eerstvermelde bedrag wordt berekend door het volgens het tweede lid berekende laatstvermelde bedrag in de eerste kolom van artikel 3.112, eerste lid, te vermenigvuldigen met het volgens het derde lid berekende, als vierde vermelde percentage in de derde kolom van artikel 3.112, tweede lid. Het in artikel 3.112, vijfde lid, tweede volzin, als tweede vermelde bedrag wordt berekend door het volgens het tweede lid berekende eerstvermelde bedrag van artikel 3.112, vijfde lid, tweede volzin, te vermenigvuldigen met het volgens het zevende lid berekende percentage van artikel 3.112, vijfde lid, eerste volzin.

Artikel 10.4　Bijstelling uitgaven voor een monumentenpand

1. Bij het begin van het kalenderjaar wordt het percentage in artikel 6.31, eerste lid, onderdeel a, bij ministeriële regeling vervangen door een ander percentage.
2. Het percentage vermeld in artikel 6.31, eerste lid, onderdeel a, wordt berekend door het te vervangen percentage te vermenigvuldigen met het product van de factor i_h, bedoeld in artikel 10.3, vierde en vijfde lid.

Artikel 11.4　Citeertitel

1. Deze wet wordt aangehaald als: Wet inkomstenbelasting 2001.
2. De citeertitel kan worden afgekort tot: Wet IB 2001.

22   Algemene wet bestuursrecht

HOOFDSTUK 1
Inleidende bepalingen

Titel 1.1   Definities en reikwijdte

Artikel 1:1

1. Onder bestuursorgaan wordt verstaan:
   a. een orgaan van een rechtspersoon die krachtens publiekrecht is ingesteld, of
   b. een ander persoon of college, met enig openbaar gezag bekleed.
2. De volgende organen, personen en colleges worden niet als bestuursorgaan aangemerkt:
   a. de wetgevende macht;
   b. de kamers en de verenigde vergadering der Staten-Generaal;
   c. onafhankelijke, bij de wet ingestelde organen die met rechtspraak zijn belast, alsmede de Raad voor de rechtspraak en het College van afgevaardigden;
   d. de Raad van State en zijn afdelingen;
   e. de Algemene Rekenkamer;
   f. de Nationale ombudsman en de substituut-ombudsmannen als bedoeld in artikel 9, eerste lid, van de Wet Nationale ombudsman en ombudsmannen en ombudscommissie als bedoeld in artikel 9:17, onderdeel b;
   g. de voorzitters, leden, griffiers en secretarissen van de in de onderdelen b tot en met f bedoelde organen, de procureur-generaal, de plaatsvervangend procureur-generaal en de advocaten-generaal bij de Hoge Raad, de besturen van de in onderdeel c bedoelde organen alsmede de voorzitters van die besturen, alsmede de commissies uit het midden van de in de onderdelen b tot en met f bedoelde organen;
   h. de commissie van toezicht betreffende de inlichtingen- en veiligheidsdiensten, bedoeld in artikel 64 van de Wet op de inlichtingen- en veiligheidsdiensten 2002.
3. Een ingevolge het tweede lid uitgezonderd orgaan, persoon of college wordt wel als bestuursorgaan aangemerkt voor zover het orgaan, de persoon of het college besluiten neemt of handelingen verricht ten aanzien van een niet voor het leven benoemde ambtenaar als bedoeld in artikel 1 van de Ambtenarenwet als zodanig, zijn nagelaten betrekkingen of zijn rechtverkrijgenden.

Artikel 1:2

1. Onder belanghebbende wordt verstaan: degene wiens belang rechtstreeks bij een besluit is betrokken.
2. Ten aanzien van bestuursorganen worden de hun toevertrouwde belangen als hun belangen beschouwd.
3. Ten aanzien van rechtspersonen worden als hun belangen mede beschouwd de algemene en collectieve belangen die zij krachtens hun doelstellingen en blijkens hun feitelijke werkzaamheden in het bijzonder behartigen.

Artikel 1:3

1. Onder *besluit* wordt verstaan: een schriftelijke beslissing van een bestuursorgaan, inhoudende een publiekrechtelijke rechtshandeling.
2. Onder *beschikking* wordt verstaan: een besluit dat niet van algemene strekking is, met inbegrip van de afwijzing van een aanvraag daarvan.
3. Onder *aanvraag* wordt verstaan: een verzoek van een belanghebbende, een besluit te nemen.
4. Onder *beleidsregel* wordt verstaan: een bij besluit vastgestelde algemene regel, niet zijnde een algemeen verbindend voorschrift, omtrent de afweging van belangen, de vaststelling van feiten of de uitleg van wettelijke voorschriften bij het gebruik van een bevoegdheid van een bestuursorgaan.

Artikel 1:4

1. Onder *administratieve rechter* wordt verstaan: een onafhankelijk, bij de wet ingesteld orgaan dat met administratieve rechtspraak is belast.
2. Een tot de rechterlijke macht behorend gerecht wordt als administratieve rechter aangemerkt voor zover hoofdstuk 8 of de Wet administratiefrechtelijke handhaving verkeersvoorschriften – met uitzondering van hoofdstuk VIII – van toepassing of van overeenkomstige toepassing is.

Artikel 1:5

1. Onder het *maken van bezwaar* wordt verstaan: het gebruik maken van de ingevolge een wettelijk voorschrift bestaande bevoegdheid, voorziening tegen een besluit te vragen bij het bestuursorgaan dat het besluit heeft genomen.

2. Onder het instellen van administratief beroep wordt verstaan: het gebruik maken van de ingevolge een wettelijk voorschrift bestaande bevoegdheid, voorziening tegen een besluit te vragen bij een ander bestuursorgaan dan hetwelk het besluit heeft genomen.
3. Onder het instellen van beroep wordt verstaan: het instellen van administratief beroep, dan wel van beroep bij een administratieve rechter.

Artikel 1:6
De hoofdstukken 2 tot en met 8 en 10 van deze wet zijn niet van toepassing op:
a. de opsporing en vervolging van strafbare feiten, alsmede de tenuitvoerlegging van strafrechtelijke beslissingen;
b. de tenuitvoerlegging van vrijheidsbenemende maatregelen op grond van de Vreemdelingenwet 2000;
c. de tenuitvoerlegging van andere vrijheidsbenemende maatregelen in een inrichting die in hoofdzaak bestemd is voor de tenuitvoerlegging van strafrechtelijke beslissingen;
d. besluiten en handelingen ter uitvoering van de Wet militair tuchtrecht;
e. besluiten en handelingen ter uitvoering van de Wet toetsing levensbeëindiging op verzoek en hulp bij zelfdoding.

Titel 1.2   Uitvoering van bindende besluiten van organen van de Europese Gemeenschappen

Artikel 1:7
1. Indien door een bestuursorgaan ingevolge enig wettelijk voorschrift advies moet worden gevraagd of extern overleg moet worden gevoerd inzake een besluit alvorens een zodanig besluit kan worden genomen, geldt dat voorschrift niet indien het voorgenomen besluit uitsluitend strekt tot uitvoering van een bindend besluit van de Raad van de Europese Unie, van het Europees Parlement en de Raad gezamenlijk of van de Commissie van de Europese Gemeenschappen.
2. Het eerste lid is niet van toepassing op het horen van de Raad van State.

Artikel 1:8
1. Indien door een bestuursorgaan ingevolge enig wettelijk voorschrift van het ontwerp van een besluit kennis moet worden gegeven alvorens een zodanig besluit kan worden genomen, geldt dat voorschrift niet indien het voorgenomen besluit uitslui-

tend strekt tot uitvoering van een bindend besluit van de Raad van de Europese Unie, van het Europees Parlement en de Raad gezamenlijk of van de Commissie van de Europese Gemeenschappen.

2. Het eerste lid is niet van toepassing op de overlegging van het ontwerp van een algemene maatregel van bestuur of ministeriële regeling aan de Staten-Generaal, indien:

   a. bij de wet is bepaald dat door of namens een der Kamers der Staten-Generaal of door een aantal leden daarvan de wens te kennen kan worden gegeven dat het onderwerp of de inwerkingtreding van die algemene maatregel van bestuur of ministeriële regeling bij de wet wordt geregeld, of

   b. artikel 21.6, zesde lid, van de Wet milieubeheer of artikel 33 van de Wet verontreiniging oppervlaktewateren van toepassing is.

Artikel 1:9

Deze titel is van overeenkomstige toepassing op voorstellen van wet.

HOOFDSTUK 2
Verkeer tussen burgers en bestuursorganen

Afdeling 2.1 Algemene bepalingen

Artikel 2:1

1. Een ieder kan zich ter behartiging van zijn belangen in het verkeer met *bestuursorganen* laten bijstaan of door een gemachtigde laten vertegenwoordigen.

2. Het bestuursorgaan kan van een gemachtigde een schriftelijke machtiging verlangen.

Artikel 2:2

1. Het bestuursorgaan kan bijstand of vertegenwoordiging door een persoon tegen wie ernstige bezwaren bestaan, weigeren.

2. De belanghebbende en de in het eerste lid bedoelde persoon worden van de weigering onverwijld schriftelijk in kennis gesteld.

3. Het eerste lid is niet van toepassing ten aanzien van advocaten.

Artikel 2:3

1. Het bestuursorgaan zendt geschriften tot behandeling waarvan kennelijk een ander bestuursorgaan bevoegd is, onverwijld door naar dat orgaan, onder gelijktijdige mededeling daarvan aan de afzender.
2. Het bestuursorgaan zendt geschriften die niet voor hem bestemd zijn en die ook niet worden doorgezonden, zo spoedig mogelijk terug aan de afzender.

Artikel 2:4

1. Het bestuursorgaan vervult zijn taak zonder vooringenomenheid.
   2. Het bestuursorgaan waakt ertegen dat tot het bestuursorgaan behorende of daarvoor werkzame personen die een persoonlijk belang bij een besluit hebben, de besluitvorming beinvloeden.

Artikel 2:5

1. Een ieder die is betrokken bij de uitvoering van de taak van een bestuursorgaan en daarbij de beschikking krijgt over gegevens waarvan hij het vertrouwelijke karakter kent of redelijkerwijs moet vermoeden, en voor wie niet reeds uit hoofde van ambt, beroep of wettelijk voorschrift ter zake van die gegevens een geheimhoudingsplicht geldt, is verplicht tot geheimhouding van die gegevens, behoudens voor zover enig wettelijk voorschrift hem tot mededeling verplicht of uit zijn taak de noodzaak tot mededeling voortvloeit.
2. Het eerste lid is mede van toepassing op instellingen en daartoe behorende of daarvoor werkzame personen die door een bestuursorgaan worden betrokken bij de uitvoering van zijn taak, en op instellingen en daartoe behorende of daarvoor werkzame personen die een bij of krachtens de wet toegekende taak uitoefenen.

Afdeling 2.2   Gebruik van de taal in het bestuurlijk verkeer

Artikel 2:6

1. Bestuursorganen en onder hun verantwoordelijkheid werkzame personen gebruiken de Nederlandse taal, tenzij bij wettelijk voorschrift anders is bepaald.
2. In afwijking van het eerste lid kan een andere taal worden gebruikt indien het gebruik daarvan doelmatiger is en de belangen van derden daardoor niet onevenredig worden geschaad.

Artikel 2:7

1. Een ieder kan de *Friese taal* gebruiken in het verkeer met bestuursorganen, voor zover deze in de provincie Fryslân zijn gevestigd.
2. Het eerste lid geldt niet, indien het bestuursorgaan heeft verzocht de Nederlandse taal te gebruiken op de grond, dat het gebruik van de Friese taal tot een onevenredige belasting van het bestuurlijk verkeer zou leiden.

Artikel 2:8

1. Bestuursorganen kunnen in het mondeling verkeer binnen de provincie Fryslân de Friese taal gebruiken.
2. Het eerste lid geldt niet, indien de wederpartij heeft verzocht de Nederlandse taal te gebruiken op de grond, dat het gebruik van de Friese taal tot een onbevredigend verloop van het mondeling verkeer zou leiden.

Artikel 2:9

1. In de provincie Fryslân gevestigde bestuursorganen die niet tot de centrale overheid behoren, kunnen regels stellen over het gebruik van de Friese taal in schriftelijke stukken.
2. Onze Minister wie het aangaat kan voor onderdelen van de centrale overheid waarvan het werkterrein zich uitstrekt tot de provincie Fryslân of een deel daarvan, regels stellen over het gebruik van de Friese taal in schriftelijke stukken.

Artikel 2:10

1. Een schriftelijk stuk in de Friese taal wordt tevens in de Nederlandse taal opgesteld, indien het:
   a. bestemd of mede bestemd is voor buiten de provincie Fryslân gevestigde bestuursorganen of bestuursorganen van de centrale overheid,
   b. algemeen verbindende voorschriften of beleidsregels inhoudt, of
   c. is opgesteld ter directe voorbereiding van de onder b genoemde voorschriften of regels.
2. De bekendmaking, mededeling of terinzagelegging van een schriftelijk stuk als bedoeld in het eerste lid geschiedt in ieder geval ook in de Nederlandse taal, tenzij redelijkerwijs kan worden aangenomen dat daaraan geen behoefte bestaat.

Artikel 2:11

1. Indien een schriftelijk stuk in de Friese taal is opgesteld, verstrekt het bestuursorgaan daarvan op verzoek een vertaling in de Nederlandse taal.
2. Het bestuursorgaan kan voor het vertalen een vergoeding van ten hoogste de kosten verlangen.
3. Voor het vertalen kan geen vergoeding worden verlangd, indien het schriftelijk stuk:
   a. de notulen van de vergadering van een vertegenwoordigend orgaan inhoudt, en het belang van de verzoeker rechtstreeks bij het genotuleerde is betrokken, dan wel de notulen van de vergadering van een vertegenwoordigend orgaan inhoudt, en de vaststelling van algemeen verbindende voorschriften of beleidsregels betreft, of
   b. een besluit of andere handeling inhoudt waarbij de verzoeker belanghebbende is.

Artikel 2:12

1. Een ieder kan in vergaderingen van in de provincie Fryslân gevestigde vertegenwoordigende organen de Friese taal gebruiken.
2. Hetgeen in de Friese taal is gezegd, wordt in de Friese taal genotuleerd.

Afdeling 2.3 Verkeer langs elektronische weg

Artikel 2:13

1. In het verkeer tussen burgers en bestuursorganen kan een bericht elektronisch worden verzonden, mits de bepalingen van deze afdeling in acht worden genomen.
2. Het eerste lid geldt niet, indien:
   a. dit bij of krachtens wettelijk voorschrift is bepaald, of
   b. een vormvoorschrift zich tegen elektronische verzending verzet.

Artikel 2:14

1. Een bestuursorgaan kan een bericht dat tot een of meer geadresseerden is gericht, elektronisch verzenden voor zover de geadresseerde kenbaar heeft gemaakt dat hij langs deze weg voldoende bereikbaar is.
2. Tenzij bij wettelijk voorschrift anders is bepaald, geschiedt de verzending van berichten die niet tot een of meer geadresseerden zijn gericht, niet uitsluitend elektronisch.

3. Indien een bestuursorgaan een bericht elektronisch verzendt, geschiedt dit op een voldoende betrouwbare en vertrouwelijke manier, gelet op de aard en de inhoud van het bericht en het doel waarvoor het wordt gebruikt.

Artikel 2:15

1. Een bericht kan elektronisch naar een bestuursorgaan worden verzonden voor zover het bestuursorgaan kenbaar heeft gemaakt dat deze weg is geopend. Het bestuursorgaan kan nadere eisen stellen aan het gebruik van de elektronische weg.
2. Een bestuursorgaan kan elektronisch verschafte gegevens en bescheiden weigeren voor zover de aanvaarding daarvan tot een onevenredige belasting voor het bestuursorgaan zou leiden.
3. Een bestuursorgaan kan een elektronisch verzonden bericht weigeren voor zover de betrouwbaarheid of vertrouwelijkheid van dit bericht onvoldoende is gewaarborgd, gelet op de aard en de inhoud van het bericht en het doel waarvoor het wordt gebruikt.
4. Het bestuursorgaan deelt een weigering op grond van dit artikel zo spoedig mogelijk aan de afzender mede.

Artikel 2:16

Aan het vereiste van ondertekening is voldaan door een *elektronische handtekening*, indien de methode die daarbij voor authentificatie is gebruikt voldoende betrouwbaar is, gelet op de aard en de inhoud van het elektronische bericht en het doel waarvoor het wordt gebruikt. De artikelen 15a, tweede tot en met zesde lid, en 15b van Boek 3 van het Burgerlijk Wetboek zijn van overeenkomstige toepassing, voor zover de aard van het bericht zich daartegen niet verzet. Bij wettelijk voorschrift kunnen aanvullende eisen worden gesteld.

Artikel 2:17

1. Als tijdstip waarop een bericht door een bestuursorgaan elektronisch is verzonden, geldt het tijdstip waarop het bericht een systeem voor gegevensverwerking bereikt waarover het bestuursorgaan geen controle heeft of, indien het bestuursorgaan en de geadresseerde gebruik maken van hetzelfde systeem voor gegevensverwerking, het tijdstip waarop het bericht toegankelijk wordt voor de geadresseerde.
2. Als tijdstip waarop een bericht door een bestuursorgaan elektronisch is ontvangen, geldt het tijdstip waarop het bericht zijn systeem voor gegevensverwerking heeft bereikt.

HOOFDSTUK 3
Algemene bepalingen over besluiten

Afdeling 3.1 Inleidende bepalingen

Artikel 3:1
1. Op besluiten, inhoudende algemeen verbindende voorschriften:
   a. is afdeling 3.2 slechts van toepassing, voor zover de aard van de besluiten zich daartegen niet verzet;
   b. zijn de afdelingen 3.6 en 3.7 niet van toepassing.
2. Op andere handelingen van bestuursorganen dan besluiten zijn de afdelingen 3.2 tot en met 3.4 van overeenkomstige toepassing, voor zover de aard van de handelingen zich daartegen niet verzet.

Afdeling 3.2 Zorgvuldigheid en belangenafweging

Artikel 3:2
Bij de voorbereiding van een besluit vergaart het bestuursorgaan de nodige kennis omtrent de relevante feiten en de af te wegen belangen.

Artikel 3:3
Het bestuursorgaan gebruikt de bevoegdheid tot het nemen van een besluit niet voor een ander doel dan waarvoor die bevoegdheid is verleend.

Artikel 3:4
1. Het bestuursorgaan weegt de rechtstreeks bij het besluit betrokken belangen af, voor zover niet uit een wettelijk voorschrift of uit de aard van de uit te oefenen bevoegdheid een beperking voortvloeit.
2. De voor een of meer belanghebbenden nadelige gevolgen van een besluit mogen niet onevenredig zijn in verhouding tot de met het besluit te dienen doelen.

Afdeling 3.3 Advisering

Artikel 3:5
1. In deze afdeling wordt verstaan onder adviseur: een persoon of college, bij of krachtens wettelijk voorschrift belast met het adviseren inzake door een bestuursorgaan te nemen besluiten en niet werkzaam onder verantwoordelijkheid van dat bestuursorgaan.

2. Deze afdeling is niet van toepassing op het horen van de Raad van State.

Artikel 3:6

1. Indien aan de adviseur niet reeds bij wettelijk voorschrift een termijn is gesteld, kan het bestuursorgaan aangeven binnen welke termijn een advies wordt verwacht. Deze termijn mag niet zodanig kort zijn, dat de adviseur zijn taak niet naar behoren kan vervullen.
2. Indien het advies niet tijdig wordt uitgebracht staat het enkele ontbreken daarvan niet in de weg aan het nemen van het besluit.

Artikel 3:7

1. Het bestuursorgaan waaraan advies wordt uitgebracht, stelt aan de adviseur, al dan niet op verzoek, de gegevens ter beschikking die nodig zijn voor een goede vervulling van diens taak.
2. Artikel 10 van de Wet openbaarheid van bestuur is van overeenkomstige toepassing.

Artikel 3:8

In of bij het besluit wordt de adviseur vermeld die advies heeft uitgebracht.

Artikel 3:9

Indien een besluit berust op een onderzoek naar feiten en gedragingen dat door een adviseur is verricht, dient het bestuursorgaan zich ervan te vergewissen dat dit onderzoek op zorgvuldige wijze heeft plaatsgevonden.

Artikel 3:9a

Deze afdeling is van overeenkomstige toepassing op voorstellen van wet.

Afdeling 3.4 Uniforme openbare voorbereidingsprocedure

Artikel 3:10

1. Deze afdeling is van toepassing op de voorbereiding van besluiten indien dat bij wettelijk voorschrift of bij besluit van het bestuursorgaan is bepaald.
2. Tenzij bij wettelijk voorschrift of bij besluit van het bestuursorgaan anders is bepaald, is deze afdeling niet van toepassing op de voorbereiding van een besluit inhoudende de afwijzing van een aanvraag tot intrekking of wijziging van een besluit.

3. Afdeling 4.1.1 is mede van toepassing op andere besluiten dan beschikkingen, indien deze op aanvraag worden genomen en voorbereid overeenkomstig deze afdeling.

Artikel 3:11

1. Het bestuursorgaan legt het ontwerp van het te nemen besluit, met de daarop betrekking hebbende stukken die redelijkerwijs nodig zijn voor een beoordeling van het ontwerp, ter inzage.
2. Artikel 10 van de Wet openbaarheid van bestuur is van overeenkomstige toepassing. Indien op grond daarvan bepaalde stukken niet ter inzage worden gelegd, wordt daarvan mededeling gedaan.
3. Tegen vergoeding van ten hoogste de kosten verstrekt het bestuursorgaan afschrift van de ter inzage gelegde stukken.
4. De stukken liggen ter inzage gedurende de in artikel 3:16, eerste lid, bedoelde termijn.

Artikel 3:12

1. Voorafgaand aan de terinzagelegging geeft het bestuursorgaan in een of meer dag-, nieuws-, of huis-aan-huisbladen of op een andere geschikte wijze kennis van het ontwerp. Volstaan kan worden met het vermelden van de zakelijke inhoud.
2. Indien het een besluit van een tot de centrale overheid behorend bestuursorgaan betreft, wordt de kennisgeving in ieder geval in de Staatscourant geplaatst, tenzij bij wettelijk voorschrift anders is bepaald.
3. In de kennisgeving wordt vermeld:
   a. waar en wanneer de stukken ter inzage zullen liggen;
   b. wie in de gelegenheid worden gesteld om zienswijzen naar voren te brengen;
   c. op welke wijze dit kan geschieden;
   d. indien toepassing is gegeven aan artikel 3:18, tweede lid: de termijn waarbinnen het besluit zal worden genomen.

Artikel 3:13

1. Indien het besluit tot een of meer belanghebbenden zal zijn gericht, zendt het bestuursorgaan voorafgaand aan de terinzagelegging het ontwerp toe aan hen, onder wie begrepen de aanvrager.
2. Artikel 3:12, derde lid, is van overeenkomstige toepassing.

Artikel 3:14

1. Het bestuursorgaan vult de ter inzage gelegde stukken aan met nieuwe relevante stukken en gegevens.
2. Artikel 3:11, tweede tot en met vierde lid, is van toepassing.

Artikel 3:15

1. Belanghebbenden kunnen bij het bestuursorgaan naar keuze schriftelijk of mondeling hun zienswijze over het ontwerp naar voren brengen.
2. Bij wettelijk voorschrift of door het bestuursorgaan kan worden bepaald dat ook aan anderen de gelegenheid moet worden geboden hun zienswijze naar voren te brengen.
3. Indien het een besluit op aanvraag betreft, stelt het bestuursorgaan de aanvrager zo nodig in de gelegenheid te reageren op de naar voren gebrachte zienswijzen.
4. Indien het een besluit tot wijziging of intrekking van een besluit betreft, stelt het bestuursorgaan degene tot wie het te wijzigen of in te trekken besluit is gericht zo nodig in de gelegenheid te reageren op de naar voren gebrachte zienswijzen.

Artikel 3:16

1. De termijn voor het naar voren brengen van zienswijzen en het uitbrengen van adviezen als bedoeld in afdeling 3.3, bedraagt zes weken, tenzij bij wettelijk voorschrift een langere termijn is bepaald.
2. De termijn vangt aan met ingang van de dag waarop het ontwerp ter inzage is gelegd.
3. Op schriftelijk naar voren gebrachte zienswijzen zijn de artikelen 6:9 en 6:10 van overeenkomstige toepassing.

Artikel 3:17

Van hetgeen overeenkomstig artikel 3:15 mondeling naar voren is gebracht, wordt een verslag gemaakt.

Artikel 3:18

1. Indien het een besluit op aanvraag betreft, neemt het bestuursorgaan het besluit zo spoedig mogelijk, doch uiterlijk zes maanden na ontvangst van de aanvraag.
2. Indien de aanvraag een zeer ingewikkeld of omstreden onderwerp betreft, kan het bestuursorgaan, alvorens een ontwerp ter inzage te leggen, binnen acht weken na ontvangst van de aanvraag de in het eerste lid bedoelde termijn met een redelijke termijn verlengen. Voordat het bestuursorgaan een besluit tot

verlenging neemt, stelt het de aanvrager in de gelegenheid zijn zienswijze daarover naar voren te brengen.

3. In afwijking van het eerste lid neemt het bestuursorgaan het besluit uiterlijk twaalf weken na de terinzagelegging van het ontwerp, indien het een besluit betreft:
   a. inzake intrekking van een besluit;
   b. inzake wijziging van een besluit en de aanvraag is gedaan door een ander dan degene tot wie het te wijzigen besluit is gericht.

4. Indien geen zienswijzen naar voren zijn gebracht, doet het bestuursorgaan daarvan zo spoedig mogelijk nadat de termijn voor het naar voren brengen van zienswijzen is verstreken, mededeling op de wijze, bedoeld in artikel 3:12, eerste en twee-de lid. In afwijking van het eerste of derde lid neemt het bestuursorgaan het besluit in dat geval binnen vier weken nadat de termijn voor het naar voren brengen van zienswijzen is verstreken.

Afdeling 3.5. Samenhangende besluiten

Paragraaf 3.5.1. Algemeen

Artikel 3:19
Deze afdeling is van toepassing op besluiten die nodig zijn om een bepaalde activiteit te mogen verrichten en op besluiten die strekken tot het vaststellen van een financiële aanspraak met het oog op die activiteit.

Paragraaf 3.5.2. Informatie

Artikel 3:20
1. Het bestuursorgaan bevordert dat een aanvrager in kennis wordt gesteld van andere op aanvraag te nemen besluiten waarvan het bestuursorgaan redelijkerwijs kan aannemen dat deze nodig zijn voor de door de aanvrager te verrichten activiteit.

2. Bij de kennisgeving wordt per besluit in ieder geval vermeld:
   a. naam en adres van het bestuursorgaan, bevoegd tot het nemen van het besluit;
   b. krachtens welk wettelijk voorschrift het besluit wordt geno-men.

Paragraaf 3.5.3. Coördinatie van besluitvorming en rechtsbescherming

Artikel 3:21

1. Deze paragraaf is van toepassing op besluiten ten aanzien waarvan dit is bepaald:
   a. bij wettelijk voorschrift, of
   b. bij besluit van de tot het nemen van die besluiten bevoegde bestuursorganen.
2. Deze paragraaf is niet van toepassing op besluiten als bedoeld in artikel 4:21, tweede lid, of ten aanzien waarvan bij of krachtens wettelijk voorschrift een periode is vastgesteld, na afloop waarvan wordt beslist op aanvragen die in die periode zijn ingediend.

Artikel 3:22

Bij of krachtens het in artikel 3:21, eerste lid, onderdeel a, bedoelde wettelijk voorschrift of bij het in artikel 3:21, eerste lid, onderdeel b, bedoelde besluit wordt een van de betrokken bestuursorganen aangewezen als coördinerend bestuursorgaan.

Artikel 3:23

1. Het coördinerend bestuursorgaan bevordert een doelmatige en samenhangende besluitvorming, waarbij de bestuursorganen bij de beoordeling van de aanvragen in ieder geval rekening houden met de onderlinge samenhang daartussen en tevens letten op de samenhang tussen de te nemen besluiten.
2. De andere betrokken bestuursorganen verlenen de medewerking die voor het welslagen van een doelmatige en samenhangende besluitvorming nodig is.

Artikel 3:24

1. De besluiten worden zoveel mogelijk gelijktijdig aangevraagd, met dien verstande dat de laatste aanvraag niet later wordt ingediend dan zes weken na ontvangst van de eerste aanvraag.
2. De aanvragen worden ingediend bij het coördinerend bestuursorgaan. Het coördinerend bestuursorgaan zendt terstond na ontvangst van de aanvragen een afschrift daarvan aan de bevoegde bestuursorganen.
3. Indien een aanvraag voor een van de besluiten ontbreekt, stelt het coördinerend bestuursorgaan de aanvrager in de gelegenheid de ontbrekende aanvraag binnen een door het coördinerend bestuursorgaan te bepalen termijn in te dienen. Indien de ontbrekende aanvraag niet tijdig wordt ingediend, is het coördinerend

bestuursorgaan bevoegd om deze paragraaf ten aanzien van bepaalde besluiten buiten toepassing te laten. In dat geval wordt voor de toepassing van bij wettelijk voorschrift geregelde termijnen het tijdstip waarop tot het buiten toepassing laten wordt beslist, gelijkgesteld met het tijdstip van ontvangst van de aanvraag.

4. Bij het in artikel 3:21, eerste lid, onderdeel a, bedoelde wettelijk voorschrift kan worden bepaald dat de aanvraag voor een besluit niet wordt behandeld indien niet tevens de aanvraag voor een ander besluit is ingediend.

Artikel 3:25
Onverminderd artikel 3:24, derde en vierde lid, vangt de termijn voor het nemen van de besluiten aan met ingang van de dag waarop de laatste aanvraag is ontvangen.

Artikel 3:26
1. Indien op de voorbereiding van een van de besluiten afdeling 3.4 van toepassing is, is die afdeling van toepassing op de voorbereiding van alle besluiten, met inachtneming van het volgende:
   a. de ingevolge de artikelen 3:11 en 3:44, eerste lid, onderdeel a, vereiste terinzagelegging geschiedt in ieder geval ten kantore van het coördinerend bestuursorgaan;
   b. het coördinerend bestuursorgaan draagt er zorg voor dat de gelegenheid tot het mondeling naar voren brengen van zienswijzen wordt gegeven met betrekking tot de ontwerpen van alle besluiten gezamenlijk;
   c. zienswijzen kunnen in ieder geval bij het coördinerend bestuursorgaan naar voren worden gebracht;
   d. indien over het ontwerp van een van de besluiten zienswijzen naar voren kunnen worden gebracht door een ieder, geldt dit eveneens met betrekking tot de ontwerpen van de andere besluiten;
   e. de ingevolge die afdeling en afdeling 3.6 vereiste mededelingen, kennisgevingen en toezendingen geschieden door het coördinerend bestuursorgaan;
   f. alle besluiten worden genomen binnen de termijn die geldt voor het besluit met de langste beslistermijn;
   g. de dag van terinzagelegging bij het coördinerend bestuursorgaan is bepalend voor de aanvang van de beroepstermijn ingevolge artikel 6:8, vierde lid.

2. Indien afdeling 3.4 niet van toepassing is, geschiedt de voorbereiding met toepassing of overeenkomstige toepassing van afdeling 4.1.2 en de onderdelen b tot en met f van het eerste lid van dit artikel.

Artikel 3:27

1. De bevoegde bestuursorganen zenden de door hen genomen besluiten toe aan het coördinerend bestuursorgaan.
2. Het coördinerend bestuursorgaan maakt de besluiten gelijktijdig bekend en legt deze gelijktijdig ter inzage.

Artikel 3:28

1. Indien tegen een van de besluiten bezwaar kan worden gemaakt of administratief beroep kan worden ingesteld, geschiedt dit door het indienen van het bezwaar- of beroepschrift bij het coördinerend bestuursorgaan. Het coördinerend bestuursorgaan zendt terstond na ontvangst van het bezwaar- of beroepschrift een afschrift daarvan aan het bevoegde bestuursorgaan.
2. De bevoegde bestuursorganen zenden de door hen genomen beslissingen op bezwaar of beroep toe aan het coördinerend bestuursorgaan. Het coördinerend bestuursorgaan maakt de beslissingen gelijktijdig bekend en doet de ingevolge artikel 7:12, derde lid, of 7:26, vierde lid, vereiste mededelingen.
3. Een beslissing op een verzoek in te stemmen met rechtstreeks beroep bij de administratieve rechter als bedoeld in artikel 7:1a, vierde lid, wordt genomen door het coördinerend bestuursorgaan. Onverminderd artikel 7:1a, tweede lid, wijst het coördinerend bestuursorgaan het verzoek in ieder geval af, indien tegen een van de andere besluiten een bezwaarschrift is ingediend waarin eenzelfde verzoek ontbreekt.

Artikel 3:29

1. Indien tegen een of meer van de besluiten beroep kan worden ingesteld bij de rechtbank, staat tegen alle besluiten beroep open bij de rechtbank binnen het rechtsgebied waarvan het coördinerend bestuursorgaan zijn zetel heeft.
2. Indien tegen alle besluiten beroep kan worden ingesteld bij een andere administratieve rechter dan de rechtbank, staat tegen alle besluiten beroep open bij:
   a. de Afdeling bestuursrechtspraak van de Raad van State, indien tegen een of meer van de besluiten bij de Afdeling beroep kan worden ingesteld;

   b. het College van Beroep voor het bedrijfsleven, indien tegen een of meer van de besluiten beroep kan worden ingesteld bij het College en onderdeel a niet van toepassing is;

   c. de Centrale Raad van Beroep, indien tegen een of meer van de besluiten beroep kan worden ingesteld bij de Centrale Raad van Beroep en de onderdelen a en b niet van toepassing zijn.

3. Indien tegen de uitspraak van de rechtbank inzake een of meer besluiten hoger beroep kan worden ingesteld bij:

   a. de Afdeling bestuursrechtspraak van de Raad van State, staat inzake alle besluiten hoger beroep open bij de Afdeling;

   b. het College van Beroep voor het bedrijfsleven en onderdeel a niet van toepassing is, staat inzake alle besluiten hoger beroep open bij het College;

   c. de Centrale Raad van Beroep en de onderdelen b en c niet van toepassing zijn, staat inzake alle besluiten hoger beroep open bij de Centrale Raad van Beroep.

4. De ingevolge het eerste lid bevoegde rechtbank of de ingevolge het tweede of derde lid bevoegde administratieve rechter kan de behandeling van de beroepen in eerste aanleg dan wel de hoger beroepen verwijzen naar een andere rechtbank onderscheidenlijk een andere administratieve rechter die voor de behandeling ervan meer geschikt wordt geacht. Artikel 8:13, tweede en derde lid, is van overeenkomstige toepassing.

Artikel 3:30 [Vervallen]

Artikel 3:31 [Vervallen]

Artikel 3:32 [Vervallen]

Artikel 3:33 [Vervallen]

Afdeling 3.6 Bekendmaking en mededeling

Artikel 3:40
Een besluit treedt niet in werking voordat het is bekendgemaakt.

Artikel 3:41
1. De bekendmaking van besluiten die tot een of meer belanghebbenden zijn gericht, geschiedt door toezending of uitreiking aan hen, onder wie begrepen de aanvrager.

2. Indien de bekendmaking van het besluit niet kan geschieden op de wijze als voorzien in het eerste lid, geschiedt zij op een andere geschikte wijze.

Artikel 3:42

1. De bekendmaking van besluiten die niet tot een of meer belanghebbenden zijn gericht, geschiedt door kennisgeving van het besluit of van de zakelijke inhoud ervan in een van overheidswege uitgegeven blad of een dag-, nieuws- of huis-aan-huisblad, dan wel op een andere geschikte wijze.
2. Tenzij bij wettelijk voorschrift anders is bepaald, geschiedt de bekendmaking niet elektronisch.
3. Indien alleen van de zakelijke inhoud wordt kennisgegeven, wordt het besluit tegelijkertijd ter inzage gelegd. In de kennisgeving wordt vermeld waar en wanneer het besluit ter inzage ligt.

Artikel 3:43

1. Tegelijkertijd met of zo spoedig mogelijk na de bekendmaking wordt van het besluit mededeling gedaan aan degenen die bij de voorbereiding ervan hun zienswijze naar voren hebben gebracht. Aan een adviseur als bedoeld in artikel 3:5 wordt in ieder geval mededeling gedaan indien van het advies wordt afgeweken.
2. Bij de mededeling van een besluit wordt tevens vermeld wanneer en hoe de bekendmaking ervan heeft plaatsgevonden.

Artikel 3:44

1. Indien bij de voorbereiding van het besluit toepassing is gegeven aan afdeling 3.4, geschiedt de mededeling, bedoeld in artikel 3:43, eerste lid:
   a. met overeenkomstige toepassing van de artikelen 3:11 en 3:12, eerste of tweede lid, en derde lid, onderdeel a, met dien verstande dat de stukken ter inzage liggen totdat de beroepstermijn is verstreken, en
   b. door toezending van een exemplaar van het besluit aan degenen die over het ontwerp van het besluit zienswijzen naar voren hebben gebracht.
2. In afwijking van het eerste lid, onderdeel b, kan het bestuursorgaan:
   a. indien de omvang van het besluit daartoe aanleiding geeft, volstaan met een ieder van de daar bedoelde personen de strekking van het besluit mee te delen;

b. indien een zienswijze door meer dan vijf personen naar voren is gebracht bij hetzelfde geschrift, volstaan met toezending van een exemplaar aan de vijf personen wier namen en adressen als eerste in dat geschrift zijn vermeld;

c. indien een zienswijze naar voren is gebracht door meer dan vijf personen bij hetzelfde geschrift en de omvang van het besluit daartoe aanleiding geeft, volstaan met het meedelen aan de vijf personen wier namen en adressen als eerste in dat geschrift zijn vermeld, van de strekking van het besluit;

d. indien toezending zou moeten geschieden aan meer dan 250 personen, die toezending achterwege laten.

Artikel 3:45

1. Indien tegen een besluit bezwaar kan worden gemaakt of beroep kan worden ingesteld, wordt daarvan bij de bekendmaking en bij de mededeling van het besluit melding gemaakt.

2. Hierbij wordt vermeld door wie, binnen welke termijn en bij welk orgaan bezwaar kan worden gemaakt of beroep kan worden ingesteld.

Afdeling 3.7 Motivering

Artikel 3:46

Een besluit dient te berusten op een deugdelijke motivering.

Artikel 3:47

1. De motivering wordt vermeld bij de bekendmaking van het besluit.

2. Daarbij wordt zo mogelijk vermeld krachtens welk wettelijk voorschrift het besluit wordt genomen.

3. Indien de motivering in verband met de vereiste spoed niet aanstonds bij de bekendmaking van het besluit kan worden vermeld, verstrekt het bestuursorgaan deze binnen een week na de bekendmaking.

4. In dat geval zijn de artikelen 3:41 tot en met 3:43 van overeenkomstige toepassing.

Artikel 3:48

1. De vermelding van de motivering kan achterwege blijven indien redelijkerwijs kan worden aangenomen dat daaraan geen behoefte bestaat.

2. Verzoekt een belanghebbende binnen een redelijke termijn om de motivering, dan wordt deze zo spoedig mogelijk verstrekt.

Artikel 3:49

Ter motivering van een besluit of een onderdeel daarvan kan worden volstaan met een verwijzing naar een met het oog daarop uitgebracht advies, indien het advies zelf de motivering bevat en van het advies kennis is of wordt gegeven.

Artikel 3:50

Indien het bestuursorgaan een besluit neemt dat afwijkt van een met het oog daarop krachtens wettelijk voorschrift uitgebracht advies, wordt

HOOFDSTUK 4
Bijzondere bepalingen over besluiten

Titel 4.1   Beschikkingen

Afdeling 4.1.1   De aanvraag

Artikel 4:1

Tenzij bij wettelijk voorschrift anders is bepaald, wordt de aanvraag tot het geven van een beschikking schriftelijk ingediend bij het bestuursorgaan dat bevoegd is op de aanvraag te beslissen.

Artikel 4:2

1. De aanvraag wordt ondertekend en bevat ten minste:
   a. de naam en het adres van de aanvrager;
   b. de dagtekening;
   c. een aanduiding van de beschikking die wordt gevraagd.
2. De aanvrager verschaft voorts de gegevens en bescheiden die voor de beslissing op de aanvraag nodig zijn en waarover hij redelijkerwijs de beschikking kan krijgen.

Artikel 4:3

1. De aanvrager kan weigeren gegevens en bescheiden te verschaffen voor zover het belang daarvan voor de beslissing van het bestuursorgaan niet opweegt tegen het belang van de eerbiediging van de persoonlijke levenssfeer, met inbegrip van de bescherming van medische en psychologische onderzoeksresultaten, of tegen het belang van de bescherming van bedrijfs- en fabricagegegevens.

2. Het eerste lid is niet van toepassing op bij wettelijk voorschrift aangewezen gegevens en bescheiden waarvan is bepaald dat deze dienen te worden overgelegd.

Artikel 4:3a
Het bestuursorgaan *bevestigt* de ontvangst van een *elektronisch ingediende aanvraag*.

Artikel 4:4
Het bestuursorgaan dat bevoegd is op de aanvraag te beslissen, kan voor het indienen van aanvragen en het verstrekken van gegevens een formulier vaststellen, voor zover daarin niet is voorzien bij wettelijk voorschrift.

Artikel 4:5
1. Het bestuursorgaan kan besluiten de aanvraag niet te behandelen, indien:
   a. de aanvrager niet heeft voldaan aan enig wettelijk voorschrift voor het in behandeling nemen van de aanvraag, of
   b. de aanvraag geheel of gedeeltelijk is geweigerd op grond van artikel 2:15, of
   c. de verstrekte gegevens en bescheiden onvoldoende zijn voor de beoordeling van de aanvraag of voor de voorbereiding van de beschikking,

   mits de aanvrager de gelegenheid heeft gehad de aanvraag binnen een door het bestuursorgaan gestelde termijn aan te vullen.
2. Indien de aanvraag of een van de daarbij behorende gegevens of bescheiden in een vreemde taal is gesteld en een vertaling daarvan voor de beoordeling van de aanvraag of voor de voorbereiding van de beschikking noodzakelijk is, kan het bestuursorgaan besluiten de aanvraag niet te behandelen, mits de aanvrager de gelegenheid heeft gehad binnen een door het bestuursorgaan gestelde termijn de aanvraag met een vertaling aan te vullen.
3. Indien de aanvraag of een van de daarbij behorende gegevens of bescheiden omvangrijk of ingewikkeld is en een samenvatting voor de beoordeling van de aanvraag of voor de voorbereiding van de beschikking noodzakelijk is, kan het bestuursorgaan besluiten de aanvraag niet te behandelen, mits de aanvrager de gelegenheid heeft gehad binnen een door het bestuursorgaan gestelde termijn de aanvraag met een samenvatting aan te vullen.

4. Een besluit om de aanvraag niet te behandelen wordt aan de aanvrager bekendgemaakt binnen vier weken nadat de aanvraag is aangevuld of nadat de daarvoor gestelde termijn ongebruikt is verstreken.

Artikel 4:6

1. Indien na een geheel of gedeeltelijk afwijzende beschikking een nieuwe aanvraag wordt gedaan, is de aanvrager gehouden nieuw gebleken feiten of veranderde omstandigheden te vermelden.
2. Wanneer geen nieuw gebleken feiten of veranderde omstandigheden worden vermeld, kan het bestuursorgaan zonder toepassing te geven aan artikel 4:5 de aanvraag afwijzen onder verwijzing naar zijn eerdere afwijzende beschikking.

Afdeling 4.1.2   De voorbereiding

Artikel 4:7

1. Voordat een bestuursorgaan een aanvraag tot het geven van een beschikking geheel of gedeeltelijk afwijst, stelt het de aanvrager in de gelegenheid zijn zienswijze naar voren te brengen indien:
   a. de afwijzing zou steunen op gegevens over feiten en belangen die de aanvrager betreffen, en
   b. die gegevens afwijken van gegevens die de aanvrager ter zake zelf heeft verstrekt.
2. Het eerste lid geldt niet indien sprake is van een afwijking van de aanvraag die slechts van geringe betekenis voor de aanvrager kan zijn.

Artikel 4:8

1. Voordat een bestuursorgaan een beschikking geeft waartegen een belanghebbende die de beschikking niet heeft aangevraagd naar verwachting bedenkingen zal hebben, stelt het die belanghebbende in de gelegenheid zijn zienswijze naar voren te brengen indien:
   a. de beschikking zou steunen op gegevens over feiten en belangen die de belanghebbende betreffen, en
   b. die gegevens niet door de belanghebbende zelf ter zake zijn verstrekt.
2. Het eerste lid geldt niet indien de belanghebbende niet heeft voldaan aan een wettelijke verplichting gegevens te verstrekken.

Artikel 4:9
Bij toepassing van de artikelen 4:7 en 4:8 kan de belanghebbende naar keuze schriftelijk of mondeling zijn zienswijze naar voren brengen.

Artikel 4:10
Indien ter uitvoering van de artikelen 4:7 en 4:8 toepassing wordt gegeven aan afdeling 3.4 of afdeling 3.5, stelt het bestuursorgaan de aanvrager en degene tot wie de beschikking zal zijn gericht, daarvan op de hoogte.

Artikel 4:11
Het bestuursorgaan kan toepassing van de artikelen 4:7 en 4:8 achterwege laten voor zover:
a. de vereiste spoed zich daartegen verzet;
b. de belanghebbende reeds eerder in de gelegenheid is gesteld zijn zienswijze naar voren te brengen en zich sindsdien geen nieuwe feiten of omstandigheden hebben voorgedaan, of
c. het met de beschikking beoogde doel slechts kan worden bereikt indien de belanghebbende daarvan niet reeds tevoren in kennis is gesteld.

Artikel 4:12
1. Het bestuursorgaan kan toepassing van de artikelen 4:7 en 4:8 voorts achterwege laten bij een beschikking die strekt tot het vaststellen van een financiële verplichting of aanspraak indien:
   a. tegen die beschikking bezwaar kan worden gemaakt of administratief beroep kan worden ingesteld, en
   b. de nadelige gevolgen na bezwaar of administratief beroep volledig ongedaan kunnen worden gemaakt.
2. Het eerste lid geldt niet bij een beschikking die strekt tot:
   a. het op grond van artikel 4:35 of met toepassing van artikel 4:51 weigeren van een subsidie;
   b. het op grond van artikel 4:46, tweede lid, lager vaststellen van een subsidie, of
   c. het intrekken of ten nadele van de ontvanger wijzigen van een subsidieverlening of een subsidievaststelling.

Afdeling 4.1.3   Beslistermijn

Artikel 4:13

1. Een beschikking dient te worden gegeven binnen de bij wettelijk voorschrift bepaalde termijn of, bij het ontbreken van zulk een termijn, binnen een redelijke termijn na ontvangst van de aanvraag.
2. De in het eerste lid bedoelde redelijke termijn is in ieder geval verstreken wanneer het bestuursorgaan binnen acht weken na ontvangst van de aanvraag geen beschikking heeft gegeven, noch een kennisgeving als bedoeld in artikel 4:14, derde lid, heeft gedaan.

Artikel 4:14

1. Indien een beschikking niet binnen de bij wettelijk voorschrift bepaalde termijn kan worden gegeven, deelt het bestuursorgaan dit aan de aanvrager mede en noemt het daarbij een zo kort mogelijke termijn waarbinnen de beschikking wel tegemoet kan worden gezien.
2. Het eerste lid is niet van toepassing indien het bestuursorgaan na het verstrijken van de bij wettelijk voorschrift bepaalde termijn niet langer bevoegd is.
3. Indien, bij het ontbreken van een bij wettelijk voorschrift bepaalde termijn, een beschikking niet binnen acht weken kan worden gegeven, stelt het bestuursorgaan de aanvrager daarvan in kennis en noemt het daarbij een redelijke termijn waarbinnen de beschikking wel tegemoet kan worden gezien.

Artikel 4:15

De termijn voor het geven van een beschikking wordt opgeschort met ingang van de dag waarop het bestuursorgaan krachtens artikel 4:5 de aanvrager uitnodigt de aanvraag aan te vullen, tot de dag waarop de aanvraag is aangevuld of de daarvoor gestelde termijn ongebruikt is verstreken.

Afdeling 4.1.4   [Vervallen.]

Artikel 4:16 [Vervallen.]

Artikel 4:17 [Vervallen.]

Artikel 4:18 [Vervallen.]

Artikel 4:19 [Vervallen.]

Artikel 4:20 [Vervallen.]

Titel 4.2   Subsidies

Afdeling 4.2.1   Inleidende bepalingen

Artikel 4:21
1. Onder *subsidie* wordt verstaan: de aanspraak op financiële middelen, door een bestuursorgaan verstrekt met het oog op bepaalde activiteiten van de aanvrager, anders dan als betaling voor aan het bestuursorgaan geleverde goederen of diensten.
2. Deze titel is niet van toepassing op aanspraken of verplichtingen die voortvloeien uit een wettelijk voorschrift inzake:
   a. belastingen,
   b. de heffing van een premie dan wel een premievervangende belasting ingevolge de Wet financiering volksverzekeringen, of
   c. de heffing van een inkomensafhankelijke bijdrage dan wel een bijdragevervangende belasting ingevolge de Zorgverzekeringswet.
3. Deze titel is niet van toepassing op de aanspraak op financiële middelen die wordt verstrekt op grond van een wettelijk voorschrift dat uitsluitend voorziet in verstrekking aan rechtspersonen die krachtens publiekrecht zijn ingesteld.
4. Deze titel is van overeenkomstige toepassing op de bekostiging van het onderwijs en onderzoek.

Artikel 4:22
Onder *subsidieplafond* wordt verstaan: het bedrag dat gedurende een bepaald tijdvak ten hoogste beschikbaar is voor de verstrekking van subsidies krachtens een bepaald wettelijk voorschrift.

Artikel 4:23
1. Een bestuursorgaan *verstrekt* slechts *subsidie* op grond van een wettelijk voorschrift dat regelt voor welke activiteiten subsidie kan worden verstrekt.

2. Indien een zodanig wettelijk voorschrift is opgenomen in een niet op een wet berustende algemene maatregel van bestuur, vervalt dat voorschrift vier jaren nadat het in werking is getreden, tenzij voor dat tijdstip een voorstel van wet bij de Staten-Generaal is ingediend waarin de subsidie wordt geregeld.

3. Het eerste lid is niet van toepassing:
   a. in afwachting van de totstandkoming van een wettelijk voorschrift gedurende ten hoogste een jaar of totdat een binnen dat jaar bij de Staten-Generaal ingediend wetsvoorstel is verworpen of tot wet is verheven en in werking is getreden;
   b. indien de subsidie rechtstreeks op grond van een door de Raad van de Europese Unie, het Europees Parlement en de Raad gezamenlijk of de Commissie van de Europese Gemeenschappen vastgesteld programma wordt verstrekt;
   c. indien de begroting de subsidieontvanger en het bedrag waarop de subsidie ten hoogste kan worden vastgesteld, vermeldt, of
   d. in incidentele gevallen, mits de subsidie voor ten hoogste vier jaren wordt verstrekt.

4. Het bestuursorgaan publiceert jaarlijks een verslag van de verstrekking van subsidies met toepassing van het derde lid, onderdelen a en d.

Artikel 4:24

Indien een subsidie op een wettelijk voorschrift berust, wordt ten minste eenmaal in de vijf jaren een verslag gepubliceerd over de doeltreffendheid en de effecten van de subsidie in de praktijk, tenzij bij wettelijk voorschrift anders is bepaald.

Afdeling 4.2.2   Het subsidieplafond

Artikel 4:25

1. Een subsidieplafond kan slechts bij of krachtens wettelijk voorschrift worden vastgesteld.
2. Een subsidie wordt geweigerd voor zover door verstrekking van de subsidie het subsidieplafond zou worden overschreden.
3. Indien niet tijdig, dan wel in bezwaar of beroep of ter uitvoering van een rechterlijke uitspraak omtrent verstrekking wordt beslist, geldt de verplichting van het tweede lid slechts voor zover zij ook gold op het tijdstip, waarop de beslissing in eerste aanleg werd genomen of had moeten worden genomen.

Artikel 4:26

1. Bij of krachtens wettelijk voorschrift wordt bepaald hoe het beschikbare bedrag wordt verdeeld.
2. Bij de bekendmaking van het subsidieplafond wordt de wijze van verdeling vermeld.

Artikel 4:27

1. Het *subsidieplafond* wordt *bekendgemaakt* voor de aanvang van het tijdvak waarvoor het is vastgesteld.
2. Indien het subsidieplafond of een verlaging daarvan later wordt bekendgemaakt, heeft deze bekendmaking geen gevolgen voor voordien ingediende aanvragen.

Artikel 4:28

Artikel 4:27, tweede lid, is niet van toepassing, indien:

a. de aanvragen voor het tijdvak waarvoor het subsidieplafond is vastgesteld ingevolge wettelijk voorschrift moeten worden ingediend op een tijdstip waarop de begroting nog niet is vastgesteld of goedgekeurd;
b. het een verlaging betreft die voortvloeit uit de vaststelling of goedkeuring van de begroting, en
c. bij de bekendmaking van het subsidieplafond is gewezen op de mogelijkheid van verlaging en de gevolgen daarvan voor reeds ingediende aanvragen.

Afdeling 4.2.3   De subsidieverlening

Artikel 4:29

Tenzij bij wettelijk voorschrift anders is bepaald kan voorafgaand aan een subsidievaststelling een beschikking omtrent subsidieverlening worden gegeven, indien een aanvraag daartoe is ingediend voor de afloop van de activiteit of het tijdvak waarvoor de subsidie wordt gevraagd.

Artikel 4:30

1. De beschikking tot subsidieverlening bevat een omschrijving van de activiteiten waarvoor subsidie wordt verleend.
2. De omschrijving kan later worden uitgewerkt, voor zover de beschikking tot subsidieverlening dit vermeldt.

Artikel 4:31

1. De beschikking tot subsidieverlening vermeldt het bedrag van de subsidie, dan wel de wijze waarop dit bedrag wordt bepaald.

2. Indien de beschikking tot subsidieverlening het bedrag van de subsidie niet vermeldt, vermeldt zij het bedrag waarop de subsidie ten hoogste kan worden vastgesteld, tenzij bij wettelijk voorschrift anders is bepaald.

Artikel 4:32

Een subsidie in de vorm van een periodieke aanspraak op financiële middelen wordt verleend voor een bepaald tijdvak, dat in de beschikking tot subsidieverlening wordt vermeld.

Artikel 4:33

Een subsidie kan niet worden verleend onder de voorwaarde dat uitsluitend het bestuursorgaan of uitsluitend de subsidieontvanger een bepaalde handeling verricht, tenzij het betreft de voorwaarde dat:

a. de subsidieontvanger medewerkt aan de totstandkoming van een overeenkomst ter uitvoering van de beschikking tot subsidieverlening, of

b. de subsidieontvanger aantoont dat een gebeurtenis, niet zijnde een handeling van het bestuursorgaan of van de subsidieontvanger, heeft plaatsgevonden.

Artikel 4:34

1. Voor zover een subsidie wordt verleend ten laste van een begroting die nog niet is vastgesteld of goedgekeurd, kan zij worden verleend onder de voorwaarde dat voldoende gelden ter beschikking worden gesteld.

2. De voorwaarde kan niet worden gesteld, voor zover zulks voortvloeit uit het wettelijk voorschrift waarop de subsidie berust.

3. De voorwaarde vervalt, indien het bestuursorgaan daarop niet binnen vier weken na de vaststelling of goedkeuring van de begroting een beroep heeft gedaan.

4. Het beroep op de voorwaarde geschiedt bij een subsidie voor een activiteit die door het bestuursorgaan ook in het voorafgaande begrotingsjaar werd gesubsidieerd door een intrekking wegens veranderde omstandigheden overeenkomstig artikel 4:50.

5. In andere gevallen geschiedt het beroep op de voorwaarde door een intrekking overeenkomstig artikel 4:48, eerste lid.

Artikel 4:35

1. De subsidieverlening kan in ieder geval worden geweigerd indien een gegronde reden bestaat om aan te nemen dat:

a. de activiteiten niet of niet geheel zullen plaatsvinden;

  b. de aanvrager niet zal voldoen aan de aan de subsidie verbonden verplichtingen;

  c. de aanvrager niet op een behoorlijke wijze rekening en verantwoording zal afleggen omtrent de verrichte activiteiten en de daaraan verbonden uitgaven en inkomsten, voor zover deze voor de vaststelling van de subsidie van belang zijn.

2. De subsidieverlening kan voorts in ieder geval worden geweigerd indien de aanvrager:

  a. in het kader van de aanvraag onjuiste of onvolledige gegevens heeft verstrekt en de verstrekking van deze gegevens tot een onjuiste beschikking op de aanvraag zou hebben geleid, of

  b. failliet is verklaard of aan hem surséance van betaling is verleend of ten aanzien van hem de schuldsaneringsregeling natuurlijke personen van toepassing is verklaard, dan wel een verzoek daartoe bij de rechtbank is ingediend.

Artikel 4:36

1. Ter uitvoering van de beschikking tot subsidieverlening kan een overeenkomst worden gesloten.

2. Tenzij bij wettelijk voorschrift anders is bepaald of de aard van de subsidie zich daartegen verzet, kan in de overeenkomst worden bepaald dat de subsidieontvanger verplicht is de activiteiten te verrichten waarvoor de subsidie is verleend.

Afdeling 4.2.4   Verplichtingen van de subsidieontvanger

Artikel 4:37

1. Het bestuursorgaan kan de subsidieontvanger verplichtingen opleggen met betrekking tot:

  a. aard en omvang van de activiteiten waarvoor subsidie wordt verleend;

  b. de administratie van aan de activiteiten verbonden uitgaven en inkomsten;

  c. het vóór de subsidievaststelling verstrekken van gegevens en bescheiden die nodig zijn voor een beslissing omtrent de subsidie;

  d. de te verzekeren risico's;

  e. het stellen van zekerheid voor verleende voorschotten;

  f. het afleggen van rekening en verantwoording omtrent de verrichte activiteiten en de daaraan verbonden uitgaven en inkomsten, voor zover deze voor de vaststelling van de subsidie van belang zijn;

g. het beperken of wegnemen van de nadelige gevolgen van de subsidie voor derden;

h. het uitoefenen van controle door een accountant als bedoeld in artikel 393, eerste lid, van Boek 2 van het Burgerlijk Wetboek op het door het bestuursorgaan gevoerde financiële beheer en de financiële verantwoording daarover.

2. Indien een verplichting als bedoeld in het eerste lid, onderdeel c, wordt opgelegd, zijn de artikelen 4:3 en 4:4 van overeenkomstige toepassing.

Artikel 4:38

1. Het bestuursorgaan kan de subsidieontvanger ook andere verplichtingen opleggen die strekken tot verwezenlijking van het doel van de subsidie.
2. Indien de subsidie op een wettelijk voorschrift berust, worden de verplichtingen opgelegd bij wettelijk voorschrift of krachtens wettelijk voorschrift bij de subsidieverlening.
3. Indien de subsidie niet op een wettelijk voorschrift berust, kunnen de verplichtingen worden opgelegd bij de subsidieverlening.

Artikel 4:39

1. Verplichtingen die niet strekken tot verwezenlijking van het doel van de subsidie kunnen slechts aan de subsidie worden verbonden voor zover dit bij wettelijk voorschrift is bepaald.
2. Verplichtingen als bedoeld in het eerste lid kunnen slechts betrekking hebben op de wijze waarop of de middelen waarmee de gesubsidieerde activiteit wordt verricht.

Artikel 4:40

De verplichtingen kunnen na de subsidieverlening worden uitgewerkt, voor zover de beschikking tot subsidieverlening dit vermeldt.

Artikel 4:41

1. In de gevallen, genoemd in het tweede lid, is de subsidieontvanger, voor zover het verstrekken van de subsidie heeft geleid tot vermogensvorming, daarvoor een vergoeding verschuldigd aan het bestuursorgaan, mits:
   a. dit bij wettelijk voorschrift of, indien de subsidie niet op een wettelijk voorschrift berust, bij de subsidieverlening is bepaald, en
   b. daarbij is aangegeven hoe de hoogte van de vergoeding wordt bepaald.

2. De vergoeding is slechts verschuldigd indien:
   a. de subsidieontvanger voor de gesubsidieerde activiteiten ge-bruikte of bestemde goederen vervreemdt of bezwaart of de bestemming daarvan wijzigt;
   b. de subsidieontvanger een schadevergoeding ontvangt voor verlies of beschadiging van voor de gesubsidieerde activitei-ten gebruikte of bestemde goederen;
   c. de gesubsidieerde activiteiten geheel of gedeeltelijk worden beëindigd;
   d. de subsidieverlening of de subsidievaststelling wordt inge-trokken of de subsidie wordt beëindigd, of
   e. de rechtspersoon die de subsidie ontving wordt ontbonden.
3. De vergoeding wordt vastgesteld binnen een jaar nadat het bestuursorgaan op de hoogte is gekomen of kon zijn van de gebeurtenis die het recht op vergoeding deed ontstaan, doch in ieder geval binnen vijf jaren na de bekendmaking van de laatste beschikking tot subsidievaststelling.

Afdeling 4.2.5   *De subsidievaststelling*

Artikel 4:42
De beschikking tot subsidievaststelling stelt het bedrag van de subsidie vast en geeft aanspraak op betaling van het vastgestelde bedrag overeenkomstig afdeling 4.2.7.

Artikel 4:43
1. Indien geen beschikking tot subsidieverlening is gegeven, bevat de beschikking tot subsidievaststelling een aanduiding van de activiteiten waarvoor subsidie wordt verstrekt.
2. De artikelen 4:32, 4:35, tweede lid, 4:38 en 4:39 zijn van over-eenkomstige toepassing.

Artikel 4:44
1. Indien een beschikking tot subsidieverlening is gegeven, dient de subsidieontvanger na afloop van de activiteiten of het tijdvak waarvoor de subsidie is verleend een aanvraag tot vaststelling van de subsidie in, tenzij:
   a. de subsidie met toepassing van artikel 4:47, onderdeel a, ambtshalve wordt vastgesteld;
   b. bij wettelijk voorschrift of bij de subsidieverlening is bepaald dat de aanvraag wordt ingediend telkens na afloop van een gedeelte van het tijdvak waarvoor de subsidie is verleend, of

c. de vaststelling van de subsidie bij een overeenkomst als bedoeld in artikel 4:36, eerste lid, anders is geregeld.

2. Indien bij wettelijk voorschrift geen termijn is bepaald, wordt de aanvraag tot vaststelling ingediend binnen een bij de subsidieverlening te bepalen termijn.

3. Indien voor de indiening van de aanvraag tot vaststelling geen termijn is bepaald of de aanvraag na afloop van de daarvoor bepaalde termijn niet is ingediend kan het bestuursorgaan de subsidieontvanger een termijn stellen binnen welke de aanvraag moet zijn ingediend.

4. Indien na afloop van deze termijn geen aanvraag is ingediend, kan de subsidie ambtshalve worden vastgesteld.

Artikel 4:45

1. Bij de aanvraag tot subsidievaststelling toont de aanvrager aan dat de activiteiten hebben plaatsgevonden overeenkomstig de aan de subsidie verbonden verplichtingen, tenzij de subsidie voor de aanvang van de activiteiten wordt vastgesteld.

2. Bij de aanvraag tot subsidievaststelling legt de aanvrager rekening en verantwoording af omtrent de aan de activiteiten verbonden uitgaven en inkomsten, voor zover deze voor de vaststelling van de subsidie van belang zijn.

Artikel 4:46

1. Indien een beschikking tot subsidieverlening is gegeven, stelt het bestuursorgaan de subsidie overeenkomstig de subsidieverlening vast.

2. De subsidie kan lager worden vastgesteld indien:
   a. de activiteiten waarvoor subsidie is verleend niet of niet geheel hebben plaatsgevonden;
   b. de subsidieontvanger niet heeft voldaan aan de aan de subsidie verbonden verplichtingen;
   c. de subsidieontvanger onjuiste of onvolledige gegevens heeft verstrekt en de verstrekking van juiste of volledige gegevens tot een andere beschikking op de aanvraag tot subsidieverlening zou hebben geleid, of
   d. de subsidieverlening anderszins onjuist was en de subsidieontvanger dit wist of behoorde te weten.

3. Voor zover het bedrag van de subsidie afhankelijk is van de werkelijke kosten van de activiteiten waarvoor subsidie is verleend, worden kosten die in redelijkheid niet als noodzakelijk kunnen worden beschouwd bij de vaststelling van de subsidie niet in aanmerking genomen.

Artikel 4:47

Het bestuursorgaan kan de subsidie geheel of gedeeltelijk ambtshalve vaststellen, indien:

a. bij wettelijk voorschrift of bij de subsidieverlening een termijn is bepaald binnen welke de subsidie ambtshalve wordt vastgesteld;
b. toepassing wordt gegeven aan artikel 4:44, vierde lid, of
c. de beschikking tot subsidieverlening of de beschikking tot subsidievaststelling wordt ingetrokken of ten nadele van de ontvanger wordt gewijzigd.

Afdeling 4.2.6   Intrekking en wijziging

Artikel 4:48

1. Zolang de subsidie niet is vastgesteld kan het bestuursorgaan de subsidieverlening intrekken of ten nadele van de subsidieontvanger wijzigen, indien:
   a. de activiteiten waarvoor subsidie is verleend niet of niet geheel hebben plaatsgevonden of zullen plaatsvinden;
   b. de subsidieontvanger niet heeft voldaan aan de aan de subsidie verbonden verplichtingen;
   c. de subsidieontvanger onjuiste of onvolledige gegevens heeft verstrekt en de verstrekking van juiste of volledige gegevens tot een andere beschikking op de aanvraag tot subsidieverlening zou hebben geleid;
   d. de subsidieverlening anderszins onjuist was en de subsidieontvanger dit wist of behoorde te weten, of
   e. met toepassing van artikel 4:34, vijfde lid, een beroep wordt gedaan op de voorwaarde dat voldoende gelden ter beschikking worden gesteld.
2. De intrekking of wijziging werkt terug tot en met het tijdstip waarop de subsidie is verleend, tenzij bij de intrekking of wijziging anders is bepaald.

Artikel 4:49

1. Het bestuursorgaan kan de subsidievaststelling intrekken of ten nadele van de ontvanger wijzigen:
   a. op grond van feiten of omstandigheden waarvan het bij de subsidievaststelling redelijkerwijs niet op de hoogte kon zijn en op grond waarvan de subsidie lager dan overeenkomstig de subsidieverlening zou zijn vastgesteld;
   b. indien de subsidievaststelling onjuist was en de subsidieontvanger dit wist of behoorde te weten, of

c. indien de subsidieontvanger na de subsidievaststelling niet heeft voldaan aan aan de subsidie verbonden verplichtingen.
2. De intrekking of wijziging werkt terug tot en met het tijdstip waarop de subsidie is vastgesteld, tenzij bij de intrekking of wijziging anders is bepaald.
3. De subsidievaststelling kan niet meer worden ingetrokken of ten nadele van de ontvanger worden gewijzigd indien vijf jaren zijn verstreken sedert de dag waarop zij is bekendgemaakt dan wel, in het geval, bedoeld in het eerste lid, onderdeel c, sedert de dag waarop de handeling in strijd met de verplichting is verricht of de dag waarop aan de verplichting had moeten zijn voldaan.

Artikel 4:50
1. Zolang de subsidie niet is vastgesteld kan het bestuursorgaan de subsidieverlening met inachtneming van een redelijke termijn intrekken of ten nadele van de subsidieontvanger wijzigen:
   a. voor zover de subsidieverlening onjuist is;
   b. voor zover veranderde omstandigheden of gewijzigde inzichten zich in overwegende mate tegen voortzetting of ongewijzigde voortzetting van de subsidie verzetten, of
   c. in andere bij wettelijk voorschrift geregelde gevallen.
2. Bij intrekking of wijziging op grond van het eerste lid, onderdeel a of b, vergoedt het bestuursorgaan de schade die de subsidieontvanger lijdt doordat hij in vertrouwen op de subsidie anders heeft gehandeld dan hij zonder subsidie zou hebben gedaan.

Artikel 4:51
1. Indien aan een subsidieontvanger voor drie of meer achtereenvolgende jaren subsidie is verstrekt voor dezelfde of in hoofdzaak dezelfde voortdurende activiteiten, geschiedt gehele of gedeeltelijke weigering van de subsidie voor een daarop aansluitend tijdvak op de grond, dat veranderde omstandigheden of gewijzigde inzichten zich tegen voortzetting of ongewijzigde voortzetting van de subsidie verzetten, slechts met inachtneming van een redelijke termijn.
2. Voor zover aan het einde van het tijdvak waarvoor subsidie is verleend sedert de bekendmaking van het voornemen tot weigering voor een daarop aansluitend tijdvak nog geen redelijke termijn is verstreken, wordt de subsidie voor het resterende deel van die termijn verleend, zo nodig in afwijking van artikel 4:25, tweede lid.

Afdeling 4.2.7   Betaling en terugvordering

Artikel 4:52

1. Het subsidiebedrag wordt overeenkomstig de subsidievaststelling betaald, onder verrekening van de betaalde voorschotten.
2. Het subsidiebedrag wordt binnen vier weken na de subsidievaststelling betaald, tenzij bij wettelijk voorschrift anders is bepaald.
3. Indien de subsidie niet op een wettelijk voorschrift berust, kan bij de subsidieverlening, of, indien geen beschikking tot subsidieverlening is gegeven, bij de subsidievaststelling, een andere termijn worden bepaald waarbinnen het subsidiebedrag wordt betaald.

Artikel 4:53

1. Het subsidiebedrag kan in gedeelten worden betaald, mits bij wettelijk voorschrift is bepaald hoe de gedeelten worden berekend en op welke tijdstippen zij worden betaald.
2. Indien de subsidie niet op een wettelijk voorschrift berust, kan het subsidiebedrag in gedeelten worden betaald, mits bij de subsidieverlening, of indien geen beschikking tot subsidieverlening is gegeven, bij de subsidievaststelling, is bepaald hoe de gedeelten worden berekend en op welke tijdstippen zij worden betaald.

Artikel 4:54

1. Het bestuursorgaan kan de subsidieontvanger voorschotten verlenen, voor zover dit bij wettelijk voorschrift of bij de subsidieverlening is bepaald.
2. De beschikking tot voorschotverlening vermeldt het bedrag van het voorschot, dan wel de wijze waarop dit bedrag wordt bepaald.

Artikel 4:55

1. Voorschotten worden overeenkomstig de voorschotverlening betaald.
2. De voorschotten worden binnen vier weken na de voorschotverlening betaald, tenzij bij wettelijk voorschrift of bij de voorschotverlening anders is bepaald.

Artikel 4:56

De verplichting tot betaling van een subsidiebedrag of een voorschot wordt opgeschort met ingang van de dag waarop het bestuursorgaan aan de subsidieontvanger schriftelijk kennis geeft van het ernstige vermoeden dat er grond bestaat om toepassing te geven aan artikel 4:48 of 4:49, tot en met de dag waarop de beschikking omtrent de intrekking of wijziging is bekendgemaakt of de dag waarop sedert de kennisgeving van het ernstige vermoeden dertien weken zijn verstreken.

Artikel 4:57
Onverschuldigd betaalde subsidiebedragen en voorschotten kunnen worden teruggevorderd voor zover na de dag waarop de subsidie is vastgesteld, dan wel de handeling als bedoeld in artikel 4:49, eerste lid, onderdeel c, heeft plaatsgevonden, nog geen vijf jaren zijn verstreken.

Afdeling 4.2.8   *Per boekjaar verstrekte subsidies aan rechtspersonen*

§ 4.2.8.1 Inleidende bepalingen

Artikel 4:58
1. Deze afdeling is van toepassing op per boekjaar verstrekte subsidies, indien dat bij wettelijk voorschrift of bij besluit van het bestuursorgaan is bepaald.
2. Bij algemene maatregel van bestuur kan worden bepaald dat deze afdeling van toepassing is op daarbij aangewezen subsidies.

Artikel 4:59
1. Het bestuursorgaan dat met toepassing van deze afdeling een subsidie verleent kan een of meer toezichthouders aanwijzen die zijn belast met het toezicht op de naleving van de aan de ontvanger van die subsidie opgelegde verplichtingen.
2. De toezichthouder beschikt niet over de bevoegdheden, vermeld in de artikelen 5:18 en 5:19.

§ 4.2.8.2 De aanvraag

Artikel 4:60
Tenzij bij wettelijk voorschrift anders is bepaald, wordt de aanvraag van de subsidie uiterlijk dertien weken voor de aanvang van het boekjaar ingediend.

Artikel 4:61
1. De aanvraag van de subsidie gaat in ieder geval vergezeld van:

a. een activiteitenplan, tenzij redelijkerwijs kan worden aangenomen dat daaraan geen behoefte is, en

b. een begroting, tenzij deze voor de berekening van het bedrag van de subsidie niet van belang is.

2. Indien de aanvrager beschikt over een egalisatiereserve als bedoeld in artikel 4:72, vermeldt de aanvraag de omvang daarvan.

Artikel 4:62
Het activiteitenplan behelst een overzicht van de activiteiten waarvoor subsidie wordt gevraagd en de daarmee nagestreefde doelstellingen en vermeldt per activiteit de daarvoor benodigde personele en materiële middelen.

Artikel 4:63
1. De begroting behelst een overzicht van de voor het boekjaar geraamde inkomsten en uitgaven van de aanvrager, voor zover deze betrekking hebben op de activiteiten waarvoor subsidie wordt gevraagd.

2. De begrotingsposten worden ieder afzonderlijk van een toelichting voorzien.

3. Tenzij voor de activiteiten waarop de aanvraag betrekking heeft nog niet eerder subsidie werd verstrekt, behelst de begroting een vergelijking met de begroting van het lopende boekjaar en de gerealiseerde inkomsten en uitgaven van het jaar, voorafgaand aan het lopende boekjaar.

Artikel 4:64
1. Tenzij de aanvraag wordt ingediend door een krachtens publiekrecht ingestelde rechtspersoon, gaat deze, indien voor het jaar voorafgaand aan het subsidiejaar geen subsidie werd aangevraagd, voorts vergezeld van:

a. een afschrift van de oprichtingsakte van de rechtspersoon dan wel van de statuten zoals deze laatstelijk zijn gewijzigd, en

b. de laatst opgemaakte jaarrekening als bedoeld in artikel 361 van Boek 2 van het Burgerlijk Wetboek dan wel de balans en de staat van baten en lasten en de toelichting daarop of, indien deze bescheiden ontbreken, een verslag over de financiële positie van de aanvrager op het moment van de aanvraag.

2. De in het eerste lid, onderdeel b, bedoelde bescheiden dan wel het verslag over de financiële positie zijn voorzien van een van een accountant als bedoeld in artikel 393, eerste lid, van Boek 2 van het Burgerlijk Wetboek afkomstige schriftelijke verklaring omtrent de getrouwheid onderscheidenlijk een mededeling, inhoudende dat van onjuistheden niet is gebleken.
3. Bij wettelijk voorschrift of bij besluit van het bestuursorgaan kan vrijstelling of ontheffing worden verleend van het in het tweede lid bepaalde.

Artikel 4:65
Voor zover de aanvrager voor dezelfde begrote uitgaven tevens subsidie heeft aangevraagd bij een of meer andere bestuursorganen, doet hij daarvan mededeling in de aanvraag, onder vermelding van de stand van zaken met betrekking tot de beoordeling van die aanvraag of aanvragen.

§ 4.2.8.3 De subsidieverlening

Artikel 4:66
De subsidie wordt slechts verleend aan een rechtspersoon met volledige rechtsbevoegdheid.

Artikel 4:67
1. De subsidie wordt voor een boekjaar of voor een bepaald aantal boekjaren verleend.
2. Indien de subsidie voor twee of meer boekjaren wordt verleend, wordt aan de subsidie de verplichting verbonden tot het periodiek aan het bestuursorgaan verstrekken van de gegevens die voor de vaststelling van de subsidie van belang zijn.
3. De beschikking tot subsidieverlening vermeldt welke gegevens de subsidieontvanger krachtens het tweede lid moet verstrekken, alsmede op welke tijdstippen de gegevens moeten worden verstrekt.

§ 4.2.8.4 Verplichtingen van de subsidieontvanger

Artikel 4:68
Tenzij bij wettelijk voorschrift of bij de subsidieverlening anders is bepaald, stelt de subsidieontvanger het boekjaar gelijk aan het kalenderjaar.

Artikel 4:69

1. De subsidieontvanger voert een zodanig ingerichte administratie, dat daaruit te allen tijde de voor de vaststelling van de subsidie van belang zijnde rechten en verplichtingen alsmede de betalingen en de ontvangsten kunnen worden nagegaan.
2. De administratie en de daartoe behorende bescheiden worden gedurende zeven jaren bewaard.

Artikel 4:70

Indien gedurende het boekjaar aanmerkelijke verschillen ontstaan of dreigen te ontstaan tussen de werkelijke uitgaven en inkomsten en de begrote uitgaven en inkomsten doet de subsidieontvanger daarvan onverwijld mededeling aan het bestuursorgaan onder vermelding van de oorzaak van de verschillen.

Artikel 4:71

1. Indien dit bij wettelijk voorschrift of bij de subsidieverlening is bepaald, behoeft de subsidieontvanger de toestemming van het bestuursorgaan voor:
   a. het oprichten van dan wel deelnemen in een rechtspersoon;
   b. het wijzigen van de statuten;
   c. het in eigendom verwerven, het vervreemden of het bezwaren van registergoederen, indien zij mede zijn verworven door middel van de subsidiegelden, dan wel de lasten daarvoor mede worden bekostigd uit de subsidiegelden;
   d. het aangaan en beëindigen van overeenkomsten tot verkrijging, vervreemding of bezwaring van registergoederen of tot huur, verhuur of pacht daarvan, indien deze goederen geheel of gedeeltelijk zijn verworven door middel van de subsidie dan wel de uitgaven daarvoor mede zijn bekostigd uit de subsidie;
   e. het aangaan van kredietovereenkomsten en van overeenkomsten van geldlening;
   f. het aangaan van overeenkomsten waarbij de subsidieontvanger zich verbindt tot zekerheidsstelling met inbegrip van zekerheidsstelling voor schulden van derden of waarbij hij zich als borg of hoofdelijk medeschuldenaar verbindt of zich voor een derde sterk maakt;
   g. het vormen van fondsen en reserveringen;
   h. het vaststellen of wijzigen van tarieven voor door de subsidieontvanger in de gewone uitoefening van zijn gesubsidieerde activiteiten te verrichten prestaties;
   i. het ontbinden van de rechtspersoon;

j. het doen van aangifte tot zijn faillissement of het aanvragen van zijn surséance van betaling.

2. Het bestuursorgaan beslist binnen vier weken omtrent de toestemming.

3. De beslissing kan eenmaal voor ten hoogste vier weken worden verdaagd.

4. Indien omtrent de toestemming niet tijdig is beslist, wordt de toestemming geacht te zijn verleend.

Artikel 4:72

1. Indien dit bij wettelijk voorschrift of bij de subsidieverlening is bepaald, vormt de ontvanger een egalisatiereserve.

2. Het verschil tussen de vastgestelde subsidie en de werkelijke kosten van de activiteiten waarvoor subsidie werd verleend komt ten gunste onderscheidenlijk ten laste van de egalisatiereserve.

3. De egalisatiereserve wordt zo hoog rentend en zo veilig als redelijkerwijs mogelijk is belegd.

4. De van de egalisatiereserve genoten rente wordt aan de egalisatiereserve toegevoegd.

5. In de gevallen bedoeld in artikel 4:41, tweede lid, onderdelen c, d en e, is de subsidieontvanger ter zake van de egalisatiereserve vergoedingsplichtig naar evenredigheid van de mate waarin de subsidie aan de egalisatiereserve heeft bijgedragen.

§ 4.2.8.5 De subsidievaststelling

Artikel 4:73

De subsidie wordt per boekjaar vastgesteld.

Artikel 4:74

De subsidieontvanger dient binnen zes maanden na afloop van het boekjaar een aanvraag tot vaststelling van de subsidie in, tenzij bij wettelijk voorschrift anders is bepaald of de subsidie met toepassing van artikel 4:67, tweede lid, voor twee of meer boekjaren is verleend.

Artikel 4:75

1. De aanvraag tot vaststelling gaat in ieder geval vergezeld van een financieel verslag en een activiteitenverslag.

2. Indien de subsidieontvanger ingevolge wettelijk voorschrift verplicht is tot het opstellen van een jaarrekening als bedoeld in artikel 361 van Boek 2 van het Burgerlijk Wetboek, of indien dit bij de subsidieverlening is bepaald, legt hij in plaats van het

financieel verslag de jaarrekening over, onverminderd artikel 4:45, tweede lid.

Artikel 4:76
1. Indien de subsidieontvanger zijn inkomsten geheel ontleent aan de subsidie omvat het financiële verslag de balans en de exploitatierekening met de toelichting en zijn het tweede tot en met vijfde lid van toepassing.
2. Het financiële verslag geeft volgens normen die in het maatschappelijk verkeer als aanvaardbaar worden beschouwd, een zodanig inzicht dat een verantwoord oordeel kan worden gevormd omtrent:
   a. het vermogen en het exploitatiesaldo, en
   b. voor zover de aard van het financiële verslag dat toelaat, omtrent de solvabiliteit en de liquiditeit van de subsidieontvanger.
3. De balans met de toelichting geeft getrouw, duidelijk en stelselmatig de grootte en de samenstelling in actief- en passiefposten van het vermogen op het einde van het boekjaar weer.
4. De exploitatierekening met de toelichting geeft getrouw, duidelijk en stelselmatig de grootte van het exploitatiesaldo van het boekjaar weer.
5. Het financiële verslag sluit aan op de begroting waarvoor subsidie is verleend en behelst een vergelijking met de gerealiseerde inkomsten en uitgaven van het jaar, voorafgaand aan het boekjaar.

Artikel 4:77
Indien de subsidieontvanger zijn inkomsten in overwegende mate ontleent aan de subsidie kan bij wettelijk voorschrift of bij de subsidieverlening worden bepaald dat artikel 4:76 van overeenkomstige toepassing is.

Artikel 4:78
1. De subsidieontvanger geeft opdracht tot onderzoek van het financiële verslag aan een accountant als bedoeld in artikel 393, eerste lid, van Boek 2 van het Burgerlijk Wetboek.
2. De accountant onderzoekt of het financiële verslag voldoet aan de bij of krachtens de wet gestelde voorschriften en of het activiteitenverslag, voor zover hij dat verslag kan beoordelen, met het financiële verslag verenigbaar is.

3. De accountant geeft de uitslag van zijn onderzoek weer in een schriftelijke verklaring omtrent de getrouwheid van het financiële verslag.
4. De aanvraag tot vaststelling van de subsidie gaat vergezeld van de in het derde lid bedoelde verklaring.
5. Bij wettelijk voorschrift of bij de subsidieverlening kan vrijstelling of ontheffing worden verleend van het eerste tot en met het vierde lid.

Artikel 4:79

1. Bij wettelijk voorschrift of bij de subsidieverlening kan worden bepaald dat de in artikel 4:78, eerste lid, bedoelde opdracht tevens strekt tot onderzoek van de naleving van aan de subsidie verbonden verplichtingen.
2. Bij toepassing van het eerste lid gaat de opdracht vergezeld van een bij of krachtens wettelijk voorschrift of bij de subsidieverlening vast te stellen aanwijzing over de reikwijdte en de intensiteit van de controle.
3. Bij toepassing van het eerste lid, gaat het financiële verslag tevens vergezeld van een schriftelijke verklaring van de accountant over de naleving door de subsidieontvanger van de aan de subsidie verbonden verplichtingen.

Artikel 4:80

Het activiteitenverslag beschrijft de aard en omvang van de activiteiten waarvoor subsidie werd verleend en bevat een vergelijking tussen de nagestreefde en de gerealiseerde doelstellingen en een toelichting op de verschillen.

Titel 4.3   Beleidsregels

Artikel 4:81

1. Een bestuursorgaan kan beleidsregels vaststellen met betrekking tot een hem toekomende of onder zijn verantwoordelijkheid uitgeoefende, dan wel door hem gedelegeerde bevoegdheid.
2. In andere gevallen kan een bestuursorgaan slechts beleidsregels vaststellen, voor zover dit bij wettelijk voorschrift is bepaald.

Artikel 4:82

Ter motivering van een besluit kan slechts worden volstaan met een verwijzing naar een vaste gedragslijn voor zover deze is neergelegd in een beleidsregel.

Artikel 4:83
Bij de bekendmaking van het besluit, inhoudende een beleidsregel, wordt zo mogelijk het wettelijk voorschrift vermeld waaruit de bevoegdheid waarop het besluit, inhoudende een beleidsregel, betrekking heeft voortvloeit.

Artikel 4:84
Het bestuursorgaan handelt overeenkomstig de beleidsregel, tenzij dat voor een of meer belanghebbenden gevolgen zou hebben die wegens bijzondere omstandigheden onevenredig zijn in verhouding tot de met de beleidsregel te dienen doelen.

HOOFDSTUK 5
Handhaving

Afdeling 5.2   Toezicht op de naleving

Artikel 5:11
Onder toezichthouder wordt verstaan: een persoon, bij of krachtens wettelijk voorschrift belast met het houden van toezicht op de naleving van het bepaalde bij of krachtens enig wettelijk voorschrift.

Artikel 5:12
1. Bij de uitoefening van zijn taak draagt een toezichthouder een legitimatiebewijs bij zich, dat is uitgegeven door het bestuursorgaan onder verantwoordelijkheid waarvan de toezichthouder werkzaam is.
2. Een toezichthouder toont zijn legitimatiebewijs desgevraagd aanstonds.
3. Het legitimatiebewijs bevat een foto van de toezichthouder en vermeldt in ieder geval diens naam en hoedanigheid. Het model van het legitimatiebewijs wordt vastgesteld bij regeling van Onze Minister van Justitie.

Artikel 5:13
Een toezichthouder maakt van zijn bevoegdheden slechts gebruik voor zover dat redelijkerwijs voor de vervulling van zijn taak nodig is.

Artikel 5:14

Bij wettelijk voorschrift of bij besluit van het bestuursorgaan dat de toezichthouder als zodanig aanwijst, kunnen de aan de toezichthouder toekomende bevoegdheden worden beperkt.

Artikel 5:15

1. Een toezichthouder is bevoegd, met medeneming van de benodigde apparatuur, elke plaats te betreden met uitzondering van een woning zonder toestemming van de bewoner.
2. Zo nodig verschaft hij zich toegang met behulp van de sterke arm.
3. Hij is bevoegd zich te doen vergezellen door personen die daartoe door hem zijn aangewezen.

Artikel 5:16

Een toezichthouder is bevoegd inlichtingen te vorderen.

Artikel 5:16a

Een toezichthouder is bevoegd van personen inzage te vorderen van een identiteitsbewijs als bedoeld in artikel 1 van de Wet op de indentificatieplicht.

Artikel 5:17

1. Een toezichthouder is bevoegd inzage te vorderen van zakelijke gegevens en bescheiden.
2. Hij is bevoegd van de gegevens en bescheiden kopieën te maken.
3. Indien het maken van kopieën niet ter plaatse kan geschieden, is hij bevoegd de gegevens en bescheiden voor dat doel voor korte tijd mee te nemen tegen een door hem af te geven schriftelijk bewijs.

Artikel 5:18

1. Een toezichthouder is bevoegd zaken te onderzoeken, aan opneming te onderwerpen en daarvan monsters te nemen.
2. Hij is bevoegd daartoe verpakkingen te openen.
3. De toezichthouder neemt op verzoek van de belanghebbende indien mogelijk een tweede monster, tenzij bij of krachtens wettelijk voorschrift anders is bepaald.
4. Indien het onderzoek, de opneming of de monsterneming niet ter plaatse kan geschieden, is hij bevoegd de zaken voor dat doel voor korte tijd mee te nemen tegen een door hem af te geven schriftelijk bewijs.

5. De genomen monsters worden voor zover mogelijk teruggegeven.
6. De belanghebbende wordt op zijn verzoek zo spoedig mogelijk in kennis gesteld van de resultaten van het onderzoek, de opneming of de monsterneming.

Artikel 5:19
1. Een toezichthouder is bevoegd vervoermiddelen te onderzoeken met betrekking waartoe hij een toezichthoudende taak heeft.
2. Hij is bevoegd vervoermiddelen waarmee naar zijn redelijk oordeel zaken worden vervoerd met betrekking waartoe hij een toezichthoudende taak heeft, op hun lading te onderzoeken.
3. Hij is bevoegd van de bestuurder van een vervoermiddel inzage te vorderen van de wettelijk voorgeschreven bescheiden met betrekking waartoe hij een toezichthoudende taak heeft.
4. Hij is bevoegd met het oog op de uitoefening van deze bevoegdheden van de bestuurder van een voertuig of van de schipper van een vaartuig te vorderen dat deze zijn vervoermiddel stilhoudt en naar een door hem aangewezen plaats overbrengt.
5. Bij regeling van Onze Minister van Justitie wordt bepaald op welke wijze de vordering tot stilhouden wordt gedaan.

Artikel 5:20
1. Een ieder is verplicht aan een toezichthouder binnen de door hem gestelde redelijke termijn alle medewerking te verlenen die deze redelijkerwijs kan vorderen bij de uitoefening van zijn bevoegdheden.
2. Zij die uit hoofde van ambt, beroep of wettelijk voorschrift verplicht zijn tot geheimhouding, kunnen het verlenen van medewerking weigeren, voor zover dit uit hun geheimhoudingsplicht voortvloeit.

Afdeling 5.3   Bestuursdwang

Artikel 5:21
Onder *bestuursdwang* wordt verstaan: het door feitelijk handelen door of vanwege een bestuursorgaan optreden tegen hetgeen in strijd met bij of krachtens enig wettelijk voorschrift gestelde verplichtingen is of wordt gedaan, gehouden of nagelaten.

Artikel 5:22
De bevoegdheid tot toepassing van bestuursdwang bestaat slechts indien zij bij of krachtens de wet is toegekend.

Artikel 5:23

Deze afdeling is niet van toepassing indien wordt opgetreden ter onmiddellijke handhaving van de openbare orde.

Artikel 5:24

1. Een beslissing tot toepassing van bestuursdwang wordt op schrift gesteld. De schriftelijke beslissing is een beschikking.
2. De beschikking vermeldt welk voorschrift is of wordt overtreden.
3. De bekendmaking geschiedt aan de overtreder, aan de rechthebbenden op het gebruik van de zaak ten aanzien waarvan bestuursdwang zal worden toegepast en aan de aanvrager.
4. In de beschikking wordt een termijn gesteld waarbinnen de belanghebbenden de tenuitvoerlegging kunnen voorkomen door zelf maatregelen te treffen. Het bestuursorgaan omschrijft de te nemen maatregelen.
5. Geen termijn behoeft te worden gegund, indien de vereiste spoed zich daartegen verzet.
6. Indien de situatie dermate spoedeisend is dat het bestuursorgaan de beslissing tot toepassing van bestuursdwang niet tevoren op schrift kan stellen, zorgt het alsnog zo spoedig mogelijk voor de opschriftstelling en voor de bekendmaking.

Artikel 5:25

1. De overtreder is de kosten verbonden aan de toepassing van bestuursdwang verschuldigd, tenzij de kosten redelijkerwijze niet of niet geheel te zijnen laste behoren te komen.
2. De beschikking vermeldt dat de toepassing van bestuursdwang op kosten van de overtreder plaatsvindt.
3. Indien echter de kosten geheel of gedeeltelijk niet ten laste van de overtreder zullen worden gebracht, wordt zulks in de beschikking vermeld.
4. Onder de kosten, bedoeld in het eerste lid, worden begrepen de kosten verbonden aan de voorbereiding van bestuursdwang, voor zover deze kosten zijn gemaakt na het tijdstip waarop de termijn, bedoeld in artikel 5:24, vierde lid, is verstreken.
5. De kosten zijn ook verschuldigd indien de bestuursdwang door opheffing van de onwettige situatie niet of niet volledig is uitgevoerd.
6. Onder de kosten, bedoeld in het eerste lid, worden tevens begrepen de kosten voortvloeiende uit de vergoeding van schade ingevolge artikel 5:27, zesde lid.

Artikel 5:26

1. Het bestuursorgaan dat bestuursdwang heeft toegepast, kan van de overtreder bij dwangbevel de ingevolge artikel 5:25 verschuldigde kosten, verhoogd met de op de invordering vallende kosten, invorderen.
2. Het dwangbevel wordt op kosten van de overtreder bij deurwaardersexploit betekend en levert een executoriale titel op in de zin van het Tweede Boek van het Wetboek van Burgerlijke Rechtsvordering.
3. Gedurende zes weken na de dag van betekening staat verzet tegen het dwangbevel open door dagvaarding van de rechtspersoon waartoe het bestuursorgaan behoort.
4. Het verzet schorst de tenuitvoerlegging. Op verzoek van de rechtspersoon kan de rechter de schorsing van de tenuitvoerlegging opheffen.

Artikel 5:27

1. Om aan een beslissing tot toepassing van bestuursdwang uitvoering te geven, hebben personen die daartoe zijn aangewezen door het bestuursorgaan dat bestuursdwang toepast, toegang tot elke plaats, voor zover dat redelijkerwijs voor de vervulling van hun taak nodig is.
2. Voor het binnentreden in een woning zonder toestemming van de bewoner is het bestuursorgaan dat bestuursdwang toepast bevoegd tot het geven van een machtiging als bedoeld in artikel 2 van de Algemene wet op het binnentreden.
3. Een plaats die niet bij de overtreding is betrokken, wordt niet betreden dan nadat het bestuursorgaan dat bestuursdwang toepast dit de rechthebbende ten minste achtenveertig uren tevoren schriftelijk heeft aangezegd.
4. Het derde lid geldt niet, indien tijdige aanzegging wegens de vereiste spoed niet mogelijk is. De aanzegging geschiedt dan zo spoedig mogelijk.
5. De aanzegging omschrijft de wijze waarop het betreden zal plaatsvinden.
6. De rechtspersoon waartoe het bestuursorgaan behoort, vergoedt de schade die door het betreden van een plaats als bedoeld in het derde lid wordt veroorzaakt, voor zover deze redelijkerwijs niet ten laste van de rechthebbende behoort te komen, onverminderd het recht tot verhaal van deze schade op de overtreder ingevolge artikel 5:25, zesde lid.

Artikel 5:28

Tot de bevoegdheid tot toepassing van bestuursdwang behoort het verzegelen van gebouwen, terreinen en hetgeen zich daarin of daarop bevindt.

Artikel 5:29

1. Tot de bevoegdheid tot toepassing van bestuursdwang behoort het meevoeren en opslaan van daarvoor vatbare zaken voor zover de toepassing van bestuursdwang dit vereist.
2. Indien zaken zijn meegevoerd en opgeslagen, doet het bestuursorgaan dat bestuursdwang heeft toegepast daarvan proces-verbaal opmaken, waarvan afschrift wordt verstrekt aan degene die de zaken onder zijn beheer had.
3. Het bestuursorgaan draagt zorg voor de bewaring van de opgeslagen zaken en geeft deze zaken terug aan de rechthebbende.
4. Het bestuursorgaan is bevoegd de afgifte op te schorten totdat de ingevolge artikel 5:25 verschuldigde kosten zijn voldaan. Indien de rechthebbende niet tevens de overtreder is, is het bestuursorgaan bevoegd de afgifte op te schorten totdat de kosten van bewaring zijn voldaan.

Artikel 5:30

1. Het bestuursorgaan dat bestuursdwang heeft toegepast, is bevoegd, indien een ingevolge artikel 5:29, eerste lid, meegevoerde en opgeslagen zaak niet binnen dertien weken na de meevoering kan worden teruggegeven, deze te verkopen of, indien verkoop naar zijn oordeel niet mogelijk is, de zaak om niet aan een derde in eigendom over te dragen of te laten vernietigen.
2. Gelijke bevoegdheid heeft het bestuursorgaan ook binnen die termijn, zodra de ingevolge artikel 5:25 verschuldigde kosten, vermeerderd met de voor de verkoop, de eigendomsoverdracht om niet of de vernietiging geraamde kosten, in verhouding tot de waarde van de zaak onevenredig hoog worden.
3. Verkoop, eigendomsoverdracht of vernietiging vindt niet plaats binnen twee weken na de verstrekking van het afschrift, bedoeld in artikel 5:29, tweede lid, tenzij het gevaarlijke stoffen of eerder aan bederf onderhevige stoffen betreft.
4. Gedurende drie jaren na het tijdstip van verkoop heeft degene die op dat tijdstip eigenaar was, recht op de opbrengst van de zaak onder aftrek van de ingevolge artikel 5:25 verschuldigde kosten en de kosten van de verkoop. Na het verstrijken van die termijn vervalt het eventuele batige saldo aan de rechtspersoon waartoe het bestuursorgaan behoort.

Artikel 5:31

Een beslissing tot toepassing van bestuursdwang wordt niet genomen zolang een ter zake van de betrokken overtreding reeds gegeven beschikking tot oplegging van een last onder dwangsom niet is ingetrokken.

Afdeling 5.4   Dwangsom

Artikel 5:32

1. Een bestuursorgaan dat bevoegd is bestuursdwang toe te passen, kan in plaats daarvan aan de overtreder een last onder dwangsom opleggen.
2. Een last onder dwangsom strekt ertoe de overtreding ongedaan te maken of verdere overtreding dan wel een herhaling van de overtreding te voorkomen.
3. Voor het opleggen van een last onder dwangsom wordt niet gekozen, indien het belang dat het betrokken voorschrift beoogt te beschermen, zich daartegen verzet.
4. Het bestuursorgaan stelt de dwangsom vast hetzij op een bedrag ineens, hetzij op een bedrag per tijdseenheid waarin de last niet is uitgevoerd, dan wel per overtreding van de last. Het bestuursorgaan stelt tevens een bedrag vast waarboven geen dwangsom meer wordt verbeurd. Het vastgestelde bedrag staat in redelijke verhouding tot de zwaarte van het geschonden belang en de beoogde werking van de dwangsomoplegging.
5. In de beschikking tot oplegging van een last onder dwangsom die strekt tot het ongedaan maken van een overtreding of het voorkomen van verdere overtreding, wordt een termijn gesteld gedurende welke de overtreder de last kan uitvoeren zonder dat een dwangsom wordt verbeurd.

Artikel 5:33

1. Verbeurde dwangsommen komen toe aan de rechtspersoon waartoe het bestuursorgaan behoort dat de dwangsom heeft vastgesteld. Het bestuursorgaan kan bij dwangbevel het verschuldigde bedrag, verhoogd met de op de invordering vallende kosten, invorderen.
2. Artikel 5:26, tweede tot en met vierde lid, is van toepassing.

Artikel 5:34

1. Het bestuursorgaan dat een last onder dwangsom heeft opgelegd, kan op verzoek van de overtreder de last opheffen, de looptijd ervan opschorten voor een bepaalde termijn of de dwangsom

verminderen ingeval van blijvende of tijdelijke gehele of gedeeltelijke onmogelijkheid voor de overtreder om aan zijn verplichtingen te voldoen.

2. Het bestuursorgaan dat de last onder dwangsom heeft opgelegd, kan op verzoek van de overtreder de last opheffen indien de beschikking een jaar van kracht is geweest zonder dat de dwangsom is verbeurd.

Artikel 5:35

1. De bevoegdheid tot invordering van verbeurde bedragen verjaart door verloop van zes maanden na de dag waarop zij zijn verbeurd.

2. De verjaring wordt geschorst door faillissement, toepassing van de schuldsaneringsregeling natuurlijke personen en ieder wettelijk beletsel voor invordering van de dwangsom.

Artikel 5:36

Een last onder dwangsom wordt niet opgelegd zolang een ter zake van de betrokken overtreding reeds genomen beslissing tot toepassing van bestuursdwang niet is ingetrokken.

HOOFDSTUK 6
Algemene bepalingen over bezwaar en beroep

Afdeling 6.1   Inleidende bepalingen

Artikel 6:1

De hoofdstukken 6 en 7 zijn van overeenkomstige toepassing indien is voorzien in de mogelijkheid van bezwaar of beroep tegen andere handelingen van bestuursorganen dan besluiten.

Artikel 6:2

Voor de toepassing van wettelijke voorschriften over bezwaar en beroep worden met een besluit gelijkgesteld:
a.   de schriftelijke weigering een besluit te nemen, en
b.   het niet tijdig nemen van een besluit.

Artikel 6:3

Een beslissing inzake de procedure ter voorbereiding van een besluit is niet vatbaar voor bezwaar of beroep, tenzij deze beslissing de belanghebbende los van het voor te bereiden besluit rechtstreeks in zijn belang treft.

Afdeling 6.2   Overige algemene bepalingen

Artikel 6:4

1. Het maken van bezwaar geschiedt door het indienen van een bezwaarschrift bij het bestuursorgaan dat het besluit heeft genomen.
2. Het instellen van administratief beroep geschiedt door het indienen van een beroepschrift bij het beroepsorgaan.
3. Het instellen van beroep op een administratieve rechter geschiedt door het indienen van een beroepschrift bij die rechter.

Artikel 6:5

1. Het *bezwaar- of beroepschrift* wordt ondertekend en bevat ten minste:
   a. de naam en het adres van de indiener;
   b. de dagtekening;
   c. een omschrijving van het besluit waartegen het bezwaar of beroep is gericht;
   d. de gronden van het bezwaar of beroep.
2. Bij het beroepschrift wordt zo mogelijk een afschrift van het besluit waarop het geschil betrekking heeft, overgelegd.
3. Indien het bezwaar- of beroepschrift in een vreemde taal is gesteld en een vertaling voor een goede behandeling van het bezwaar of beroep noodzakelijk is, dient de indiener zorg te dragen voor een vertaling.

Artikel 6:6

Het bezwaar of beroep kan niet-ontvankelijk worden verklaard, indien:
a. niet is voldaan aan artikel 6:5 of aan enig ander bij de wet gesteld vereiste voor het in behandeling nemen van het bezwaar of beroep, of
b. het bezwaar- of beroepschrift geheel of gedeeltelijk is geweigerd op grond van artikel 2:15,
mits de indiener de gelegenheid heeft gehad het verzuim te herstellen binnen een hem daartoe gestelde termijn.

Artikel 6:7

De termijn voor het indienen van een bezwaar- of beroepschrift bedraagt zes weken.

Artikel 6:8

1. De termijn vangt aan met ingang van de dag na die waarop het besluit op de voorgeschreven wijze is bekendgemaakt.
2. De termijn voor het indienen van een bezwaarschrift tegen een besluit waartegen alleen door een of meer bepaalde belanghebbenden administratief beroep kon worden ingesteld, vangt aan met ingang van de dag na die waarop de beroepstermijn ongebruikt is verstreken.
3. De termijn voor het indienen van een beroepschrift tegen een besluit dat aan goedkeuring is onderworpen, vangt aan met ingang van de dag na die waarop het besluit, inhoudende de goedkeuring van dat besluit, op de voorgeschreven wijze is bekendgemaakt.

Artikel 6:9

1. Een bezwaar- of beroepschrift is tijdig ingediend indien het voor het einde van de termijn is ontvangen.
2. Bij verzending per post is een bezwaar- of beroepschrift tijdig ingediend indien het voor het einde van de termijn ter post is bezorgd, mits het niet later dan een week na afloop van de termijn is ontvangen.

Artikel 6:10

1. Ten aanzien van een voor het begin van de termijn ingediend bezwaar- of beroepschrift blijft niet-ontvankelijkverklaring op grond daarvan achterwege indien het besluit ten tijde van de indiening:
   a. wel reeds tot stand was gekomen, of
   b. nog niet tot stand was gekomen, maar de indiener redelijkerwijs kon menen dat dit wel reeds het geval was.
2. De behandeling van het bezwaar of beroep kan worden aangehouden tot het begin van de termijn.

Artikel 6:11

Ten aanzien van een na afloop van de termijn ingediend bezwaar- of beroepschrift blijft niet-ontvankelijkverklaring op grond daarvan achterwege indien redelijkerwijs niet kan worden geoordeeld dat de indiener in verzuim is geweest.

Artikel 6:12

1. Indien het bezwaar of beroep is gericht tegen het niet tijdig nemen van een besluit, is het niet aan een termijn gebonden.

2. Het bezwaar- of beroepschrift kan worden ingediend zodra het bestuursorgaan in gebreke is tijdig een besluit te nemen.
3. Het bezwaar of beroep wordt niet-ontvankelijk verklaard indien het bezwaar- of beroepschrift onredelijk laat is ingediend.

Artikel 6:13

Geen beroep kan worden ingesteld tegen een op bezwaar of in administratief beroep genomen besluit door een belanghebbende aan wie redelijkerwijs kan worden verweten geen bezwaar te hebben gemaakt of administratief beroep te hebben ingesteld tegen het oorspronkelijke besluit.

Artikel 6:14

1. Het orgaan waarbij het bezwaar- of beroepschrift is ingediend, bevestigt de ontvangst daarvan schriftelijk.
2. Het orgaan waarbij het beroepschrift is ingediend, geeft daarvan zo spoedig mogelijk kennis aan het bestuursorgaan dat het bestreden besluit heeft genomen.

Artikel 6:15

1. Indien het bezwaar- of beroepschrift wordt ingediend bij een onbevoegd bestuursorgaan of bij een onbevoegde administratieve rechter, wordt het, nadat daarop de datum van ontvangst is aangetekend, zo spoedig mogelijk doorgezonden aan het bevoegde orgaan, onder gelijktijdige mededeling hiervan aan de afzender.
2. Het eerste lid is van overeenkomstige toepassing indien in plaats van een bezwaarschrift een beroepschrift is ingediend of omgekeerd.
3. Het tijdstip van indiening bij het onbevoegde orgaan is bepalend voor de vraag of het bezwaar- of beroepschrift tijdig is ingediend, behoudens in geval van kennelijk onredelijk gebruik van procesrecht.

Artikel 6:16

Het bezwaar of beroep schorst niet de werking van het besluit waartegen het is gericht, tenzij bij of krachtens wettelijk voorschrift anders is bepaald.

Artikel 6:17

Indien iemand zich laat vertegenwoordigen, zendt het orgaan dat bevoegd is op het bezwaar of beroep te beslissen, de op de zaak betrekking hebbende stukken in ieder geval aan de gemachtigde.

Artikel 6:18

1. Het aanhangig zijn van bezwaar of beroep tegen een besluit brengt geen verandering in een los van het bezwaar of beroep reeds bestaande bevoegdheid tot intrekking of wijziging van dat besluit.

2. Gaat het bestuursorgaan tot intrekking of wijziging van het bestreden besluit over, dan doet het daarvan onverwijld mededeling aan het orgaan waarbij het bezwaar of beroep aanhangig is.

3. Na de intrekking of wijziging mag het bestuursorgaan, zolang het bezwaar of beroep aanhangig blijft, geen besluit nemen waarvan de inhoud of strekking met het oorspronkelijke besluit overeenstemt, tenzij:
   a. gewijzigde omstandigheden dit rechtvaardigen en
   b. het bestuursorgaan daartoe los van het bezwaar of beroep ook bevoegd zou zijn geweest.

4. Een bestuursorgaan doet van een besluit als bedoeld in het derde lid onverwijld mededeling aan het orgaan waarbij het bezwaar of beroep aanhangig is.

Artikel 6:19

1. Indien een bestuursorgaan een besluit heeft genomen als bedoeld in artikel 6:18, wordt het bezwaar of beroep geacht mede te zijn gericht tegen het nieuwe besluit, tenzij dat besluit aan het bezwaar of beroep geheel tegemoet komt.

2. De beslissing op het bezwaar of beroep tegen het nieuwe besluit kan echter worden verwezen naar een ander orgaan waarbij bezwaar of beroep tegen dat nieuwe besluit aanhangig is, dan wel kan of kon worden gemaakt.

3. Intrekking van het bestreden besluit staat niet in de weg aan vernietiging van dat besluit indien de indiener van het bezwaar- of beroepschrift daarbij belang heeft.

Artikel 6:20

1. Indien het bezwaar of beroep is gericht tegen het niet tijdig nemen van een besluit, blijft het bestuursorgaan verplicht een besluit op de aanvraag te nemen.

2. Het in het eerste lid bepaalde geldt niet:
   a. gedurende de periode dat het bezwaar aanhangig is;
   b. na de beslissing op het bezwaar of beroep indien de indiener van de aanvraag als gevolg daarvan geen belang meer heeft bij een besluit op de aanvraag.

3. Indien het bestuursorgaan een besluit op de aanvraag neemt, doet het daarvan onverwijld mededeling aan het orgaan waarbij het bezwaar of beroep tegen het niet tijdig beslissen aanhangig is.
4. Het bezwaar of beroep wordt geacht mede te zijn gericht tegen het besluit op de aanvraag, tenzij dat besluit aan het bezwaar of beroep geheel tegemoet komt.
5. De beslissing op het bezwaar of beroep tegen het besluit op de aanvraag kan echter worden verwezen naar een ander orgaan waarbij bezwaar of beroep tegen het besluit op de aanvraag aanhangig is, kan of kon worden gemaakt.
6. Het bezwaar of beroep tegen het niet tijdig beslissen op de aanvraag kan alsnog gegrond worden verklaard, indien de indiener van het bezwaar- of beroepschrift daarbij belang heeft.

Artikel 6:21
1. Het *bezwaar of beroep* kan schriftelijk worden ingetrokken.
2. Tijdens het horen kan de intrekking ook mondeling geschieden.

Artikel 6:22
Een besluit waartegen bezwaar is gemaakt of beroep is ingesteld, kan, ondanks schending van een vormvoorschrift, door het orgaan dat op het bezwaar of beroep beslist, in stand worden gelaten indien blijkt dat de belanghebbenden daardoor niet zijn benadeeld.

Artikel 6:23
1. Indien beroep kan worden ingesteld tegen de beslissing op het bezwaar of beroep, wordt daarvan bij de bekendmaking van de beslissing melding gemaakt.
2. Hierbij wordt vermeld door wie, binnen welke termijn en bij welk orgaan beroep kan worden ingesteld.

Artikel 6:24
Deze afdeling is met uitzondering van artikel 6:12 van overeenkomstige toepassing indien hoger beroep of beroep in cassatie kan worden ingesteld.

HOOFDSTUK 7
Bijzondere bepalingen over bezwaar en administratief beroep

Afdeling 7.1 Bezwaarschrift voorafgaand aan beroep bij de administratieve rechter

Artikel 7:1
1. Degene aan wie het recht is toegekend tegen een besluit beroep op een administratieve rechter in te stellen, dient alvorens beroep in te stellen tegen dat besluit bezwaar te maken, tenzij het besluit:
   a. op bezwaar of in administratief beroep is genomen,
   b. aan goedkeuring is onderworpen,
   c. de goedkeuring van een ander besluit of de weigering van die goedkeuring inhoudt, of
   d. is voorbereid met toepassing van een van de in afdeling 3.5 geregelde procedures.
2. Tegen de beslissing op het bezwaar kan beroep worden ingesteld met toepassing van de voorschriften die gelden voor het instellen van beroep tegen het besluit waartegen bezwaar is gemaakt.

Artikel 7:1a
1. In het bezwaarschrift kan de indiener het bestuursorgaan verzoeken in te stemmen met rechtstreeks beroep bij de administratieve rechter, zulks in afwijking van artikel 7:1.
2. Het bestuursorgaan wijst het verzoek in ieder geval af, indien:
   a. het bezwaarschrift is gericht tegen het niet tijdig nemen van een besluit, of
   b. tegen het besluit een ander bezwaarschrift is ingediend waarin eenzelfde verzoek ontbreekt, tenzij dat andere bezwaarschrift kennelijk niet ontvankelijk is.
3. Het bestuursorgaan kan instemmen met het verzoek indien de zaak daarvoor geschikt is.
4. Het bestuursorgaan beslist zo spoedig mogelijk op het verzoek. Een beslissing tot instemming wordt genomen zodra redelijkerwijs kan worden aangenomen dat geen nieuwe bezwaarschriften zullen worden ingediend. De artikelen 4:7 en 4:8 zijn niet van toepassing.
5. Indien het bestuursorgaan instemt met het verzoek zendt het het bezwaarschrift, nadat daarop de datum van ontvangst is aangetekend, onverwijld door aan de bevoegde rechter.

6. Een na de instemming ontvangen bezwaarschrift wordt eveneens onverwijld doorgezonden aan de bevoegde rechter. Indien dit bezwaarschrift geen verzoek als bedoeld in het eerste lid bevat, wordt, in afwijking van artikel 8:41, eerste lid, geen griffierecht geheven.

Afdeling 7.2   Bijzondere bepalingen over bezwaar

Artikel 7:2
1. Voordat een bestuursorgaan op het bezwaar beslist, stelt het belanghebbenden in de gelegenheid te worden gehoord.
2. Het bestuursorgaan stelt daarvan in ieder geval de indiener van het bezwaarschrift op de hoogte alsmede de belanghebbenden die bij de voorbereiding van het besluit hun zienswijze naar voren hebben gebracht.

Artikel 7:3
Van het horen van belanghebbenden kan worden afgezien indien:
a. het bezwaar kennelijk niet-ontvankelijk is,
b. het bezwaar kennelijk ongegrond is,
c. de belanghebbenden hebben verklaard geen gebruik te willen maken van het recht te worden gehoord, of
d. aan het bezwaar volledig tegemoet wordt gekomen en andere belanghebbenden daardoor niet in hun belangen kunnen worden geschaad.

Artikel 7:4
1. Tot tien dagen voor het horen kunnen belanghebbenden nadere stukken indienen.
2. Het bestuursorgaan legt het bezwaarschrift en alle verder op de zaak betrekking hebbende stukken voorafgaand aan het horen gedurende ten minste een week voor belanghebbenden ter inzage.
3. Bij de oproeping voor het horen worden belanghebbenden gewezen op het eerste lid en wordt vermeld waar en wanneer de stukken ter inzage zullen liggen.
4. Belanghebbenden kunnen van deze stukken tegen vergoeding van ten hoogste de kosten afschriften verkrijgen.
5. Voor zover de belanghebbenden daarmee instemmen, kan toepassing van het tweede lid achterwege worden gelaten.

6. Het bestuursorgaan kan, al dan niet op verzoek van een belanghebbende, toepassing van het tweede lid voorts achterwege laten, voor zover geheimhouding om gewichtige redenen is geboden. Van de toepassing van deze bepaling wordt mededeling gedaan.

7. Gewichtige redenen zijn in ieder geval niet aanwezig, voor zover ingevolge de Wet openbaarheid van bestuur de verplichting bestaat een verzoek om informatie, vervat in deze stukken, in te willigen.

8. Indien een gewichtige reden is gelegen in de vrees voor schade aan de lichamelijke of geestelijke gezondheid van een belanghebbende, kan inzage van de desbetreffende stukken worden voorbehouden aan een gemachtigde die hetzij advocaat hetzij arts is.

Artikel 7:5

1. Tenzij het horen geschiedt door of mede door het bestuursorgaan zelf dan wel de voorzitter of een lid ervan, geschiedt het horen door:

   a. een persoon die niet bij de voorbereiding van het bestreden besluit betrokken is geweest, of

   b. meer dan een persoon van wie de meerderheid, onder wie degene die het horen leidt, niet bij de voorbereiding van het besluit betrokken is geweest.

2. Voor zover niet bij wettelijk voorschrift anders is bepaald, besluit het bestuursorgaan of het horen in het openbaar plaatsvindt.

Artikel 7:6

1. Belanghebbenden worden in elkaars aanwezigheid gehoord.

2. Ambtshalve of op verzoek kunnen belanghebbenden afzonderlijk worden gehoord, indien aannemelijk is dat gezamenlijk horen een zorgvuldige behandeling zal belemmeren of dat tijdens het horen feiten of omstandigheden bekend zullen worden waarvan geheimhouding om gewichtige redenen is geboden.

3. Wanneer belanghebbenden afzonderlijk zijn gehoord, wordt ieder van hen op de hoogte gesteld van het verhandelde tijdens het horen buiten zijn aanwezigheid.

4. Het bestuursorgaan kan, al dan niet op verzoek van een belanghebbende, toepassing van het derde lid achterwege laten, voor zover geheimhouding om gewichtige redenen is geboden. Artikel 7:4, zesde lid, tweede volzin, zevende en achtste lid, is van overeenkomstige toepassing.

Artikel 7:7
Van het horen wordt een verslag gemaakt.

Artikel 7:8
Op verzoek van de belanghebbende kunnen door hem meegebrachte getuigen en deskundigen worden gehoord.

Artikel 7:9
Wanneer na het horen aan het bestuursorgaan feiten of omstandigheden bekend worden die voor de op het bezwaar te nemen beslissing van aanmerkelijk belang kunnen zijn, wordt dit aan belanghebbenden meegedeeld en worden zij in de gelegenheid gesteld daarover te worden gehoord.

Artikel 7:10
1. Het bestuursorgaan beslist binnen zes weken of - indien een commissie als bedoeld in artikel 7:13 is ingesteld - binnen tien weken na ontvangst van het bezwaarschrift.
2. De termijn wordt opgeschort met ingang van de dag waarop de indiener is verzocht een verzuim als bedoeld in artikel 6:6 te herstellen, tot de dag waarop het verzuim is hersteld of de daarvoor gestelde termijn ongebruikt is verstreken.
3. Het bestuursorgaan kan de beslissing voor ten hoogste vier weken verdagen. Van de verdaging wordt schriftelijk mededeling gedaan.
4. Verder uitstel is mogelijk voor zover de indiener van het bezwaarschrift daarmee instemt en andere belanghebbenden daardoor niet in hun belangen kunnen worden geschaad of ermee instemmen.

Artikel 7:11
1. Indien het bezwaar ontvankelijk is, vindt op grondslag daarvan een heroverweging van het bestreden besluit plaats.
2. Voor zover de heroverweging daartoe aanleiding geeft, herroept het bestuursorgaan het bestreden besluit en neemt het voor zover nodig in de plaats daarvan een nieuw besluit.

Artikel 7:12
1. De beslissing op het bezwaar dient te berusten op een deugdelijke motivering, die bij de bekendmaking van de beslissing wordt vermeld. Daarbij wordt, indien ingevolge artikel 7:3 van het horen is afgezien, tevens aangegeven op welke grond dat is geschied.

2. De beslissing wordt bekendgemaakt door toezending of uitreiking aan degenen tot wie zij is gericht. Betreft het een besluit dat niet tot een of meer belanghebbenden was gericht, dan wordt de beslissing bekendgemaakt op dezelfde wijze als waarop dat besluit bekendgemaakt is.
3. Zo spoedig mogelijk na de bekendmaking van de beslissing wordt hiervan mededeling gedaan aan de belanghebbenden die in bezwaar of bij de voorbereiding van het bestreden besluit hun zienswijze naar voren hebben gebracht.
4. Bij de mededeling, bedoeld in het derde lid, is artikel 6:23 van overeenkomstige toepassing en wordt met het oog op de aanvang van de beroepstermijn zo duidelijk mogelijk aangegeven wanneer de bekendmaking van de beslissing overeenkomstig het tweede lid heeft plaatsgevonden.

Artikel 7:13
1. Dit artikel is van toepassing indien ten behoeve van de beslissing op het bezwaar een adviescommissie is ingesteld:
   a. die bestaat uit een voorzitter en ten minste twee leden,
   b. waarvan de voorzitter geen deel uitmaakt van en niet werkzaam is onder verantwoordelijkheid van het bestuursorgaan en
   c. die voldoet aan eventueel bij wettelijk voorschrift gestelde andere eisen.
2. Indien een commissie over het bezwaar zal adviseren, deelt het bestuursorgaan dit zo spoedig mogelijk mede aan de indiener van het bezwaarschrift.
3. Het horen geschiedt door de commissie. De commissie kan het horen opdragen aan de voorzitter of een lid dat geen deel uitmaakt van en niet werkzaam is onder verantwoordelijkheid van het bestuursorgaan.
4. De commissie beslist over de toepassing van artikel 7:4, zesde lid, van artikel 7:5, tweede lid, en, voor zover bij wettelijk voorschrift niet anders is bepaald, van artikel 7:3.
5. Een vertegenwoordiger van het bestuursorgaan wordt voor het horen uitgenodigd en wordt in de gelegenheid gesteld een toelichting op het standpunt van het bestuursorgaan te geven.
6. Het advies van de commissie wordt schriftelijk uitgebracht en bevat een verslag van het horen.
7. Indien de beslissing op het bezwaar afwijkt van het advies van de commissie, wordt in de beslissing de reden voor die afwijking vermeld en wordt het advies met de beslissing meegezonden.

Artikel 7:14
Artikel 3:6, tweede lid, afdeling 3.4, de artikelen 3:41 tot en met 3:45, afdeling 3.7, met uitzondering van artikel 3:49, en hoofdstuk 4 zijn niet van toepassing op besluiten op grond van deze afdeling.

Artikel 7:15
1. Voor de behandeling van het bezwaar is geen recht verschuldigd.
2. De kosten, die de belanghebbende in verband met de behandeling van het bezwaar redelijkerwijs heeft moeten maken, worden door het bestuursorgaan uitsluitend vergoed op verzoek van de belanghebbende voorzover het bestreden besluit wordt herroepen wegens aan het bestuursorgaan te wijten onrechtmatigheid. Art. 243, tweede lid, van het Wetboek van Burgerlijke Rechtsvordering is van overeenkomstige toepassing.
3. Het verzoek wordt gedaan voordat het bestuursorgaan op het bezwaar heeft beslist. Het bestuursorgaan beslist op het verzoek bij de beslissing op het bezwaar.
4. Bij algemene maatregel van bestuur worden nadere regels gesteld over de kosten waarop de vergoeding uitsluitend betrekking kan hebben en over de wijze waarop het bedrag van de kosten wordt vastgesteld.

Afdeling 7.3   Bijzondere bepalingen over administratief beroep

Artikel 7:16
1. Voordat een beroepsorgaan op het beroep beslist, stelt het belanghebbenden in de gelegenheid te worden gehoord.
2. Het beroepsorgaan stelt daarvan in ieder geval de indiener van het beroepschrift op de hoogte, alsmede het bestuursorgaan dat het besluit heeft genomen en de belanghebbenden die bij de voorbereiding van het besluit of bij de behandeling van het bezwaarschrift hun zienswijze naar voren hebben gebracht.

Artikel 7:17
Van het horen van belanghebbenden kan worden afgezien indien:
a. het beroep kennelijk niet-ontvankelijk is,
b. het beroep kennelijk ongegrond is, of
c. de belanghebbenden hebben verklaard geen gebruik te willen maken van het recht te worden gehoord.

Artikel 7:18

1. Tot tien dagen voor het horen kunnen belanghebbenden nadere stukken indienen.

2. Het beroepsorgaan legt het beroepschrift en alle verder op de zaak betrekking hebbende stukken voorafgaand aan het horen gedurende ten minste een week voor belanghebbenden ter inzage.

3. Bij de oproeping voor het horen worden belanghebbenden gewezen op het eerste lid en wordt vermeld waar en wanneer de stukken ter inzage zullen liggen.

4. Belanghebbenden kunnen van deze stukken tegen vergoeding van ten hoogste de kosten afschriften verkrijgen.

5. Voor zover de belanghebbenden daarmee instemmen, kan toepassing van het tweede lid achterwege worden gelaten.

6. Het beroepsorgaan kan, al dan niet op verzoek van een belanghebbende, toepassing van het tweede lid voorts achterwege laten, voor zover geheimhouding om gewichtige redenen is geboden. Van de toepassing van deze bepaling wordt mededeling gedaan.

7. Gewichtige redenen zijn in ieder geval niet aanwezig, voor zover ingevolge de Wet openbaarheid van bestuur de verplichting bestaat een verzoek om informatie, vervat in deze stukken, in te willigen.

8. Indien een gewichtige reden is gelegen in de vrees voor schade aan de lichamelijke of geestelijke gezondheid van een belanghebbende, kan inzage van de desbetreffende stukken worden voorbehouden aan een gemachtigde die hetzij advocaat hetzij arts is.

Artikel 7:19

1. Het horen geschiedt door het beroepsorgaan.

2. Bij of krachtens de wet kan het horen worden opgedragen aan een adviescommissie waarin een of meer leden zitting hebben die geen deel uitmaken van en niet werkzaam zijn onder verantwoordelijkheid van het beroepsorgaan.

3. Het horen geschiedt in het openbaar, tenzij het beroepsorgaan op verzoek van een belanghebbende of om gewichtige redenen ambtshalve anders beslist.

Artikel 7:20

1. Belanghebbenden worden in elkaars aanwezigheid gehoord.

2. Ambtshalve of op verzoek kunnen belanghebbenden afzonderlijk worden gehoord, indien aannemelijk is dat gezamenlijk horen een zorgvuldige behandeling zal belemmeren of dat tijdens het

horen feiten of omstandigheden bekend zullen worden waarvan geheimhouding om gewichtige redenen is geboden.
3. Wanneer belanghebbenden afzonderlijk zijn gehoord, wordt ieder van hen op de hoogte gesteld van het verhandelde tijdens het horen buiten zijn aanwezigheid.
4. Het beroepsorgaan kan, al dan niet op verzoek van een belanghebbende, toepassing van het derde lid achterwege laten, voor zover geheimhouding om gewichtige redenen is geboden. Artikel 7:18, zesde lid, tweede volzin, zevende en achtste lid, is van overeenkomstige toepassing.

Artikel 7:21
Van het horen wordt een verslag gemaakt.

Artikel 7:22
Op verzoek van de belanghebbende kunnen door hem meegebrachte getuigen en deskundigen worden gehoord.

Artikel 7:23
Wanneer na het horen aan het beroepsorgaan feiten of omstandigheden bekend worden die voor de op het beroep te nemen beslissing van aanmerkelijk belang kunnen zijn, wordt dit aan belanghebbenden meegedeeld en worden zij in de gelegenheid gesteld daarover te worden gehoord.

Artikel 7:24
1. Het beroepsorgaan beslist binnen zestien weken na ontvangst van het beroepschrift.
2. Indien het beroepsorgaan evenwel behoort tot dezelfde rechtspersoon als het bestuursorgaan tegen welks besluit het beroep is gericht, beslist het binnen zes weken of, indien een commissie als bedoeld in artikel 7:19, tweede lid, is ingesteld, binnen tien weken na ontvangst van het beroepschrift.
3. De termijn wordt opgeschort met ingang van de dag waarop de indiener is verzocht een verzuim als bedoeld in artikel 6:6 te herstellen, tot de dag waarop het verzuim is hersteld of de daarvoor gestelde termijn ongebruikt is verstreken.
4. Het beroepsorgaan kan de beslissing voor ten hoogste acht weken verdagen.
5. In het geval, bedoeld in het tweede lid, kan het beroepsorgaan de beslissing echter voor ten hoogste vier weken verdagen.
6. Van de verdaging wordt schriftelijk mededeling gedaan.

7. Verder uitstel is mogelijk voor zover de indiener daarmee instemt en andere belanghebbenden daardoor niet in hun belangen kunnen worden geschaad of ermee instemmen.

Artikel 7:25

Voor zover het beroepsorgaan het beroep ontvankelijk en gegrond acht, vernietigt het het bestreden besluit en neemt het voor zover nodig in de plaats daarvan een nieuw besluit.

Artikel 7:26

1. De beslissing op het beroep dient te berusten op een deugdelijke motivering, die bij de bekendmaking van de beslissing wordt vermeld. Daarbij wordt, indien ingevolge artikel 7:17 van het horen is afgezien, tevens aangegeven op welke grond dat is geschied.
2. Indien de beslissing afwijkt van het advies van een commissie als bedoeld in artikel 7:19, tweede lid, worden in de beslissing de redenen voor die afwijking vermeld en wordt het advies met de beslissing meegezonden.
3. De beslissing wordt bekendgemaakt door toezending of uitreiking aan degenen tot wie zij is gericht. Betreft het een besluit dat niet tot een of meer belanghebbenden was gericht, dan wordt de beslissing bekendgemaakt op dezelfde wijze als waarop dat besluit bekendgemaakt is.
4. Zo spoedig mogelijk na de bekendmaking van de beslissing wordt hiervan mededeling gedaan aan het bestuursorgaan tegen welks besluit het beroep was gericht, aan degenen tot wie het bestreden besluit was gericht en aan de belanghebbenden die in beroep hun zienswijze naar voren hebben gebracht.
5. Bij de mededeling, bedoeld in het vierde lid, is artikel 6:23 van overeenkomstige toepassing en wordt met het oog op de aanvang van de beroepstermijn zo duidelijk mogelijk aangegeven wanneer de bekendmaking van de beslissing overeenkomstig het derde lid heeft plaatsgevonden.

Artikel 7:27

Artikel 3:6, tweede lid, afdeling 3.4, de artikelen 3:41 tot en met 3:45, afdeling 3.7, met uitzondering van artikel 3:49, en hoofdstuk 4 zijn niet van toepassing op besluiten op grond van deze afdeling.

Artikel 7:28

1. Voor de behandeling van het beroep is geen recht verschuldigd.

2. De kosten, die de belanghebbende in verband met de behandeling van het beroep redelijkerwijs heeft moeten maken, worden door het bestuursorgaan uitsluitend vergoed op verzoek van de belanghebbende voorzover het bestreden besluit wordt herroepen wegens aan het bestuursorgaan te wijten onrechtmatigheid. In dat geval stelt het beroepsorgaan de vergoeding vast die het bestuursorgaan verschuldigd is. Artikel 243, tweede lid, van het Wetboek van Burgerlijke Rechtsvordering is van overeenkomstige toepassing.
3. Het verzoek wordt gedaan voordat het beroepsorgaan op het beroep heeft beslist. Het beroepsorgaan beslist op het verzoek bij de beslissing op het beroep.
4. Bij algemene maatregel van bestuur worden nadere regels gesteld over de kosten waarop de vergoeding uitsluitend betrekking kan hebben en over de wijze waarop het bedrag van de kosten wordt vastgesteld.

Artikel 7:29 [Vervallen.]

HOOFDSTUK 8
Bijzondere bepalingen over beroep bij de rechtbank

Titel 8.1 Algemene bepalingen

Afdeling 8.1.1 Bevoegdheid

Artikel 8:1
1. Een belanghebbende kan tegen een besluit beroep instellen bij de rechtbank.
2. Met een besluit wordt gelijkgesteld een andere handeling van een bestuursorgaan waarbij een ambtenaar als bedoeld in artikel 1 van de Ambtenarenwet als zodanig of een dienstplichtige als bedoeld in hoofdstuk 2 van de Kaderwet dienstplicht als zodanig, hun nagelaten betrekkingen of hun rechtverkrijgenden belanghebbende zijn.
3. Met een besluit worden gelijkgesteld:
   a. de schriftelijke beslissing, inhoudende de weigering van de goedkeuring van een besluit, inhoudende een algemeen verbindend voorschrift of een beleidsregel of de intrekking of de vaststelling van de inwerkingtreding van een algemeen verbindend voorschrift of een beleidsregel, en

b. de schriftelijke beslissing, inhoudende de weigering van de goedkeuring van een besluit ter voorbereiding van een privaatrechtelijke rechtshandeling.

Artikel 8:2
Geen beroep kan worden ingesteld tegen:
a. een besluit, inhoudende een algemeen verbindend voorschrift of een beleidsregel,
b. een besluit, inhoudende de intrekking of de vaststelling van de inwerkingtreding van een algemeen verbindend voorschrift of een beleidsregel, en
c. een besluit, inhoudende de goedkeuring van een besluit, inhoudende een algemeen verbindend voorschrift of een beleidsregel of de intrekking of de vaststelling van de inwerkingtreding van een algemeen verbindend voorschrift of een beleidsregel.

Artikel 8:3
Geen beroep kan worden ingesteld tegen een besluit ter voorbereiding van een *privaatrechtelijke rechtshandeling*.

Artikel 8:4
Geen beroep kan worden ingesteld tegen een besluit:
a. inhoudende schorsing of vernietiging van een besluit van een ander bestuursorgaan,
b. op grond van een in enig wettelijk voorschrift voor het geval van buitengewone omstandigheden toegekende bevoegdheid of opgelegde verplichting in deze omstandigheden genomen,
c. genomen op grond van een wettelijk voorschrift ter beveiliging van de militaire belangen van het Koninkrijk of zijn bondgenoten,
d. tot benoeming of aanstelling, tenzij beroep wordt ingesteld door een ambtenaar als bedoeld in artikel 1 van de Ambtenarenwet als zodanig of een dienstplichtige als bedoeld in hoofdstuk 2 van de Kaderwet dienstplicht als zodanig, hun nagelaten betrekkingen of hun rechtverkrijgenden,
e. inhoudende een beoordeling van het kennen of kunnen van een kandidaat of leerling die ter zake is geëxamineerd of op enigerlei andere wijze is getoetst, dan wel inhoudende de vaststelling van opgaven, beoordelingsnormen of nadere regels voor die examinering of toetsing,
f. inhoudende een technische beoordeling van een voertuig of een luchtvaartuig, dan wel een meetmiddel, een onderdeel daarvan of een hulpinrichting daarvoor,

g. inzake de nummering van kandidatenlijsten, de geldigheid van lijstverbindingen, het verloop van de stemming, de stemopneming, de vaststelling van de stemwaarden en de vaststelling van de uitslag bij verkiezingen van de leden van vertegenwoordigende organen, de benoemdverklaring in opengevallen plaatsen, de toelating van nieuwe leden van provinciale staten, gemeenteraad en van het algemeen bestuur van een waterschap, alsmede de verlening van tijdelijk ontslag wegens zwangerschap en bevalling of ziekte,

h. genomen op grond van een wettelijk voorschrift inzake de verplichte krijgsdienst, voor zover het keuring, herkeuring, werkelijke dienst, groot verlof of diensteindiging betreft, tenzij het besluit betrekking heeft op verlenging van werkelijke dienst of kostwinnersvergoeding, of het besluit is genomen op grond van de Wet voor het reservepersoneel der krijgsmacht 1985,

i. houdende een ambtshandeling van een gerechtsdeurwaarder of notaris,

j. als bedoeld in artikel 7:1a, vierde lid,

k. inhoudende een weigering op grond van artikel 2:15, of

l. een besluit als bedoeld in artikel 3:21, eerste lid, onderdeel b.

Artikel 8:5

1. Geen beroep kan worden ingesteld tegen een besluit, genomen op grond van een wettelijk voorschrift dat is opgenomen in de bijlage die bij deze wet behoort.
2. Bij een wijziging van de bijlage blijft de bijlage zoals deze luidde voor het tijdstip van inwerkingtreding van de wijziging van toepassing ten aanzien van de mogelijkheid om beroep in te stellen tegen een besluit dat voor dat tijdstip is bekendgemaakt.

Artikel 8:6

1. Geen beroep kan worden ingesteld tegen een besluit waartegen beroep bij een andere administratieve rechter kan of kon worden ingesteld.
2. Geen beroep kan worden ingesteld tegen een besluit waartegen administratief beroep kan worden ingesteld of door de belanghebbende kon worden ingesteld.

Artikel 8:7

1. Indien beroep wordt ingesteld tegen een besluit van een bestuursorgaan van een provincie, een gemeente, een waterschap of een regio als bedoeld in artikel 21 van de Politiewet 1993 dan wel tegen een besluit van een gemeenschappelijk orgaan of een

bestuursorgaan van een openbaar lichaam dat is ingesteld met toepassing van de Wet gemeenschappelijke regelingen, is de rechtbank binnen het rechtsgebied waarvan het bestuursorgaan zijn zetel heeft bevoegd.

2. Indien beroep wordt ingesteld tegen een besluit van een ander bestuursorgaan, is de rechtbank binnen het rechtsgebied waarvan de indiener van het beroepschrift zijn woonplaats in Nederland heeft bevoegd. Indien de indiener van het beroepschrift geen woonplaats in Nederland heeft, is de rechtbank binnen het rechtsgebied waarvan het bestuursorgaan zijn zetel heeft bevoegd.

Artikel 8:8

1. Indien tegen hetzelfde besluit bij meer dan één bevoegde rechtbank beroep is ingesteld, worden de zaken verder behandeld door de bevoegde rechtbank waarbij als eerste beroep is ingesteld. Indien gelijktijdig bij meer dan één bevoegde rechtbank als eerste beroep is ingesteld, worden de zaken verder behandeld door de bevoegde rechtbank die als eerste wordt genoemd in de Wet op de rechterlijke indeling.
2. De andere rechtbank verwijst onderscheidenlijk de andere rechtbanken verwijzen de daar aanhangig gemaakte zaak of zaken naar de rechtbank die de zaken verder behandelt. De op de zaak of zaken betrekking hebbende stukken worden toegezonden aan de rechtbank die de zaken verder behandelt.
3. Indien tegen hetzelfde besluit bij meer dan één rechtbank beroep is ingesteld, doet het bestuursorgaan daarvan onverwijld mededeling aan die rechtbanken.
4. Indien het bestuursorgaan ingevolge artikel 7:1a, vijfde of zesde lid, verschillende bezwaarschriften doorzendt, zendt het bestuursorgaan deze door aan de rechtbank die ingevolge de tweede volzin van het eerste lid de zaak zal behandelen.

Artikel 8:9

De Afdeling bestuursrechtspraak van de Raad van State onderscheidenlijk de Centrale Raad van Beroep oordelen in hoogste ressort over *geschillen tussen de rechtbanken* over de toepassing van artikel 8:7 in zaken tot de kennisneming waarvan zij in hoger beroep bevoegd zijn.

Afdeling 8.1.2   Behandeling door een enkelvoudige en een meervoudige kamer

Artikel 8:10

1. De zaken die bij de rechtbank aanhangig worden gemaakt, worden in behandeling genomen door een enkelvoudige kamer.
2. Indien een zaak naar het oordeel van de enkelvoudige kamer ongeschikt is voor behandeling door één rechter, verwijst zij deze naar een meervoudige kamer. De enkelvoudige kamer kan ook in andere gevallen een zaak naar een meervoudige kamer verwijzen.
3. Indien een zaak naar het oordeel van de meervoudige kamer geschikt is voor verdere behandeling door één rechter, kan zij deze verwijzen naar een enkelvoudige kamer.
4. Verwijzing kan geschieden in elke stand van het geding. Een verwezen zaak wordt voortgezet in de stand waarin zij zich bevindt.

Artikel 8:11

1. De voorschriften omtrent de behandeling van het beroep zijn op de behandeling zowel door een enkelvoudige als door een meervoudige kamer van toepassing.
2. Degene die zitting heeft in een enkelvoudige kamer heeft tevens de bevoegdheden en de verplichtingen die de voorzitter van een meervoudige kamer heeft.

Artikel 8:12

De rechtbank kan aan een rechter-commissaris opdragen het vooronderzoek of een gedeelte daarvan te verrichten.

Afdeling 8.1.3 Verwijzing, voeging en splitsing

Artikel 8:13

1. De rechtbank kan een bij haar aanhangig gemaakte zaak ter verdere behandeling verwijzen naar de rechtbank waar een andere zaak aanhangig is gemaakt, indien naar haar oordeel behandeling van die zaken door één rechtbank gewenst is. Zij kan een bij haar aanhangig gemaakte zaak ter verdere behandeling verwijzen naar een andere rechtbank, indien naar haar oordeel door betrokkenheid van de rechtbank behandeling van die zaak door een andere rechtbank gewenst is.
2. Een verzoek tot verwijzing kan worden gedaan tot de aanvang van het onderzoek ter zitting.

3. Indien de rechtbank waarnaar een zaak is verwezen, instemt met de verwijzing, worden de op de zaak betrekking hebbende stukken aan haar toegezonden.

Artikel 8:14

1. De rechtbank kan zaken over hetzelfde of een verwant onderwerp ter behandeling voegen en de behandeling van gevoegde zaken splitsen.
2. Een verzoek daartoe kan worden gedaan tot de sluiting van het onderzoek ter zitting.

Afdeling 8.1.4 Wraking en verschoning van rechters

Artikel 8:15

Op verzoek van een partij kan elk van de rechters die een zaak behandelen, worden gewraakt op grond van feiten of omstandigheden waardoor de rechterlijke onpartijdigheid schade zou kunnen lijden.

Artikel 8:16

1. Het verzoek wordt gedaan zodra de feiten of omstandigheden aan de verzoeker bekend zijn geworden.
2. Het verzoek geschiedt schriftelijk en is gemotiveerd. Na de aanvang van het onderzoek ter zitting onderscheidenlijk na de aanvang van het horen van partijen of getuigen in het vooronderzoek kan het ook mondeling geschieden.
3. Alle feiten of omstandigheden moeten tegelijk worden voorgedragen.
4. Een volgend verzoek om wraking van dezelfde rechter wordt niet in behandeling genomen, tenzij feiten of omstandigheden worden voorgedragen die pas na het eerdere verzoek aan de verzoeker bekend zijn geworden.
5. Geschiedt het verzoek ter zitting, dan wordt het onderzoek ter zitting geschorst.

Artikel 8:17

Een rechter wiens wraking is verzocht, kan in de wraking berusten.

Artikel 8:18

1. Het verzoek om wraking wordt zo spoedig mogelijk ter zitting behandeld door een meervoudige kamer waarin de rechter wiens wraking is verzocht, geen zitting heeft.

2. De verzoeker en de rechter wiens wraking is verzocht, worden in de gelegenheid gesteld te worden gehoord. De rechtbank kan ambtshalve of op verzoek van de verzoeker of de rechter wiens wraking is verzocht, bepalen dat zij niet in elkaars aanwezigheid zullen worden gehoord.
3. De rechtbank beslist zo spoedig mogelijk. De rechtbank spreekt de beslissing in het openbaar uit. De beslissing is gemotiveerd en wordt onverwijld aan de verzoeker, de andere partijen en de rechter wiens wraking was verzocht medegedeeld.
4. In geval van misbruik kan de rechtbank bepalen dat een volgend verzoek niet in behandeling wordt genomen. Hiervan wordt in de beslissing melding gemaakt.
5. Tegen de beslissing staat geen rechtsmiddel open.

Artikel 8:19
1. Op grond van feiten of omstandigheden als bedoeld in artikel 8:15 kan elk van de rechters die een zaak behandelen, verzoeken zich te mogen verschonen.
2. Het verzoek geschiedt schriftelijk en is gemotiveerd. Na de aanvang van het onderzoek ter zitting, onderscheidenlijk na de aanvang van het horen van partijen of getuigen in het vooronderzoek kan het ook mondeling geschieden.
3. Geschiedt het verzoek ter zitting, dan wordt het onderzoek ter zitting geschorst.

Artikel 8:20
1. Het verzoek om verschoning wordt zo spoedig mogelijk behandeld door een meervoudige kamer waarin de rechter die om verschoning heeft verzocht, geen zitting heeft.
2. De rechtbank beslist zo spoedig mogelijk. De beslissing is gemotiveerd en wordt onverwijld aan partijen en de rechter die om verschoning had verzocht medegedeeld.
3. Tegen de beslissing staat geen rechtsmiddel open.

Afdeling 8.1.5 Partijen

Artikel 8:21
1. Natuurlijke personen, onbekwaam om in rechte te staan, worden in het geding vertegenwoordigd door hun vertegenwoordigers naar burgerlijk recht. De wettelijke vertegenwoordiger behoeft niet de machtiging van de kantonrechter, bedoeld in artikel 349 van Boek 1 van het Burgerlijk Wetboek.

2. De in het eerste lid bedoelde personen kunnen zelf in het geding optreden, indien zij tot redelijke waardering van hun belangen in staat kunnen worden geacht.

3. Indien geen wettelijke vertegenwoordiger aanwezig is, of deze niet beschikbaar is en de zaak spoedeisend is, kan de rechtbank een voorlopige vertegenwoordiger benoemen. De benoeming vervalt zodra een wettelijke vertegenwoordiger aanwezig is of de wettelijke vertegenwoordiger weer beschikbaar is.

Artikel 8:22

1. In geval van faillissement of surséance van betaling of toepassing van de schuldsaneringsregeling natuurlijke personen zijn de artikelen 25, 27 en 31 van de Faillissementswet van overeenkomstige toepassing.

2. De artikelen 25, tweede lid, en 27 vinden geen toepassing, indien partijen vóór de faillietverklaring zijn uitgenodigd om op een zitting van de rechtbank te verschijnen.

Artikel 8:23

1. Een bestuursorgaan dat een college is, wordt in het geding vertegenwoordigd door een of meer door het bestuursorgaan aangewezen leden.

2. De Kroon wordt in het geding vertegenwoordigd door Onze Minister wie het aangaat onderscheidenlijk door een of meer van Onze Ministers wie het aangaat.

Artikel 8:24

1. Partijen kunnen zich laten bijstaan of door een gemachtigde laten vertegenwoordigen.

2. De rechtbank kan van een gemachtigde een schriftelijke machtiging verlangen.

3. Het tweede lid is niet van toepassing ten aanzien van advocaten.

Artikel 8:25

1. De rechtbank kan bijstand of vertegenwoordiging door een persoon tegen wie ernstige bezwaren bestaan, weigeren.

2. De betrokken partij en de in het eerste lid bedoelde persoon worden onverwijld in kennis gesteld van de weigering en de reden daarvoor.

3. Het eerste lid is niet van toepassing ten aanzien van advocaten.

Artikel 8:26

1. De rechtbank kan tot de sluiting van het onderzoek ter zitting ambtshalve, op verzoek van een partij of op hun eigen verzoek, belanghebbenden in de gelegenheid stellen als partij aan het geding deel te nemen.
2. Indien de rechtbank vermoedt dat er onbekende belanghebbenden zijn, kan zij in de Staatscourant doen aankondigen dat een zaak bij haar aanhangig is. Naast de aankondiging in de Staatscourant kan ook een ander middel voor de aankondiging worden gebruikt.

Artikel 8:27

1. Partijen die door de rechtbank zijn opgeroepen om in persoon dan wel in persoon of bij gemachtigde te verschijnen, al dan niet voor het geven van inlichtingen, zijn verplicht te verschijnen en de verlangde inlichtingen te geven. Partijen worden hierop gewezen, alsmede op artikel 8:31.
2. Indien het een rechtspersoon betreft of een bestuursorgaan dat een college is, kan de rechtbank een of meer bepaalde bestuurders onderscheidenlijk een of meer bepaalde leden oproepen.

Artikel 8:28

Partijen aan wie door de rechtbank is verzocht schriftelijk inlichtingen te geven, zijn verplicht de verlangde inlichtingen te geven. Partijen worden hierop gewezen, alsmede op artikel 8:31.

Artikel 8:29

1. Partijen die verplicht zijn inlichtingen te geven dan wel stukken over te leggen, kunnen, indien daarvoor gewichtige redenen zijn, het geven van inlichtingen dan wel het overleggen van stukken weigeren of de rechtbank mededelen dat uitsluitend zij kennis zal mogen nemen van de inlichtingen onderscheidenlijk de stukken.
2. Gewichtige redenen zijn voor een bestuursorgaan in ieder geval niet aanwezig, voor zover ingevolge de Wet openbaarheid van bestuur de verplichting zou bestaan een verzoek om informatie, vervat in de over te leggen stukken, in te willigen.
3. De rechtbank beslist of de in het eerste lid bedoelde weigering onderscheidenlijk de beperking van de kennisneming gerechtvaardigd is.
4. Indien de rechtbank heeft beslist dat de weigering gerechtvaardigd is, vervalt de verplichting.

5. Indien de rechtbank heeft beslist dat de beperking van de kennisneming gerechtvaardigd is, kan zij slechts met toestemming van de andere partijen mede op de grondslag van die inlichtingen onderscheidenlijk die stukken uitspraak doen. Indien de toestemming wordt geweigerd, wordt de zaak verwezen naar een andere kamer.

Artikel 8:30

Partijen zijn verplicht mee te werken aan een onderzoek als bedoeld in artikel 8:47, eerste lid. Partijen worden hierop gewezen, alsmede op artikel 8:31.

Artikel 8:31

Indien een partij niet voldoet aan de verplichting te verschijnen, inlichtingen te geven, stukken over te leggen of mee te werken aan een onderzoek als bedoeld in artikel 8:47, eerste lid, kan de rechtbank daaruit de gevolgtrekkingen maken die haar geraden voorkomen.

Artikel 8:32

1. De rechtbank kan, indien de vrees bestaat dat kennisneming van stukken door een partij haar lichamelijke of geestelijke gezondheid zou schaden, bepalen dat deze kennisneming is voorbehouden aan een gemachtigde die advocaat of arts is dan wel daarvoor van de rechtbank bijzondere toestemming heeft gekregen.
2. De rechtbank kan, indien kennisneming van stukken door een partij de persoonlijke levenssfeer van een ander onevenredig zou schaden, bepalen dat deze kennisneming is voorbehouden aan een gemachtigde die advocaat of arts is dan wel daarvoor van de rechtbank bijzondere toestemming heeft gekregen.

Afdeling 8.1.6 Getuigen, deskundigen en tolken

Artikel 8:33

1. Ieder die door de rechtbank als getuige wordt opgeroepen, is verplicht aan de oproeping gevolg te geven en getuigenis af te leggen.
2. In de oproeping worden vermeld de plaats en het tijdstip waarop de getuige zal worden gehoord, de feiten waarop het horen betrekking zal hebben en de gevolgen die zijn verbonden aan het niet verschijnen.

3. De artikelen 165, tweede en derde lid, 172, 173, eerste lid, eerste volzin, tweede en derde lid, 174, eerste lid, 175, 176, eerste en derde lid, 177, eerste lid en 178 van het Wetboek van Burgerlijke Rechtsvordering zijn van overeenkomstige toepassing

4. De rechtbank kan bepalen dat getuigen niet zullen worden gehoord dan na het afleggen van de eed of de belofte. Zij leggen in dat geval de eed of de belofte af dat zij zullen zeggen de gehele waarheid en niets dan de waarheid.

Artikel 8:34

1. De deskundige die zijn benoeming heeft aanvaard, is verplicht zijn opdracht onpartijdig en naar beste weten te vervullen.

2. Artikel 165, tweede lid, onderdeel b, en derde lid, van het Wetboek van Burgerlijke Rechtsvordering is van overeenkomstige toepassing.

Artikel 8:35

1. De tolk die zijn benoeming heeft aanvaard en die door de rechtbank wordt opgeroepen, is verplicht aan de oproeping gevolg te geven en zijn opdracht onpartijdig en naar beste weten te vervullen. De artikelen 172 en 178 van het Wetboek van Burgerlijke Rechtsvordering zijn van overeenkomstige toepassing.

2. In de oproeping worden vermeld de plaats en het tijdstip waarop de opdracht moet worden vervuld en de gevolgen die zijn verbonden aan het niet verschijnen.

Artikel 8:36

1. Aan de door de rechtbank opgeroepen getuigen, deskundigen en tolken en de deskundigen die een onderzoek als bedoeld in artikel 8:47, eerste lid, hebben ingesteld, wordt ten laste van het Rijk een vergoeding toegekend. Het bij en krachtens de Wet tarieven in strafzaken bepaalde is van overeenkomstige toepassing.

2. De partij die een getuige of deskundige heeft meegebracht of opgeroepen, dan wel aan wie een verslag van een deskundige is uitgebracht, is aan deze een vergoeding verschuldigd. Het bij en krachtens de Wet tarieven in strafzaken bepaalde is van overeenkomstige toepassing.

Afdeling 8.1.7 Verzending van stukken

Artikel 8:37

1. Oproepingen, de uitnodiging om op een zitting van de rechtbank te verschijnen, alsmede de verzending van een afschrift van de uitspraak en van het proces-verbaal van de mondelinge uitspraak geschieden door de griffier bij aangetekende brief of bij brief met ontvangstbevestiging, tenzij de rechtbank anders bepaalt.
2. Voor het overige geschiedt de verzending van stukken door de griffier bij gewone brief, tenzij de rechtbank anders bepaalt.
3. In een brief wordt de datum van verzending vermeld.

Artikel 8:38

1. Indien de griffier een bij aangetekende brief of bij brief met ontvangstbevestiging verzonden stuk terug ontvangt en hem blijkt dat de geadresseerde op de dag van verzending of uiterlijk een week daarna in de gemeentelijke basisadministratie persoonsgegevens stond ingeschreven op het op het stuk vermelde adres, dan verzendt hij het stuk zo spoedig mogelijk bij gewone brief.
2. In de overige gevallen waarin de griffier een bij aangetekende brief of bij brief met ontvangstbevestiging verzonden stuk terug ontvangt, verbetert hij, indien mogelijk, het op het stuk vermelde adres en verzendt hij het stuk opnieuw bij aangetekende brief of bij brief met ontvangstbevestiging.

Artikel 8:39

1. De griffier zendt de op de zaak betrekking hebbende stukken zo spoedig mogelijk aan partijen, voor zover de rechtbank niet op grond van de artikelen 8:29 of 8:32 anders heeft beslist.
2. De griffier kan de toezending van zeer omvangrijke stukken of van stukken die bezwaarlijk kunnen worden vermenigvuldigd, achterwege laten. Hij stelt partijen daarvan in kennis en vermeldt daarbij dat deze stukken gedurende een door hem te bepalen termijn van ten minste een week ter griffie ter inzage worden gelegd.
3. Partijen kunnen afschriften van of uittreksels uit de in het tweede lid bedoelde stukken verkrijgen. Met betrekking tot de kosten is het bij en krachtens de Wet tarieven in strafzaken bepaalde van overeenkomstige toepassing.

Artikel 8:40

Indien het beroepschrift is ingediend door twee of meer personen, kan worden volstaan met verzending van de oproeping, de uitnodiging om op een zitting van de rechtbank te verschijnen, de op de zaak betrekking hebbende stukken en een afschrift van de uitspraak of van het proces-verbaal van de mondelinge uitspraak aan de persoon die als eerste in het beroepschrift is vermeld.

Titel 8.2   Behandeling van het beroep

Afdeling 8.2.1   Griffierecht

Artikel 8:41

1. Van de indiener van het beroepschrift wordt door de griffier een griffierecht geheven. Indien het een beroepschrift ter zake van twee of meer samenhangende besluiten of van twee of meer indieners ter zake van hetzelfde besluit betreft, is eenmaal griffierecht verschuldigd. In die gevallen bedraagt het griffierecht het hoogste op grond van het derde lid ter zake van een van de besluiten onderscheidenlijk door een van de indieners verschuldigde bedrag.
2. De griffier wijst de indiener van het beroepschrift op de verschuldigdheid van het griffierecht en deelt hem mee dat het verschuldigde bedrag binnen vier weken na de dag van verzending van zijn mededeling dient te zijn bijgeschreven op de rekening van de rechtbank dan wel ter griffie dient te zijn gestort. Indien het bedrag niet binnen deze termijn is bijgeschreven of gestort, wordt het beroep niet-ontvankelijk verklaard, tenzij redelijkerwijs niet kan worden geoordeeld dat de indiener in verzuim is geweest.
3. Het griffierecht bedraagt:
   a. € 41 indien door een natuurlijke persoon beroep is ingesteld tegen:
      1°.   een besluit, genomen op grond van een wettelijk voorschrift dat is opgenomen in de onderdelen B en C, onder 1 tot en met 25, 29 en 33, dit ten laatste voor zover het een besluit betreft dat is genomen op grond van artikel 30d van de Wet structuur uitvoeringsorganisatie werk en inkomen, van de bijlage die bij de Beroepswet behoort,

2°. een besluit inzake een uitkering bij werkloosheid of ziekte, genomen ten aanzien van een ambtenaar als bedoeld in artikel 1 van de Ambtenarenwet als zodanig of een dienstplichtige als bedoeld in hoofdstuk 2 van de Kaderwet dienstplicht als zodanig, hun nagelaten betrekkingen of hun rechtverkrijgenden, of

3°. een besluit inzake een uitkering op grond van blijvende arbeidsongeschiktheid op grond van een wettelijk voorschrift waarbij de natuurlijke persoon ter zake van zijn arbeidsongeschiktheid vanwege het Rijk invaliditeitspensioen is verzekerd of een besluit, genomen op grond van artikel P 9 van de Algemene burgerlijke pensioenwet,

4°. een besluit genomen op grond van de Huursubsidiewet,

b. € 150 indien door een natuurlijke persoon beroep is ingesteld tegen een ander besluit dan een besluit als bedoeld in onderdeel a, tenzij bij wet anders is bepaald, en

c. € 297 indien anders dan door een natuurlijke persoon beroep is ingesteld.

4. Indien het beroep wordt ingetrokken omdat het bestuursorgaan geheel of gedeeltelijk aan de indiener van het beroepschrift is tegemoetgekomen, wordt het door de indiener betaalde griffierecht aan hem vergoed door de desbetreffende rechtspersoon. In de overige gevallen kan de desbetreffende rechtspersoon, indien het beroep wordt ingetrokken, het betaalde griffierecht geheel of gedeeltelijk vergoeden.

5. De in het derde lid genoemde bedragen kunnen bij algemene maatregel van bestuur worden gewijzigd voor zover de consumentenprijsindex daartoe aanleiding geeft.

Afdeling 8.2.2 Vooronderzoek

Artikel 8:42

1. Binnen vier weken na de dag van verzending van het beroepschrift aan het bestuursorgaan zendt dit de op de zaak betrekking hebbende stukken aan de rechtbank en dient het een verweerschrift in.

2. De rechtbank kan de in het eerste lid bedoelde termijn verlengen.

Artikel 8:43

1. De rechtbank kan de indiener van het beroepschrift in de gelegenheid stellen schriftelijk te repliceren. In dat geval wordt het bestuursorgaan in de gelegenheid gesteld schriftelijk te dupliceren. De rechtbank stelt de termijnen voor repliek en dupliek vast.
2. De rechtbank stelt andere partijen dan de in het eerste lid bedoelde in de gelegenheid om ten minste eenmaal een schriftelijke uiteenzetting over de zaak te geven. Zij stelt hiervoor een termijn vast.

Artikel 8:44

1. De rechtbank kan partijen oproepen om in persoon dan wel in persoon of bij gemachtigde te verschijnen om te worden gehoord, al dan niet voor het geven van inlichtingen. Indien niet alle partijen worden opgeroepen, worden de niet opgeroepen partijen in de gelegenheid gesteld het horen bij te wonen en een uiteenzetting over de zaak te geven.
2. Van het geven van inlichtingen wordt door de griffier een proces-verbaal opgemaakt.
3. Het wordt door de voorzitter van de meervoudige kamer en de griffier ondertekend. Bij verhindering van de voorzitter of de griffier wordt dit in het proces-verbaal vermeld.

Artikel 8:45

1. De rechtbank kan partijen en anderen verzoeken binnen een door haar te bepalen termijn schriftelijk inlichtingen te geven en onder hen berustende stukken in te zenden.
2. Bestuursorganen zijn, ook als zij geen partij zijn, verplicht aan het verzoek, bedoeld in het eerste lid, te voldoen. Artikel 8:29 is van overeenkomstige toepassing.
3. Werkgevers van partijen zijn, ook als zij geen partij zijn, verplicht aan het verzoek, bedoeld in het eerste lid, te voldoen. Artikel 8:29 is van overeenkomstige toepassing.

Artikel 8:46

1. De rechtbank kan getuigen oproepen.
2. De rechtbank deelt de namen en woonplaatsen van de getuigen, de plaats en het tijdstip waarop dezen zullen worden gehoord en de feiten waarop het horen betrekking zal hebben, ten minste een week tevoren aan partijen mee.

3. De artikelen 179, eerste, tweede en derde lid, eerste volzin, en 180, eerste tot en met derde en vijfde lid, van het Wetboek van Burgerlijke Rechtsvordering zijn van overeenkomstige toepassing.

Artikel 8:47

1. De rechtbank kan een deskundige benoemen voor het instellen van een onderzoek.
2. Bij de benoeming worden vermeld de opdracht die moet worden vervuld en de termijn, bedoeld in het vierde lid.
3. Van het voornemen tot het benoemen van een deskundige als bedoeld in het eerste lid wordt aan partijen mededeling gedaan. De rechtbank kan partijen in de gelegenheid stellen om hun wensen omtrent het onderzoek binnen een door haar te bepalen termijn schriftelijk aan haar kenbaar te maken.
4. De rechtbank stelt een termijn binnen welke de deskundige aan haar een schriftelijk verslag van het onderzoek uitbrengt.
5. Partijen kunnen binnen vier weken na de dag van verzending van het verslag aan hen schriftelijk hun zienswijze met betrekking tot het verslag naar voren brengen.
6. De rechtbank kan de in het vijfde lid bedoelde termijn verlengen.

Artikel 8:48

1. De arts die voor het instellen van een onderzoek als bedoeld in artikel 8:47, eerste lid, een persoon moet onderzoeken, kan de voor het onderzoek van belang zijnde inlichtingen over deze persoon inwinnen bij de behandelend arts of de behandelende artsen, de verzekeringsarts en de adviserend arts van het bestuursorgaan.
2. Zij verstrekken de gevraagde inlichtingen voor zover daardoor de persoonlijke levenssfeer van de betrokken persoon niet onevenredig wordt geschaad.

Artikel 8:49

De rechtbank kan tolken benoemen.

Artikel 8:50

1. De rechtbank kan een onderzoek ter plaatse instellen. Zij heeft daarbij toegang tot elke plaats voor zover dat redelijkerwijs voor de vervulling van haar taak nodig is.
2. Bestuursorganen verlenen de medewerking die in het belang van het onderzoek is vereist.

3. Van plaats en tijdstip van het onderzoek wordt aan partijen mededeling gedaan. Zij kunnen bij het onderzoek aanwezig zijn.
4. Van het onderzoek wordt door de griffier een proces-verbaal opgemaakt.
5. Het wordt door de voorzitter van de meervoudige kamer en de griffier ondertekend. Bij verhindering van de voorzitter of de griffier wordt dit in het proces-verbaal vermeld.

Artikel 8:51

1. De rechtbank kan aan een door haar aangewezen gerechtsauditeur of aan de griffier opdragen een onderzoek ter plaatse in te stellen. Deze heeft daarbij toegang tot elke plaats voor zover dat redelijkerwijs voor de vervulling van de hem opgedragen taak nodig is. De rechtbank is bevoegd tot het geven van een machtiging tot binnentreden.
2. Artikel 8:50, tweede en derde lid, is van overeenkomstige toepassing.
3. Van het onderzoek wordt door de gerechtsauditeur of de griffier een proces-verbaal opgemaakt, dat door hem wordt ondertekend.

Afdeling 8.2.3 Versnelde behandeling

Artikel 8:52

1. De rechtbank kan, indien de zaak spoedeisend is, bepalen dat deze versneld wordt behandeld.
2. In dat geval kan de rechtbank:
   a. de in artikel 8:41, tweede lid, bedoelde termijn verkorten,
   b. de in artikel 8:42, eerste lid, bedoelde termijn verkorten,
   c. artikel 8:43, tweede lid, geheel of gedeeltelijk buiten toepassing laten,
   d. artikel 8:47, derde lid, geheel of gedeeltelijk buiten toepassing laten, en
   e. de in artikel 8:47, vijfde lid, bedoelde termijn verkorten.
3. Indien de rechtbank bepaalt dat de zaak versneld wordt behandeld, bepaalt zij tevens zo spoedig mogelijk het tijdstip waarop de zitting zal plaatsvinden en doet zij daarvan onverwijld mededeling aan partijen. Artikel 8:56 is niet van toepassing.

Artikel 8:53

Blijkt aan de rechtbank bij de behandeling dat de zaak niet voldoende spoedeisend is om een versnelde behandeling te rechtvaardigen of dat de zaak een gewone behandeling vordert, dan bepaalt zij dat de zaak verder op de gewone wijze wordt behandeld.

Afdeling 8.2.4 Vereenvoudigde behandeling

Artikel 8:54

1. Totdat partijen zijn uitgenodigd om op een zitting van de rechtbank te verschijnen, kan de rechtbank het onderzoek sluiten, indien voortzetting van het onderzoek niet nodig is, omdat:
   a. zij kennelijk onbevoegd is,
   b. het beroep kennelijk niet-ontvankelijk is,
   c. het beroep kennelijk ongegrond is, of
   d. het beroep kennelijk gegrond is.
2. In de uitspraak na toepassing van het eerste lid worden partijen gewezen op artikel 8:55, eerste lid.

Artikel 8:54a

1. Totdat partijen zijn uitgenodigd om op een zitting van de rechtbank te verschijnen, kan de rechtbank het onderzoek sluiten, indien voortzetting van het onderzoek niet nodig is, omdat het bestuursorgaan kennelijk ten onrechte heeft ingestemd met rechtstreeks beroep bij de rechtbank.
2. In dat geval strekt de uitspraak ertoe dat het bestuursorgaan het beroepschrift als bezwaarschrift behandelt. Artikel 7:10 is van overeenkomstige toepassing.

Artikel 8:55

1. Tegen de uitspraak, bedoeld in artikel 8:54, tweede lid, kunnen een belanghebbende en het bestuursorgaan verzet doen bij de rechtbank. De indiener van het verzetschrift kan daarbij vragen in de gelegenheid te worden gesteld over het verzet te worden gehoord. De artikelen 6:4, derde lid, 6:5 tot en met 6:9, 6:11, 6:14, 6:15, 6:17 en 6:21 zijn van overeenkomstige toepassing.
2. Indien bij wet de werking van een uitspraak wordt opgeschort totdat de termijn voor het instellen van hoger beroep is verstreken of, indien hoger beroep is ingesteld, op het hoger beroep is beslist, wordt de werking van de uitspraak, bedoeld in artikel 8:54, tweede lid, op overeenkomstige wijze opgeschort.
3. Alvorens uitspraak te doen op het verzet, stelt de rechtbank de indiener van het verzetschrift die daarom heeft gevraagd, in de gelegenheid op een zitting te worden gehoord, tenzij zij van oordeel is dat het verzet gegrond is. Indien de indiener van het verzetschrift daarom niet heeft gevraagd, kan de rechtbank hem in de gelegenheid stellen op een zitting te worden gehoord.

4. Indien de uitspraak waartegen verzet is gedaan, is gedaan door een meervoudige kamer, wordt uitspraak op het verzet gedaan door een meervoudige kamer. Van de kamer die uitspraak doet op het verzet maakt geen deel uit degene die zitting heeft gehad in de kamer die de uitspraak heeft gedaan waartegen verzet is gedaan.
5. De uitspraak strekt tot:
   a. niet-ontvankelijkverklaring van het verzet,
   b. ongegrondverklaring van het verzet, of
   c. gegrondverklaring van het verzet.
6. Indien de rechtbank het verzet niet-ontvankelijk of ongegrond verklaart, blijft de uitspraak waartegen verzet was gedaan in stand.
7. Indien de rechtbank het verzet gegrond verklaart, vervalt de uitspraak waartegen verzet was gedaan en wordt het onderzoek voortgezet in de stand waarin het zich bevond.

Afdeling 8.2.5 Onderzoek ter zitting

Artikel 8:56
Na afloop van het vooronderzoek worden partijen ten minste drie weken tevoren uitgenodigd om op een in de uitnodiging te vermelden plaats en tijdstip op een zitting van de rechtbank te verschijnen.

Artikel 8:57
Indien partijen daarvoor toestemming hebben gegeven, kan de rechtbank bepalen dat het onderzoek ter zitting achterwege blijft. In dat geval sluit de rechtbank het onderzoek.

Artikel 8:58
1. Tot tien dagen voor de zitting kunnen partijen nadere stukken indienen.
2. Op deze bevoegdheid worden partijen in de uitnodiging, bedoeld in artikel 8:56, gewezen.

Artikel 8:59
De rechtbank kan een partij oproepen om in persoon dan wel in persoon of bij gemachtigde te verschijnen, al dan niet voor het geven van inlichtingen.

Artikel 8:60
1. De rechtbank kan getuigen oproepen en deskundigen en tolken benoemen.

2. De opgeroepen getuige en de deskundige of de tolk die zijn benoeming heeft aanvaard en door de rechtbank wordt opgeroepen, zijn verplicht aan de oproeping gevolg te geven. De artikelen 172 en 178 van het Wetboek van Burgerlijke Rechtsvordering zijn van overeenkomstige toepassing. In de oproeping van de deskundige worden vermeld de opdracht die moet worden vervuld, de plaats en het tijdstip waarop de opdracht moet worden vervuld en de gevolgen die zijn verbonden aan het niet verschijnen.

3. Namen en woonplaatsen van de opgeroepen getuigen en deskundigen en de feiten waarop het horen betrekking zal hebben onderscheidenlijk de opdracht die moet worden vervuld, worden bij de uitnodiging, bedoeld in artikel 8:56, aan partijen zoveel mogelijk medegedeeld.

4. Partijen kunnen getuigen en deskundigen meebrengen of bij aangetekende brief of deurwaardersexploot oproepen, mits daarvan uiterlijk een week voor de dag van de zitting aan de rechtbank en aan de andere partijen mededeling is gedaan, met vermelding van namen en woonplaatsen. Op deze bevoegdheid worden partijen in de uitnodiging, bedoeld in artikel 8:56, gewezen.

Artikel 8:61

1. De voorzitter van de meervoudige kamer heeft de leiding van de zitting.

2. De griffier houdt aantekening van het verhandelde ter zitting.

3. De griffier maakt een proces-verbaal op van de zitting, indien de rechtbank dit ambtshalve of op verzoek van een partij die daarbij belang heeft, bepaalt en indien hoger beroep wordt ingesteld.

4. Het bevat de namen van de rechter of de rechters die de zaak behandelt onderscheidenlijk behandelen, die van partijen en van hun vertegenwoordigers of gemachtigden die op de zitting zijn verschenen en van degenen die hen hebben bijgestaan, en die van de getuigen, deskundigen en tolken die op de zitting zijn verschenen.

5. Het houdt een vermelding in van hetgeen op de zitting met betrekking tot de zaak is voorgevallen.

6. Het wordt door de voorzitter van de meervoudige kamer en de griffier ondertekend. Bij verhindering van de voorzitter of de griffier wordt dit in het proces-verbaal vermeld.

7. Aan het proces-verbaal kunnen overgelegde pleitnotities worden gehecht.

8. De rechtbank kan bepalen dat de verklaring van een partij, getuige of deskundige geheel in het proces-verbaal zal worden opgenomen. In dat geval wordt de verklaring onverwijld op schrift gesteld en aan de partij, getuige of deskundige voorgelezen. Deze mag daarin wijzigingen aanbrengen, die op schrift worden gesteld en aan de partij, getuige of deskundige worden voorgelezen. De verklaring wordt door de partij, getuige of deskundige ondertekend. Heeft ondertekening niet plaats, dan wordt de reden daarvan in het proces-verbaal vermeld.

Artikel 8:62

1. De zitting is openbaar.
2. De rechtbank kan bepalen dat het onderzoek ter zitting geheel of gedeeltelijk zal plaatshebben met gesloten deuren:
   a. in het belang van de openbare orde of de goede zeden,
   b. in het belang van de veiligheid van de Staat,
   c. indien de belangen van minderjarigen of de eerbiediging van de persoonlijke levenssfeer van partijen dit eisen, of
   d. indien openbaarheid het belang van een goede rechtspleging ernstig zou schaden.

Artikel 8:63

1. Op het horen van getuigen en deskundigen is artikel 179, tweede en derde lid, eerste volzin, van het Wetboek van Burgerlijke Rechtsvordering van overeenkomstige toepassing. Op het horen van getuigen is artikel 179, eerste lid, van het Wetboek van Burgerlijke Rechtsvordering van overeenkomstige toepassing.
2. De rechtbank kan afzien van het horen van door een partij meegebrachte of opgeroepen getuigen en deskundigen indien zij van oordeel is dat dit redelijkerwijs niet kan bijdragen aan de beoordeling van de zaak.
3. Indien een door een partij opgeroepen getuige of deskundige niet is verschenen, kan de rechtbank deze oproepen. In dat geval schorst de rechtbank het onderzoek ter zitting.

Artikel 8:64

1. De rechtbank kan het onderzoek ter zitting schorsen. Zij kan daarbij bepalen dat het vooronderzoek wordt hervat.
2. Indien bij de schorsing geen tijdstip van de nadere zitting is bepaald, bepaalt de rechtbank dit zo spoedig mogelijk. De griffier doet zo spoedig mogelijk mededeling aan partijen van het tijdstip van de nadere zitting.

3. In de gevallen waarin schorsing van het onderzoek ter zitting heeft plaatsgevonden, wordt de zaak op de nadere zitting hervat in de stand waarin zij zich bevond.
4. De rechtbank kan bepalen dat het onderzoek ter zitting opnieuw wordt aangevangen.
5. Indien partijen daarvoor toestemming hebben gegeven, kan de rechtbank bepalen dat de nadere zitting achterwege blijft. In dat geval sluit de rechtbank het onderzoek.

Artikel 8:65
1. De rechtbank sluit het onderzoek ter zitting, wanneer zij van oordeel is dat het is voltooid.
2. Voordat het onderzoek ter zitting wordt gesloten, hebben partijen het recht voor het laatst het woord te voeren.
3. Zodra het onderzoek ter zitting is gesloten, deelt de voorzitter mee wanneer uitspraak zal worden gedaan.

Afdeling 8.2.6 Uitspraak

Artikel 8:66
1. Tenzij mondeling uitspraak wordt gedaan, doet de rechtbank binnen zes weken na de sluiting van het onderzoek schriftelijk uitspraak.
2. In bijzondere omstandigheden kan de rechtbank deze termijn met ten hoogste zes weken verlengen.
3. Van deze verlenging wordt aan partijen mededeling gedaan.

Artikel 8:67
1. De rechtbank kan na de sluiting van het onderzoek ter zitting onmiddellijk mondeling uitspraak doen. De uitspraak kan voor ten hoogste een week worden verdaagd onder aanzegging aan partijen van het tijdstip van de uitspraak.
2. De mondelinge uitspraak bestaat uit de beslissing en de gronden van de beslissing.
3. Van de mondelinge uitspraak wordt door de griffier een proces-verbaal opgemaakt.
4. Het wordt door de voorzitter van de meervoudige kamer en de griffier ondertekend. Bij verhindering van de voorzitter of de griffier wordt dit in het proces-verbaal vermeld.

5. De rechtbank spreekt de beslissing, bedoeld in het tweede lid, in het openbaar uit, in tegenwoordigheid van de griffier. Daarbij wordt vermeld door wie, binnen welke termijn en bij welke administratieve rechter welk rechtsmiddel kan worden aangewend.
6. De mededeling, bedoeld in het vijfde lid, tweede volzin, wordt in het proces-verbaal vermeld.

Artikel 8:68

1. Indien de rechtbank van oordeel is dat het onderzoek niet volledig is geweest, kan zij het heropenen. De rechtbank bepaalt daarbij op welke wijze het onderzoek wordt voortgezet.
2. De griffier doet zo spoedig mogelijk mededeling daarvan aan partijen.

Artikel 8:69

1. De rechtbank doet uitspraak op de grondslag van het beroepschrift, de overgelegde stukken, het verhandelde tijdens het vooronderzoek en het onderzoek ter zitting.
2. De rechtbank vult ambtshalve de rechtsgronden aan.
3. De rechtbank kan ambtshalve de feiten aanvullen.

Artikel 8:70

De uitspraak strekt tot:
a. onbevoegdverklaring van de rechtbank,
b. niet-ontvankelijkverklaring van het beroep,
c. ongegrondverklaring van het beroep, of
d. gegrondverklaring van het beroep.

Artikel 8:71

Voor zover uitsluitend een vordering bij de burgerlijke rechter kan worden ingesteld, wordt dit in de uitspraak vermeld. De burgerlijke rechter is aan die beslissing gebonden.

Artikel 8:72

1. Indien de rechtbank het beroep gegrond verklaart, vernietigt zij het bestreden besluit geheel of gedeeltelijk.
2. Vernietiging van een besluit of een gedeelte van een besluit brengt vernietiging van de rechtsgevolgen van dat besluit of van het vernietigde gedeelte daarvan mee.
3. De rechtbank kan bepalen dat de rechtsgevolgen van het vernietigde besluit of het vernietigde gedeelte daarvan geheel of gedeeltelijk in stand blijven.

4. Indien de rechtbank het beroep gegrond verklaart, kan zij het bestuursorgaan opdragen een nieuw besluit te nemen of een andere handeling te verrichten met inachtneming van haar uitspraak, dan wel kan zij bepalen dat haar uitspraak in de plaats treedt van het vernietigde besluit of het vernietigde gedeelte daarvan.

5. De rechtbank kan het bestuursorgaan een termijn stellen voor het nemen van een nieuw besluit of het verrichten van een andere handeling, alsmede zo nodig een voorlopige voorziening treffen. In het laatste geval bepaalt de rechtbank het tijdstip waarop de voorlopige voorziening vervalt.

6. De rechtbank kan bepalen dat een voorlopige voorziening vervalt op een later tijdstip dan het tijdstip waarop zij uitspraak heeft gedaan.

7. De rechtbank kan bepalen dat, indien of zolang het bestuursorgaan niet voldoet aan een uitspraak, de door haar aangewezen rechtspersoon aan een door haar aangewezen partij een in de uitspraak vast te stellen dwangsom verbeurt. De artikelen 611a tot en met 611i van het Wetboek van Burgerlijke Rechtsvordering zijn van overeenkomstige toepassing.

Artikel 8:73

1. Indien de rechtbank het beroep gegrond verklaart, kan zij, indien daarvoor gronden zijn, op verzoek van een partij de door haar aangewezen rechtspersoon veroordelen tot vergoeding van de schade die die partij lijdt.

2. Indien de rechtbank de omvang van de schadevergoeding bij haar uitspraak niet of niet volledig kan vaststellen, bepaalt zij in haar uitspraak dat ter voorbereiding van een nadere uitspraak daarover het onderzoek wordt heropend. De rechtbank bepaalt daarbij op welke wijze het onderzoek wordt voortgezet.

Artikel 8:73a

1. Ingeval van intrekking van het beroep omdat het bestuursorgaan geheel of gedeeltelijk aan de indiener van het beroepschrift is tegemoetgekomen, kan de rechtbank, op verzoek van de indiener de door haar aangewezen rechtspersoon bij afzonderlijke uitspraak met toepassing van artikel 8:73 veroordelen tot vergoeding van de schade die de verzoeker lijdt. Het verzoek wordt gedaan tegelijk met de intrekking van het beroep. Indien aan dit vereiste niet is voldaan, wordt het verzoek niet-ontvankelijk verklaard.

2. De rechtbank stelt de verzoeker zo nodig in de gelegenheid het verzoek schriftelijk toe te lichten en stelt het bestuursorgaan in de gelegenheid een verweerschrift in te dienen. Zij stelt hiervoor termijnen vast. Indien het verzoek mondeling wordt gedaan, kan de rechtbank bepalen dat het toelichten van het verzoek en het voeren van verweer onmiddellijk mondeling geschieden.

3. Indien het toelichten van het verzoek en het voeren van verweer mondeling zijn geschied, sluit de rechtbank het onderzoek. In de overige gevallen zijn de afdelingen 8.2.4 en 8.2.5 van overeenkomstige toepassing.

Artikel 8:74

1. Indien de rechtbank het beroep gegrond verklaart, houdt de uitspraak tevens in dat aan de indiener van het beroepschrift het door hem betaalde griffierecht wordt vergoed door de door de rechtbank aangewezen rechtspersoon.

2. In de overige gevallen kan de uitspraak inhouden dat het betaalde griffierecht door de door de rechtbank aangewezen rechtspersoon geheel of gedeeltelijk wordt vergoed.

Artikel 8:75

1. De rechtbank is bij uitsluiting bevoegd een partij te veroordelen in de kosten die een andere partij in verband met de behandeling van het beroep bij de rechtbank, en van het bezwaar of van het administratief beroep redelijkerwijs heeft moeten maken. De artikelen 7:15, tweede tot en met vierde lid, en 7:28, tweede lid, eerste volzin, derde en vierde lid, zijn van toepassing. Een natuurlijke persoon kan slechts in de kosten worden veroordeeld in geval van kennelijk onredelijk gebruik van procesrecht. Bij algemene maatregel van bestuur worden nadere regels gesteld over de kosten waarop een veroordeling als bedoeld in de eerste volzin uitsluitend betrekking kan hebben en over de wijze waarop bij de uitspraak het bedrag van de kosten wordt vastgesteld.

2. In geval van een veroordeling in de kosten ten behoeve van een partij aan wie ter zake van het beroep op de rechtbank, het bezwaar of het administratief beroep een toevoeging is verleend krachtens de Wet op de rechtsbijstand, wordt het bedrag van de kosten betaald aan de griffier. Artikel 243 van het Wetboek van Burgerlijke Rechtsvordering is van overeenkomstige toepassing.

3. Indien een bestuursorgaan in de kosten wordt veroordeeld, wijst de rechtbank de rechtspersoon aan die de kosten moet vergoeden.

Artikel 8:75a

1. In geval van intrekking van het beroep omdat het bestuursorgaan geheel of gedeeltelijk aan de indiener van het beroepschrift is tegemoetgekomen, kan het bestuursorgaan op verzoek van de indiener bij afzonderlijke uitspraak met toepassing van artikel 8:75 in de kosten worden veroordeeld. Het verzoek wordt gedaan tegelijk met de intrekking van het beroep. Indien aan dit vereiste niet is voldaan, wordt het verzoek niet-ontvankelijk verklaard.
2. Artikel 8:73a, tweede en derde lid, is van overeenkomstige toepassing.

Artikel 8:76

Voor zover een uitspraak strekt tot betaling van een bepaald geldbedrag kan zij ten uitvoer worden gelegd overeenkomstig de bepalingen van het Tweede Boek van het Wetboek van Burgerlijke Rechtsvordering.

Artikel 8:77

1. De schriftelijke uitspraak vermeldt:
   a. de namen van partijen en van hun vertegenwoordigers of gemachtigden,
   b. de gronden van de beslissing,
   c. de beslissing,
   d. de naam van de rechter of de namen van de rechters die de zaak heeft onderscheidenlijk hebben behandeld,
   e. de dag waarop de beslissing is uitgesproken, en
   f. door wie, binnen welke termijn en bij welke administratieve rechter welk rechtsmiddel kan worden aangewend.
2. Indien de uitspraak strekt tot gegrondverklaring van het beroep, wordt in de uitspraak vermeld welke geschreven of ongeschreven rechtsregel of welk algemeen rechtsbeginsel geschonden wordt geoordeeld.
3. De uitspraak wordt ondertekend door de voorzitter van de meervoudige kamer en de griffier. Bij verhindering van de voorzitter of de griffier wordt dit in de uitspraak vermeld.

Artikel 8:78

De rechtbank spreekt de beslissing, bedoeld in artikel 8:77, eerste lid, onderdeel c, in het openbaar uit, in tegenwoordigheid van de griffier.

Artikel 8:79

1. Binnen twee weken na de dagtekening van de uitspraak zendt de griffier kosteloos een afschrift van de uitspraak of van het proces-verbaal van de mondelinge uitspraak aan partijen.
2. Anderen dan partijen kunnen afschriften of uittreksels van de uitspraak of van het proces-verbaal van de mondelinge uitspraak verkrijgen. Met betrekking tot de kosten is het bij en krachtens de Wet tarieven in strafzaken bepaalde van overeenkomstige toepassing.

Artikel 8:80

Indien de rechtbank bepaalt dat haar uitspraak in de plaats treedt van het vernietigde besluit, wordt de uitspraak bovendien overeenkomstig de voor dat besluit voorgeschreven wijze bekendgemaakt door het bevoegde bestuursorgaan.

Titel 8.3   Voorlopige voorziening en onmiddellijke uitspraak in de hoofdzaak

Artikel 8:81

1. Indien tegen een besluit bij de rechtbank beroep is ingesteld dan wel, voorafgaand aan een mogelijk beroep bij de rechtbank, bezwaar is gemaakt of administratief beroep is ingesteld, kan de voorzieningenrechter van de rechtbank die bevoegd is of kan worden in de hoofdzaak, op verzoek een voorlopige voorziening treffen indien onverwijlde spoed, gelet op de betrokken belangen, dat vereist.
2. Indien bij de rechtbank beroep is ingesteld, kan een verzoek om voorlopige voorziening worden gedaan door een partij in de hoofdzaak.
3. Indien voorafgaand aan een mogelijk beroep bij de rechtbank bezwaar is gemaakt of administratief beroep is ingesteld, kan een verzoek om voorlopige voorziening worden gedaan door de indiener van het bezwaarschrift, onderscheidenlijk door de indiener van het beroepschrift of door de belanghebbende die geen recht heeft tot het instellen van administratief beroep.
4. De artikelen 6:4, derde lid, 6:5, 6:6, 6:14, 6:15, 6:17 en 6:21 zijn van overeenkomstige toepassing. De indiener van het verzoekschrift die bezwaar heeft gemaakt dan wel beroep heeft ingesteld, legt daarbij een afschrift van het bezwaar- of beroepschrift over.

5. Indien een verzoek om voorlopige voorziening is gedaan nadat bezwaar is gemaakt of administratief beroep is ingesteld en op dit bezwaar of beroep wordt beslist voordat de zitting heeft plaatsgevonden, wordt de verzoeker in de gelegenheid gesteld beroep bij de rechtbank in te stellen. Het verzoek om voorlopige voorziening wordt gelijkgesteld met een verzoek dat wordt gedaan hangende het beroep bij de rechtbank.

Artikel 8:82
1. Van de verzoeker wordt door de griffier een griffierecht geheven. Artikel 8:41, eerste lid, tweede en derde volzin, derde en vijfde lid, is van overeenkomstige toepassing.
2. Artikel 8:41, tweede lid, is van overeenkomstige toepassing, met dien verstande dat de termijn binnen welke de bijschrijving of storting van het verschuldigde bedrag dient plaats te vinden, twee weken bedraagt. De voorzieningenrechter kan een kortere termijn stellen.
3. Indien het verzoek wordt ingetrokken omdat het bestuursorgaan, onderscheidenlijk de belanghebbende tot wie het bestreden besluit is gericht, aan de voorzieningenrechter schriftelijk heeft medegedeeld de uitvoering van het bestreden besluit hangende de procedure met betrekking tot de hoofdzaak op te schorten dan wel de gevraagde voorlopige maatregelen te zullen nemen wordt het betaalde griffierecht door de griffier terugbetaald. In de overige gevallen kan de desbetreffende rechtspersoon, indien het verzoek wordt ingetrokken het betaalde griffierecht geheel of gedeeltelijk vergoeden.
4. De uitspraak kan inhouden dat het betaalde griffierecht door de door de voorzieningenrechter aangewezen rechtspersoon geheel of gedeeltelijk wordt vergoed.

Artikel 8:83
1. Partijen worden zo spoedig mogelijk uitgenodigd om op een in de uitnodiging te vermelden plaats en tijdstip op een zitting te verschijnen. Binnen een door de voorzieningenrechter te bepalen termijn zendt het bestuursorgaan de op de zaak betrekking hebbende stukken aan hem. Artikel 8:58 is van overeenkomstige toepassing, met dien verstande dat tot één dag voor de zitting nadere stukken kunnen worden ingediend. De artikelen 8:59 tot en met 8:65 zijn van overeenkomstige toepassing, met dien verstande dat getuigen en deskundigen kunnen worden meegebracht of opgeroepen zonder dat de in artikel 8:60, vierde lid, eerste volzin, bedoelde mededeling is gedaan.

2. Indien administratief beroep is ingesteld, wordt het beroepsorgaan eveneens uitgenodigd om op de zitting te verschijnen. Het beroepsorgaan wordt in de gelegenheid gesteld ter zitting een uiteenzetting over de zaak te geven.

3. Indien de voorzieningenrechter kennelijk onbevoegd is of het verzoek kennelijk niet-ontvankelijk, kennelijk ongegrond of kennelijk gegrond is, kan de voorzieningenrechter uitspraak doen zonder toepassing van het eerste lid.

4. Indien onverwijlde spoed dat vereist en partijen daardoor niet in hun belangen worden geschaad, kan de voorzieningenrechter ook in andere gevallen uitspraak doen zonder toepassing van het eerste lid.

Artikel 8:84

1. De voorzieningenrechter doet zo spoedig mogelijk schriftelijk of mondeling uitspraak.

2. De uitspraak strekt tot:
   a. onbevoegdverklaring van de voorzieningenrechter,
   b. niet-ontvankelijkverklaring van het verzoek,
   c. afwijzing van het verzoek, of
   d. gehele of gedeeltelijke toewijzing van het verzoek.

3. De griffier zendt onverwijld een afschrift van de uitspraak of van het proces-verbaal van de mondelinge uitspraak kosteloos aan partijen.

4. De artikelen 8:67, tweede tot en met vijfde lid, 8:68, 8:69, 8:72, vijfde en zevende lid, 8:75, 8:75a, 8:76, 8:77, eerste en derde lid, 8:78, 8:79, tweede lid, en 8:80 zijn van overeenkomstige toepassing.

Artikel 8:85

1. De voorzieningenrechter kan in zijn uitspraak bepalen wanneer de voorlopige voorziening vervalt.

2. De voorlopige voorziening vervalt in ieder geval zodra:
   a. de termijn voor het instellen van beroep bij de rechtbank tegen het besluit dat op bezwaar of in administratief beroep is genomen, ongebruikt is verstreken,
   b. het bezwaar of het beroep is ingetrokken, of
   c. de rechtbank uitspraak heeft gedaan, tenzij bij de uitspraak een later tijdstip is bepaald.

Artikel 8:86

1. Indien het verzoek wordt gedaan indien beroep bij de rechtbank is ingesteld en de voorzieningenrechter van oordeel is dat na de zitting, bedoeld in artikel 8:83, eerste lid, nader onderzoek redelijkerwijs niet kan bijdragen aan de beoordeling van de zaak, kan hij onmiddellijk uitspraak doen in de hoofdzaak.
2. Op deze bevoegdheid van de voorzieningenrechter worden partijen in de uitnodiging, bedoeld in artikel 8:83, eerste lid, gewezen.

Artikel 8:87

1. De voorzieningenrechter kan, ook ambtshalve, een voorlopige voorziening opheffen of wijzigen.
2. De artikelen 8:81, tweede, derde en vierde lid, en 8:82 tot en met 8:86 zijn van overeenkomstige toepassing. Indien voorafgaand aan een mogelijk beroep bij de rechtbank bezwaar is gemaakt of administratief beroep is ingesteld, kan een verzoek om opheffing of wijziging eveneens worden gedaan door een belanghebbende die door de voorlopige voorziening rechtstreeks in zijn belang wordt getroffen, door het bestuursorgaan of door het beroepsorgaan.
3. Indien een verzoek om opheffing of wijziging is gedaan door het bestuursorgaan of het beroepsorgaan en het verzoek geheel of gedeeltelijk wordt toegewezen, kan de uitspraak inhouden dat het betaalde griffierecht door de griffier aan de desbetreffende rechtspersoon wordt terugbetaald.

Titel 8.4 Herziening

Artikel 8:88

1. De rechtbank kan op verzoek van een partij een onherroepelijk geworden uitspraak herzien op grond van feiten of omstandigheden die:
   a. hebben plaatsgevonden vóór de uitspraak,
   b. bij de indiener van het verzoekschrift vóór de uitspraak niet bekend waren en redelijkerwijs niet bekend konden zijn, en
   c. waren zij bij de rechtbank eerder bekend geweest, tot een andere uitspraak zouden hebben kunnen leiden.
2. Hoofdstuk 6 en de titels 8.2 en 8.3 zijn voor zover nodig van overeenkomstige toepassing.

HOOFDSTUK 9
Klachtbehandeling

Titel 9.1 Klachtbehandeling door een bestuursorgaan

Afdeling 9.1.1 Algemene bepalingen

Artikel 9:1
1. Een ieder heeft het recht om over de wijze waarop een bestuursorgaan zich in een bepaalde aangelegenheid jegens hem of een ander heeft gedragen, een klacht in te dienen bij dat bestuursorgaan.
2. Een gedraging van een persoon, werkzaam onder de verantwoordelijkheid van een bestuursorgaan, wordt aangemerkt als een gedraging van dat bestuursorgaan.

Artikel 9:2
Het bestuursorgaan draagt zorg voor een behoorlijke behandeling van mondelinge en schriftelijke klachten over zijn gedragingen en over gedragingen van bestuursorganen die onder zijn verantwoordelijkheid werkzaam zijn.

Artikel 9:3
Tegen een besluit inzake de behandeling van een klacht over een gedraging van een bestuursorgaan kan geen beroep worden ingesteld.

Afdeling 9.1.2 De behandeling van klaagschriften

Artikel 9:4
1. Indien een schriftelijke klacht betrekking heeft op een gedraging jegens de klager en voldoet aan de vereisten van het tweede lid, zijn de artikelen 9:5 tot en met 9:12 van toepassing.
2. Het klaagschrift wordt ondertekend en bevat ten minste:
   a. de naam en het adres van de indiener;
   b. de dagtekening;
   c. een omschrijving van de gedraging waartegen de klacht is gericht.
3. Artikel 6:5, derde lid, is van overeenkomstige toepassing.

Artikel 9:5
Zodra het bestuursorgaan naar tevredenheid van de klager aan diens klacht tegemoet is gekomen, vervalt de verplichting tot het verder toepassen van dit hoofdstuk.

Artikel 9:6
Het bestuursorgaan bevestigt de ontvangst van het klaagschrift schriftelijk.

Artikel 9:7
1. De behandeling van de klacht geschiedt door een persoon die niet bij de gedraging waarop de klacht betrekking heeft, betrokken is geweest.
2. Het eerste lid is niet van toepassing indien de klacht betrekking heeft op een gedraging van het bestuursorgaan zelf dan wel de voorzitter of een lid ervan.

Artikel 9:8
1. Het bestuursorgaan is niet verplicht de klacht te behandelen indien zij betrekking heeft op een gedraging:
   a. waarover reeds eerder een klacht is ingediend die met inachtneming van de artikelen 9:4 en volgende is behandeld;
   b. die langer dan een jaar voor indiening van de klacht heeft plaatsgevonden;
   c. waartegen door de klager bezwaar gemaakt had kunnen worden,
   d. waartegen door de klager beroep kan of kon worden ingesteld, tenzij die gedraging bestaat uit het niet tijdig nemen van een besluit of beroep kon worden ingesteld;
   e. die door het instellen van een procedure aan het oordeel van een andere rechterlijke instantie dan een administratieve rechter onderworpen is, dan wel onderworpen is geweest of,
   f. zolang terzake daarvan een opsporingsonderzoek op bevel van de officier van justitie of een vervolging gaande is, dan wel indien de gedraging deel uitmaakt van de opsporing of vervolging van een strafbaar feit en terzake van dat feit een opsporingsonderzoek op bevel van de officier van justitie of een vervolging gaande is.
2. Het bestuursorgaan is niet verplicht de klacht te behandelen indien het belang van de klager dan wel het gewicht van de gedraging kennelijk onvoldoende is.

3. Van het niet in behandeling nemen van de klacht wordt de klager zo spoedig mogelijk doch uiterlijk binnen vier weken na ontvangst van het klaagschrift schriftelijk in kennis gesteld. Artikel 9:12, tweede lid, is van overeenkomstige toepassing.

Artikel 9:9
Aan degene op wiens gedraging de klacht betrekking heeft, wordt een afschrift van het klaagschrift alsmede van de daarbij meegezonden stukken toegezonden.

Artikel 9:10
1. Het bestuursorgaan stelt de klager en degene op wiens gedraging de klacht betrekking heeft, in de gelegenheid te worden gehoord.
2. Van het horen van de klager kan worden afgezien indien de klacht kennelijk ongegrond is dan wel indien de klager heeft verklaard geen gebruik te willen maken van het recht te worden gehoord.
3. Van het horen wordt een verslag gemaakt.

Artikel 9:11
1. Het bestuursorgaan handelt de klacht af binnen zes weken of – indien afdeling 9.1.3 van toepassing is – binnen tien weken na ontvangst van het klaagschrift.
2. Het bestuursorgaan kan de afhandeling voor ten hoogste vier weken verdagen. Van de verdaging wordt schriftelijk mededeling gedaan aan de klager en aan degene op wiens gedraging de klacht betrekking heeft.

Artikel 9:12
1. Het bestuursorgaan stelt de klager schriftelijk en gemotiveerd in kennis van de bevindingen van het onderzoek naar de klacht alsmede van de eventuele conclusies die het daaraan verbindt.
2. Indien vervolgens nog een klacht kan worden ingediend bij een persoon of college, aangewezen om klachten over het bestuursorgaan te behandelen, wordt daarvan bij de kennisgeving melding gemaakt.

Artikel 9:12a
Het bestuursorgaan draagt zorg voor registratie van de bij hem ingediende schriftelijke klachten. De geregistreerde klachten worden jaarlijks gepubliceerd.

Afdeling 9.1.3   Aanvullende bepalingen voor een klachtadvies-procedure

Artikel 9:13
De in deze afdeling geregelde procedure voor de behandeling van klachten wordt in aanvulling op afdeling 9.2 gevolgd indien dat bij wettelijk voorschrift of bij besluit van het bestuursorgaan is bepaald.

Artikel 9:14
1. Bij wettelijk voorschrift of bij besluit van het bestuursorgaan wordt een persoon of commissie belast met de behandeling van en de advisering over klachten.
2. Het bestuursorgaan kan de persoon of commissie slechts in het algemeen instructies geven.

Artikel 9:15
1. Bij het bericht van ontvangst, bedoeld in artikel 9:6, wordt vermeld dat een persoon of commissie over de klacht zal adviseren.
2. Het horen geschiedt door de in artikel 9:14 bedoelde persoon of commissie. Indien een commissie is ingesteld, kan deze het horen opdragen aan de voorzitter of een lid van de commissie.
3. De persoon of commissie beslist over de toepassing van artikel 9:10, tweede lid.
4. De persoon of commissie zendt een rapport van bevindingen, vergezeld van het advies en eventuele aanbevelingen, aan het bestuursorgaan. Het rapport bevat het verslag van het horen.

Artikel 9:16
Indien de conclusies van het bestuursorgaan afwijken van het advies, wordt in de conclusies de reden voor die afwijking vermeld en wordt het advies meegezonden met de kennisgeving, bedoeld in artikel 9:12.

Titel 9.2 Klachtbehandeling door een ombudsman

Afdeling 9.2.1 Algemene bepalingen

Artikel 9:17
Onder ombudsman wordt verstaan:
a. de Nationale ombudsman, of

b. een ombudsman of ombudscommissie ingesteld krachtens de Gemeentewet, de Provinciewet, de Waterschapswet of de Wet gemeenschappelijke regelingen.

Artikel 9:18

1. Een ieder heeft het recht de ombudsman schriftelijk te verzoeken een onderzoek in te stellen naar de wijze waarop een bestuursorgaan zich in een bepaalde aangelegenheid jegens hem of een ander heeft gedragen.
2. Indien het verzoekschrift bij een onbevoegde ombudsman wordt ingediend, wordt het, nadat daarop de datum van ontvangst is aangetekend, zo spoedig mogelijk doorgezonden aan de bevoegde ombudsman, onder gelijktijdige mededeling hiervan aan de verzoeker.
3. De ombudsman is verplicht aan een verzoek als bedoeld in het eerste lid gevolg te geven, tenzij artikel 9:22, 9:23 of 9:24 van toepassing is.

Artikel 9:19

1. Indien naar het oordeel van de ombudsman ten aanzien van de in het verzoekschrift bedoelde gedraging voor de verzoeker de mogelijkheid van bezwaar, beroep of beklag openstaat, wijst hij de verzoeker zo spoedig mogelijk op deze mogelijkheid en draagt hij het verzoekschrift, nadat daarop de datum van ontvangst is aangetekend, aan de bevoegde instantie over, tenzij de verzoeker kenbaar heeft gemaakt dat het verzoekschrift aan hem moet worden teruggezonden.
2. Artikel 6:15, derde lid, is van overeenkomstige toepassing.

Artikel 9:20

1. Alvorens het verzoek aan een ombudsman te doen, dient de verzoeker over de gedraging een klacht in bij het betrokken bestuursorgaan, tenzij dit redelijkerwijs niet van hem kan worden gevergd.
2. Het eerste lid geldt niet indien het verzoek betrekking heeft op de wijze van klachtbehandeling door het betrokken bestuursorgaan.

Artikel 9:21

Op het verkeer met de ombudsman is hoofdstuk 2 van overeenkomstige toepassing, met uitzondering van artikel 2:3, eerste lid.

Afdeling 9.2.2 Bevoegdheid

Artikel 9:22

De ombudsman is niet bevoegd een onderzoek in te stellen of voort te zetten indien het verzoek betrekking heeft op:

a. een aangelegenheid die behoort tot het algemeen regeringsbeleid, daaronder begrepen het algemeen beleid ter handhaving van de rechtsorde, of tot het algemeen beleid van het betrokken bestuursorgaan;

b. een algemeen verbindend voorschrift;

c. een gedraging waartegen beklag kan worden gedaan of beroep kan worden ingesteld, tenzij die gedraging bestaat uit het niet tijdig nemen van een besluit, of waartegen een beklag- of beroepsprocedure aanhangig is;

d. een gedraging ten aanzien waarvan door een administratieve rechter uitspraak is gedaan;

e. een gedraging ten aanzien waarvan een procedure bij een andere rechterlijke instantie dan een administratieve rechter aanhangig is, dan wel beroep openstaat tegen een uitspraak die in een zodanige procedure is gedaan;

f. een gedraging waarop de rechterlijke macht toeziet.

Artikel 9:23

De ombudsman is niet verplicht een onderzoek in te stellen of voort te zetten indien:

a. het verzoekschrift niet voldoet aan de vereisten, bedoeld in artikel 9:28, eerste en tweede lid;

b. het verzoek kennelijk ongegrond is;

c. het belang van de verzoeker bij een onderzoek door de ombudsman dan wel het gewicht van de gedraging kennelijk onvoldoende is;

d. de verzoeker een ander is dan degene jegens wie de gedraging heeft plaatsgevonden;

e. het verzoek betrekking heeft op een gedraging waartegen bezwaar kan worden gemaakt, tenzij die gedraging bestaat uit het niet tijdig nemen van een besluit, of waartegen een bezwaarprocedure aanhangig is;

f. het verzoek betrekking heeft op een gedraging waartegen door de verzoeker bezwaar had kunnen worden gemaakt, beroep had kunnen worden ingesteld of beklag had kunnen worden gedaan;

g. het verzoek betrekking heeft op een gedraging ten aanzien waarvan door een andere rechterlijke instantie dan een administratieve rechter uitspraak is gedaan;

h. niet is voldaan aan het vereiste van artikel 9:20, eerste lid;
i. een verzoek, dezelfde gedraging betreffende, bij hem in behandeling is of – behoudens indien een nieuw feit of een nieuwe omstandigheid bekend is geworden en zulks tot een ander oordeel over de bedoelde gedraging zou hebben kunnen leiden – door hem is afgedaan;
j. ten aanzien van een gedraging van het bestuursorgaan die nauw samenhangt met het onderwerp van het verzoekschrift een procedure aanhangig is bij een rechterlijke instantie, dan wel ingevolge bezwaar, administratief beroep of beklag bij een andere instantie;
k. het verzoek betrekking heeft op een gedraging die nauw samenhangt met een onderwerp, dat door het instellen van een procedure aan het oordeel van een andere rechterlijke instantie dan een administratieve rechter onderworpen is;
l. na tussenkomst van de ombudsman naar diens oordeel alsnog naar behoren aan de grieven van de verzoeker tegemoet is gekomen;
m. het verzoek, dezelfde gedraging betreffende, ingevolge een wettelijk geregelde klachtvoorziening bij een onafhankelijke klachtinstantie niet zijnde een ombudsman in behandeling is of daardoor is afgedaan.

Artikel 9:24

1. Voorts is de ombudsman niet verplicht een onderzoek in te stellen of voort te zetten, indien het verzoek wordt ingediend later dan een jaar:
   a. na de kennisgeving door het bestuursorgaan van de bevindingen van het onderzoek, of
   b. nadat de klachtbehandeling door het bestuursorgaan op andere wijze is geëindigd, dan wel ingevolge artikel 9:11 beëindigd had moeten zijn.
2. In afwijking van het eerste lid eindigt de termijn een jaar nadat de gedraging heeft plaatsgevonden, indien redelijkerwijs niet van verzoeker kan worden gevergd dat hij eerst een klacht bij het bestuursorgaan indient. Is de gedraging binnen een jaar nadat zij plaatsvond, aan het oordeel van een andere rechterlijke instantie dan een administratieve rechter onderworpen, of is daartegen bezwaar gemaakt, administratief beroep ingesteld dan wel beklag gedaan, dan eindigt de termijn een jaar na de datum waarop:
   a. in die procedure een uitspraak is gedaan waartegen geen beroep meer openstaat, of

b. de procedure op een andere wijze is geëindigd.

Artikel 9:25

1. Indien de ombudsman op grond van artikel 9:22, 9:23 of 9:24 geen onderzoek instelt of dit niet voortzet, deelt hij dit onder vermelding van de redenen zo spoedig mogelijk schriftelijk aan de verzoeker mede.
2. In het geval dat hij een onderzoek niet voortzet, doet hij de in het eerste lid bedoelde mededeling tevens aan het bestuursorgaan en, in voorkomend geval, aan degene op wiens gedraging het onderzoek betrekking heeft.

Artikel 9:26

Tenzij artikel 9:22 van toepassing is, is de ombudsman bevoegd uit eigen beweging een onderzoek in te stellen naar de wijze waarop een bestuursorgaan zich in een bepaalde aangelegenheid heeft gedragen.

Artikel 9:27

1. De ombudsman beoordeelt of het bestuursorgaan zich in de door hem onderzochte aangelegenheid al dan niet behoorlijk heeft gedragen.
2. Indien ten aanzien van de gedraging waarop het onderzoek van de ombudsman betrekking heeft door een rechterlijke instantie uitspraak is gedaan, neemt de ombudsman de rechtsgronden in acht waarop die uitspraak steunt of mede steunt.
3. De ombudsman kan naar aanleiding van het door hem verrichte onderzoek aan het bestuursorgaan aanbevelingen doen.

Afdeling 9.2.3 Procedure

Artikel 9:28

1. Het verzoekschrift wordt ondertekend en bevat ten minste:
   a. de naam en het adres van de verzoeker;
   b. de dagtekening;
   c. een omschrijving van de gedraging waartegen het verzoek is gericht, een aanduiding van degene die zich aldus heeft gedragen en een aanduiding van degene jegens wie de gedraging heeft plaatsgevonden, indien deze niet de verzoeker is;
   d. de gronden van het verzoek;

   e. de wijze waarop een klacht bij het bestuursorgaan is ingediend, en zo mogelijk de bevindingen van het onderzoek naar
de klacht door het bestuursorgaan, zijn oordeel daarover
alsmede de eventuele conclusies die het bestuursorgaan
hieraan verbonden heeft.

2. Indien het verzoekschrift in een vreemde taal is gesteld en een
vertaling voor een goede behandeling van het verzoek noodzakelijk is, draagt de verzoeker zorg voor een vertaling.

3. Indien niet is voldaan aan de in dit artikel gestelde vereisten of
indien het verzoekschrift geheel of gedeeltelijk is geweigerd op
grond van artikel 2:15, stelt de ombudsman de verzoeker in de
gelegenheid het verzuim binnen een door hem daartoe gestelde
termijn te herstellen.

Artikel 9:29
Aan de behandeling van het verzoek wordt niet meegewerkt door
een persoon die betrokken is geweest bij de gedraging waarop het
verzoek betrekking heeft.

Artikel 9:30
1. De ombudsman stelt het bestuursorgaan, degene op wiens gedraging het verzoek betrekking heeft, en de verzoeker in de gelegenheid hun standpunt toe te lichten.

2. De ombudsman beslist of de toelichting schriftelijk of mondeling
en al dan niet in elkaars tegenwoordigheid wordt gegeven.

Artikel 9:31
1. Het bestuursorgaan, onder zijn verantwoordelijkheid werkzame
personen – ook na het beëindigen van de werkzaamheden –,
getuigen alsmede de verzoeker verstrekken de ombudsman de
benodigde inlichtingen en verschijnen op een daartoe strekkende
uitnodiging voor hem. Gelijke verplichtingen rusten op ieder
college, met dien verstande dat het college bepaalt wie van zijn
leden aan de verplichtingen zal voldoen, tenzij de ombudsman
één of meer bepaalde leden aanwijst. De ombudsman kan be-
trokkenen die zijn opgeroepen gelasten om in persoon te verschijnen.

2. Inlichtingen die betrekking hebben op het beleid, gevoerd onder
de verantwoordelijkheid van een minister of een ander bestuursorgaan, kan de ombudsman bij de daarbij betrokken personen en
colleges slechts inwinnen door tussenkomst van de minister
onderscheidenlijk dat bestuursorgaan. Het orgaan door tussen-

komst waarvan de inlichtingen worden ingewonnen, kan zich bij het horen van de ambtenaren doen vertegenwoordigen.

3. Binnen een door de ombudsman te bepalen termijn worden ten behoeve van een onderzoek de onder het bestuursorgaan, degene op wiens gedraging het verzoek betrekking heeft, en bij anderen berustende stukken aan hem overgelegd nadat hij hierom schriftelijk heeft verzocht.

4. De ingevolge het eerste lid opgeroepen personen onderscheidenlijk degenen die ingevolge het derde lid verplicht zijn stukken over te leggen kunnen, indien daarvoor gewichtige redenen zijn, het geven van inlichtingen onderscheidenlijk het overleggen van stukken weigeren of de ombudsman mededelen dat uitsluitend hij kennis zal mogen nemen van de inlichtingen onderscheidenlijk de stukken.

5. De ombudsman beslist of de in het vierde lid bedoelde weigering onderscheidenlijk de beperking van de kennisneming gerechtvaardigd is.

6. Indien de ombudsman heeft beslist dat de weigering gerechtvaardigd is, vervalt de verplichting.

Artikel 9:32

1. De ombudsman kan ten dienste van het onderzoek deskundigen werkzaamheden opdragen. Hij kan voorts in het belang van het onderzoek deskundigen en tolken oproepen.

2. Door de ombudsman opgeroepen deskundigen of tolken verschijnen voor hem, en verlenen onpartijdig en naar beste weten hun diensten als zodanig. Op deskundigen, tevens ambtenaren, is artikel 9:31, tweede tot en met zesde lid, van overeenkomstige toepassing.

3. De ombudsman kan bepalen dat getuigen niet zullen worden gehoord en tolken niet tot de uitoefening van hun taak zullen worden toegelaten dan na het afleggen van de eed of de belofte. Getuigen leggen in dat geval de eed of de belofte af dat zij de gehele waarheid en niets dan de waarheid zullen zeggen en tolken dat zij hun plichten als tolk met nauwgezetheid zullen vervullen.

Artikel 9:33

1. Aan de door de ombudsman opgeroepen verzoekers, getuigen, deskundigen en tolken wordt een vergoeding toegekend. Deze vergoeding vindt plaats ten laste van de rechtspersoon waartoe het bestuursorgaan behoort op wiens gedraging het verzoek betrekking heeft, indien het een gemeente, provincie, waterschap

of gemeenschappelijke regeling betreft. In overige gevallen vindt de vergoeding plaats ten laste van het Rijk. Het bij en krachtens de Wet tarieven in strafzaken bepaalde is van overeenkomstige toepassing.
2. De in het eerste lid bedoelde personen die in openbare dienst zijn, ontvangen geen vergoeding indien zij zijn opgeroepen in verband met hun taak als zodanig.

Artikel 9:34
1. De ombudsman kan een onderzoek ter plaatse instellen. Hij heeft daarbij toegang tot elke plaats, met uitzondering van een woning zonder toestemming van de bewoner, voor zover dat redelijkerwijs voor de vervulling van zijn taak nodig is.
2. Bestuursorganen verlenen de medewerking die in het belang van het onderzoek, bedoeld in het eerste lid, is vereist.
3. Van het onderzoek wordt een proces-verbaal gemaakt.

Artikel 9:35
1. De ombudsman deelt, alvorens het onderzoek te beëindigen, zijn bevindingen schriftelijk mee aan:
   a. het betrokken bestuursorgaan;
   b. degene op wiens gedraging het verzoek betrekking heeft;
   c. de verzoeker.
2. De ombudsman geeft hun de gelegenheid zich binnen een door hem te stellen termijn omtrent de bevindingen te uiten.

Artikel 9:36
1. Wanneer een onderzoek is afgesloten, stelt de ombudsman een rapport op, waarin hij zijn bevindingen en zijn oordeel weergeeft. Hij neemt daarbij artikel 10 van de Wet openbaarheid van bestuur in acht.
2. Indien naar het oordeel van de ombudsman de gedraging niet behoorlijk is, vermeldt hij in het rapport welk vereiste van behoorlijkheid geschonden is.
3. De ombudsman zendt zijn rapport aan het betrokken bestuursorgaan, alsmede aan de verzoeker en aan degene op wiens gedraging het verzoek betrekking heeft.
4. Indien de ombudsman aan het bestuursorgaan een aanbeveling doet als bedoeld in artikel 9:27, derde lid, deelt het bestuursorgaan binnen een redelijke termijn aan de ombudsman mee op welke wijze aan de aanbeveling gevolg zal worden gegeven. Indien het bestuursorgaan overweegt de aanbeveling niet op te

volgen, deelt het dat met redenen omkleed aan de ombudsman mee.

5. De ombudsman geeft aan een ieder die daarom verzoekt, afschrift of uittreksel van een rapport als bedoeld in het eerste lid. Met betrekking tot de daarvoor in rekening te brengen vergoedingen en met betrekking tot kosteloze verstrekking is het bepaalde bij en krachtens de Wet tarieven in burgerlijke zaken van overeenkomstige toepassing. Tevens legt hij een zodanig rapport ter inzage op een door hem aan te wijzen plaats.

HOOFDSTUK 10
Bepalingen over bestuursorganen

Titel 10.1 Mandaat en delegatie

Afdeling 10.1.1 Mandaat

Artikel 10:1
Onder mandaat wordt verstaan: de bevoegdheid om in naam van een bestuursorgaan besluiten te nemen.

Artikel 10:2
Een door de gemandateerde binnen de grenzen van zijn bevoegdheid genomen besluit geldt als een besluit van de mandaatgever.

Artikel 10:3
1. Een bestuursorgaan kan mandaat verlenen, tenzij bij wettelijk voorschrift anders is bepaald of de aard van de bevoegdheid zich tegen de mandaatverlening verzet.
2. Mandaat wordt in ieder geval niet verleend indien het betreft een bevoegdheid:
    a. tot het vaststellen van algemeen verbindende voorschriften, tenzij bij de verlening van die bevoegdheid in mandaatverlening is voorzien;
    b. tot het nemen van een besluit ten aanzien waarvan is bepaald dat het met versterkte meerderheid moet worden genomen of waarvan de aard van de voorgeschreven besluitvormingsprocedure zich anderszins tegen de mandaatverlening verzet;
    c. tot het beslissen op een beroepschrift;
    d. tot het vernietigen van of tot het onthouden van goedkeuring aan een besluit van een ander bestuursorgaan.

3. Mandaat tot het beslissen op een bezwaarschrift of op een verzoek als bedoeld in artikel 7:1a, eerste lid, wordt niet verleend aan degene die het besluit waartegen het bezwaar zich richt, krachtens mandaat heeft genomen.

Artikel 10:4

1. Indien de gemandateerde niet werkzaam is onder verantwoordelijkheid van de mandaatgever, behoeft de mandaatverlening de instemming van de gemandateerde en in het voorkomende geval van degene onder wiens verantwoordelijkheid hij werkt.
2. Het eerste lid is niet van toepassing indien bij wettelijk voorschrift in de bevoegdheid tot de mandaatverlening is voorzien.

Artikel 10:5

1. Een bestuursorgaan kan hetzij een algemeen mandaat hetzij een mandaat voor een bepaald geval verlenen.
2. Een algemeen mandaat wordt schriftelijk verleend. Een mandaat voor een bepaald geval wordt in ieder geval schriftelijk verleend indien de gemandateerde niet werkzaam is onder verantwoordelijkheid van de mandaatgever.

Artikel 10:6

1. De mandaatgever kan de gemandateerde per geval of in het algemeen instructies geven ter zake van de uitoefening van de gemandateerde bevoegdheid.
2. De gemandateerde verschaft de mandaatgever op diens verzoek inlichtingen over de uitoefening van de bevoegdheid.

Artikel 10:7

De mandaatgever blijft bevoegd de gemandateerde bevoegdheid uit te oefenen.

Artikel 10:8

1. De mandaatgever kan het mandaat te allen tijde intrekken.
2. Een algemeen mandaat wordt schriftelijk ingetrokken.

Artikel 10:9

1. De mandaatgever kan toestaan dat ondermandaat wordt verleend.
2. Op ondermandaat zijn de overige artikelen van deze afdeling van overeenkomstige toepassing.

Artikel 10:10
Een krachtens mandaat genomen besluit vermeldt namens welk bestuursorgaan het besluit is genomen.

Artikel 10:11
1. Een bestuursorgaan kan bepalen dat door hem genomen besluiten namens hem kunnen worden ondertekend, tenzij bij wettelijk voorschrift anders is bepaald of de aard van de bevoegdheid zich hiertegen verzet.
2. In dat geval moet uit het besluit blijken, dat het door het bestuursorgaan zelf is genomen.

Artikel 10:12
Deze afdeling is van overeenkomstige toepassing indien een bestuursorgaan aan een ander, werkzaam onder zijn verantwoordelijkheid, volmacht verleent tot het verrichten van privaatrechtelijke rechtshandelingen, of machtiging verleent tot het verrichten van handelingen die noch een besluit, noch een privaatrechtelijke rechtshandeling zijn.

Afdeling 10.1.2 Delegatie

Artikel 10:13
Onder delegatie wordt verstaan: het overdragen door een bestuursorgaan van zijn bevoegdheid tot het nemen van besluiten aan een ander die deze onder eigen verantwoordelijkheid uitoefent.

Artikel 10:14
Delegatie geschiedt niet aan ondergeschikten.

Artikel 10:15
Delegatie geschiedt slechts indien in de bevoegdheid daartoe bij wettelijk voorschrift is voorzien.

Artikel 10:16
1. Het bestuursorgaan kan ter zake van de uitoefening van de gedelegeerde bevoegdheid uitsluitend beleidsregels geven.
2. Degene aan wie de bevoegdheid is gedelegeerd, verschaft het bestuursorgaan op diens verzoek inlichtingen over de uitoefening van de bevoegdheid.

Artikel 10:17
Het bestuursorgaan kan de gedelegeerde bevoegdheid niet meer zelf uitoefenen.

Artikel 10:18
Het bestuursorgaan kan het delegatiebesluit te allen tijde intrekken.

Artikel 10:19
Een besluit dat op grond van een gedelegeerde bevoegdheid wordt genomen, vermeldt het delegatiebesluit en de vindplaats daarvan.

Artikel 10:20
1. Op de overdracht door een bestuursorgaan van een bevoegdheid van een ander bestuursorgaan tot het nemen van besluiten aan een derde is deze afdeling, met uitzondering van artikel 10:16, van overeenkomstige toepassing.
2. Bij wettelijk voorschrift of bij het besluit tot overdracht kan worden bepaald dat het bestuursorgaan wiens bevoegdheid is overgedragen beleidsregels over de uitoefening van die bevoegdheid kan geven.
3. Degene aan wie de bevoegdheid is overgedragen, verschaft het overdragende en het oorspronkelijk bevoegde bestuursorgaan op hun verzoek inlichtingen over de uitoefening van de bevoegdheid.

Titel 10.2   Toezicht op bestuursorganen

Afdeling 10.2.1   Goedkeuring

Artikel 10:25
In deze wet wordt verstaan onder goedkeuring: de voor de inwerkingtreding van een besluit van een bestuursorgaan vereiste toestemming van een ander bestuursorgaan.

Artikel 10:26
Besluiten kunnen slechts aan goedkeuring worden onderworpen in bij of krachtens de wet bepaalde gevallen.

Artikel 10:27
De goedkeuring kan slechts worden onthouden wegens strijd met het recht of op een grond, neergelegd in de wet waarin of krachtens welke de goedkeuring is voorgeschreven.

Artikel 10:28

Aan een besluit waarover een rechter uitspraak heeft gedaan of waarbij een in kracht van gewijsde gegane uitspraak van de rechter wordt uitgevoerd, kan geen goedkeuring worden onthouden op rechtsgronden welke in strijd zijn met die waarop de uitspraak steunt of mede steunt.

Artikel 10:29

1. Een besluit kan alleen dan gedeeltelijk worden goedgekeurd, indien gedeeltelijke inwerkingtreding strookt met aard en inhoud van het besluit.
2. De goedkeuring kan noch voor bepaalde tijd of onder voorwaarden worden verleend, noch worden ingetrokken.

Artikel 10:30

1. Gedeeltelijke goedkeuring of onthouding van goedkeuring vindt niet plaats dan nadat aan het bestuursorgaan dat het besluit heeft genomen, gelegenheid tot overleg is geboden.
2. De motivering van het goedkeuringsbesluit verwijst naar hetgeen in het overleg aan de orde is gekomen.

Artikel 10:31

1. Tenzij bij wettelijk voorschrift anders is bepaald, wordt het besluit omtrent goedkeuring binnen dertien weken na de verzending ter goedkeuring bekend gemaakt aan het bestuursorgaan dat het aan goedkeuring onderworpen besluit heeft genomen.
2. Het nemen van het besluit omtrent goedkeuring kan eenmaal voor ten hoogste dertien weken worden verdaagd.
3. In afwijking van het tweede lid kan het nemen van het besluit omtrent goedkeuring eenmaal voor ten hoogste zes maanden worden verdaagd indien inzake dat besluit advies van een adviseur als bedoeld in artikel 3:5 is vereist.
4. Tenzij bij wettelijk voorschrift anders is bepaald wordt een besluit tot goedkeuring geacht te zijn genomen, indien binnen de in het eerste lid genoemde termijn geen besluit omtrent goedkeuring of geen besluit tot verdaging, dan wel binnen de termijn waarvoor het besluit is verdaagd, geen besluit omtrent goedkeuring is bekendgemaakt aan het bestuursorgaan dat het aan goedkeuring onderworpen besluit heeft genomen.

Artikel 10:32

1. Deze afdeling is van overeenkomstige toepassing indien voor het nemen van een besluit door een bestuursorgaan de toestemming van een ander bestuursorgaan is vereist.
2. Bij de toestemming kan een termijn worden gesteld waarbinnen het besluit dient te worden genomen.

Afdeling 10.2.2   Vernietiging

Artikel 10:33

Deze afdeling is van toepassing indien een bestuursorgaan bevoegd is buiten administratief beroep een besluit van een ander bestuursorgaan te vernietigen.

Artikel 10:34

De vernietigingsbevoegdheid kan slechts worden verleend bij de wet.

Artikel 10:35

Vernietiging kan alleen geschieden wegens strijd met het recht of het algemeen belang.

Artikel 10:36

Een besluit kan alleen dan gedeeltelijk worden vernietigd, indien gedeeltelijke instandhouding strookt met aard en inhoud van het besluit.

Artikel 10:37

Een besluit waarover de rechter uitspraak heeft gedaan of waarbij een in kracht van gewijsde gegane uitspraak van de rechter wordt uitgevoerd, kan niet worden vernietigd op rechtsgronden welke in strijd zijn met die waarop de uitspraak steunt of mede steunt.

Artikel 10:38

1. Een besluit dat nog goedkeuring behoeft, kan niet worden vernietigd.
2. Een besluit waartegen bezwaar of beroep openstaat of aanhangig is, kan niet worden vernietigd.

Artikel 10:39

1. Een besluit tot het verrichten van een privaatrechtelijke rechtshandeling kan niet worden vernietigd, indien dertien weken zijn verstreken nadat het is bekendgemaakt.

2. Indien binnen de termijn genoemd in het eerste lid overeenkomstig artikel 10:43 schorsing heeft plaatsgevonden, blijft vernietiging binnen de duur van de schorsing mogelijk.
3. Indien een besluit als bedoeld in het eerste lid aan goedkeuring is onderworpen, vangt de in het eerste lid genoemde termijn aan nadat het goedkeuringsbesluit is bekendgemaakt. Op het goedkeuringsbesluit zijn het eerste en tweede lid van overeenkomstige toepassing.

Artikel 10:40
Een besluit dat overeenkomstig artikel 10:43 is geschorst, kan, nadat de schorsing is geëindigd, niet meer worden vernietigd.

Artikel 10:41
1. Vernietiging vindt niet plaats dan nadat aan het bestuursorgaan dat het besluit heeft genomen, gelegenheid tot overleg is geboden.
2. De motivering van het vernietigingsbesluit verwijst naar hetgeen in het overleg aan de orde is gekomen.

Artikel 10:42
1. Vernietiging van een besluit strekt zich uit tot alle rechtsgevolgen waarop het was gericht.
2. In het vernietigingsbesluit kan worden bepaald dat de rechtsgevolgen van het vernietigde besluit geheel of ten dele in stand blijven.
3. Indien een besluit tot het aangaan van een overeenkomst wordt vernietigd, wordt de overeenkomst, zo zij reeds is aangegaan en voor zover bij het vernietigingsbesluit niet anders is bepaald, niet of niet verder uitgevoerd, onverminderd het recht van de wederpartij op schadevergoeding.

Afdeling 10.2.3 Schorsing

Artikel 10:43
Hangende het onderzoek of er reden is tot vernietiging over te gaan, kan een besluit door het tot vernietiging bevoegde bestuursorgaan worden geschorst.

Artikel 10:44
1. Het besluit tot schorsing bepaalt de duur hiervan.
2. De schorsing van een besluit kan eenmaal worden verlengd.

3. De schorsing kan ook na verlenging niet langer duren dan een jaar.
4. Indien bezwaar is gemaakt of beroep is ingesteld tegen het geschorste besluit, duurt de schorsing evenwel voort tot dertien weken nadat op het bezwaar of beroep onherroepelijk is beslist.
5. De schorsing kan worden opgeheven.

Artikel 10:45
Op het besluit inzake schorsing zijn de artikelen 10:36, 10:37, 10:38, eerste lid, 10:39, eerste en derde lid, en 10:42, derde lid, van overeenkomstige toepassing.

HOOFDSTUK 11.
Slotbepalingen

Artikel 11:1
1. Onze Ministers van Justitie en van Binnenlandse Zaken zenden binnen drie jaren na de inwerkingtreding van deze wet en vervolgens om de vijf jaren aan de Staten-Generaal een verslag over de wijze waarop zij is toegepast.
2. Het eerste lid is niet van toepassing ten aanzien van de voorschriften betreffende beroep bij een administratieve rechter.

Artikel 11:2
Deze wet treedt in werking op een bij koninklijk besluit te bepalen tijdstip.

Artikel 11:3
Voor de bekendmaking van deze wet stelt Onze Minister van Justitie de nummering van de artikelen, afdelingen, titels en hoofdstukken van deze wet opnieuw vast en brengt hij de in deze wet voorkomende aanhalingen van artikelen, afdelingen, titels en hoofdstukken daarmee in overeenstemming.

Artikel 11:4
Deze wet wordt aangehaald als: Algemene wet bestuursrecht.

Bijlage bij de Algemene wet bestuursrecht

A. Ministerie van Justitie

1. Uitleveringswet.
2. Wet administratiefrechtelijke handhaving verkeersvoorschriften.
3. Artikel 7, eerste en tweede lid, en afdeling 4 van Titel 14 van Boek 1 van het Burgerlijk Wetboek, alsmede de artikelen 64, derde lid, 68, tweede lid, 125, tweede lid, 156, 175, derde lid, 179, tweede lid, 235, tweede lid, en 266 van Boek 2 van het Burgerlijk Wetboek, voor zover de aanvraag is toegewezen.
4. De artikelen 29, 32, eerste en tweede lid, 34, derde lid, 35, tweede lid, 37, tweede lid, 38d, en 43b van de Politiewet 1993.
5. Artikel 285 van de Faillissementswet.
6. De artikelen 41, achtste lid, 59, achtste lid, en 100 van de Wet op de rechterlijke organisatie.
7. Artikel 3a, tweede lid, van de Gerechtsdeurwaarderswet.

B. Ministerie van Binnenlandse Zaken en Koninkrijksrelaties

1. Artikel 9 van de Financiële-verhoudingswet
2. Hoofdstuk 2 van de Algemene wet gelijke behandeling, met uitzondering van de artikelen 16 en 17 en de op grond van artikel 21, tweede lid, gestelde regels.
3. De artikelen 49, 167, derde lid, en 179, derde lid, van de Provinciewet.
4. De artikelen 49, 169, derde lid, en 180, derde lid, van de Gemeentewet.
5. Rijkswet Onderzoeksraad voor veiligheid, met uitzondering van beslissingen ten aanzien van de algemeen secretaris en de medewerkers van het bureau.

C. Ministerie van Volkshuisvesting, Ruimtelijke Ordening en Milieubeheer

1. onteigeningswet.
2. Artikel 2.1, artikel 2.2, artikel 2.3, artikel 3.7, artikel 3.30, eerste lid, aanhef, artikel 3.33, eerste lid, aanhef, artikel 3.35, eerste lid, aanhef, artikel 4.1, vijfde lid, artikel 4.2, eerste lid, voor zover niet begrepen onder artikel 8.2, eerste lid, onder f, artikel 4.2, derde lid, artikel 4.3, vierde lid, artikel 4.4, eerste lid, onder a, voor zover niet begrepen onder artikel 8.2, eerste lid, onder f, en onder b en c, artikel 4.4, derde lid, artikel 6.15, eerste lid,

voor zover de herziening uitsluitend betrekking heeft op onderdelen, bedoeld in het derde lid, artikel 7.6, eerste lid en artikel 7.8, eerste lid, van de Wet ruimtelijke ordening.

3. De artikelen 4.3 tot en met 4.6, 4.9 tot en met 4.12, 4.15a, 4.16 tot en met 4.19, 8.27, 8.39, 10.3, 16.23, eerste lid, 16.29, eerste lid, met uitzondering van een besluit houdende toewijzing van broeikasgasemissierecht en voor een afzonderlijke inrichting, 17.5, eerste lid, 18.16m, derde lid, en 18.16n, eerste lid, van de Wet milieubeheer.

4. Artikel 43 van de Wet bodembescherming, voor zover inhoudende de afwijzing van een verzoek.

5. Artikel 6, derde lid, tweede volzin, van de Wet stedelijke vernieuwing, voorzover het betreft de aanwijzing van gemeenten waarvan naar het oordeel van gedeputeerde staten gelet op de aard en de omvang van de stedelijke vernieuwingsopgave een ontwikkelingsprogramma in de zin van die wet wordt verlangd om in aanmerking te komen voor investeringsbudget op voet van die wet.

6. Artikel 7 van de Wet geurhinder en veehouderij.

6. Artikel 100b, eerste lid, van de Woningwet.

D. Ministerie van Verkeer en Waterstaat

1. Artikel 7d van de Wet verontreiniging oppervlaktewateren.

2. De artikelen 3.4, eerste lid, onder b, voorzover het een aanwijzing betreft, 3.10 en 18.9, eerste en tweede lid, van de Telecommunicatiewet.

3. De artikelen 8.4 en 8.15 van de Wet luchtvaart.

E. Ministerie van Landbouw, Natuurbeheer en Visserij

1. De artikelen 36, eerste lid, 37, 44, eerste lid, 45 en 70 van de Reconstructiewet Midden-Delfland.

2. De artikelen 20 tot en met 22, 72, eerste lid, 75 en 101, derde lid, van de Herinrichtingswet Oost-Groningen en de Gronings-Drentse Veenkoloniën.

3. De artikelen 17 en 23 van de Natuurbeschermingswet.

4. Artikel 58 van de Reconstructiewet concentratiegebieden, voor zover het betreft de lijst der geldelijke regelingen.

5. De artikelen 94 en 95 van de Meststoffenwet.

6. De artikelen 107 en 108 van de Wet gewasbeschermingsmiddelen en biociden.

F. Ministerie van Sociale Zaken en Werkgelegenheid

1. Artikel 6 van het Buitengewoon Besluit Arbeidsverhoudingen 1945.
2. Artikel 45, eerste lid, van de Algemene Bijstandswet en de artikelen 74 en 140 en hoofdstuk VII van de Algemene bijstandswet, paragraaf 6.5 van de Wet werk en bijstand en de artikelen 52 en 81 van de Wet werk en bijstand en artikel 14 van de Wet werk en inkomen kunstenaars.
3. Artikelen 40 en 42 van de Invoeringswet Wet structuur uitvoeringsorganisatie werk en inkomen.
4. Wet melding collectief ontslag.
5. Artikel 42 van de Arbeidsvoorzieningswet 1996.

G. Ministerie van Defensie

[Vervallen.]

H. Ministerie van Volksgezondheid, Welzijn en Sport

1. Wet bijzondere opnemingen in psychiatrische ziekenhuizen.
2. De artikelen 31 en 35 van de Wet publieke gezondheid.
3. Artikel 3, vierde lid, van de Wet op de jeugdzorg, alsmede artikel 6, eerste lid, van die wet voor zover dit besluit is genomen ter uitvoering van de taak, bedoeld in artikel 10, eerste lid, onder b, van die wet of in artikel 10, eerste lid, onder c, van die wet met uitzondering van de daarin bedoelde nazorg en de daarin genoemde begeleiding, bedoeld in artikel 77hh van het Wetboek van strafrecht, en de artikelen 29o tot en met 29r, 29t en 29v van de Wet op de Jeugdzorg.

I Ministerie van Financiën

1. Invorderingswet 1990, met uitzondering van de artikelen 30 en 49,
2. Kostenwet invordering rijksbelastingen, met uitzondering van artikel 7.
3. De artikelen 2, eerste lid, 3, eerste en tweede lid, 4, 9, 12 en 30 van de Wet toezicht financiële verslaggeving.
4. Artikel 30, tweede lid, van de Wet vermindering afdracht loonbelasting en premie voor de volksverzekeringen.

J. Ministerie van Economische Zaken

Artikel 49a, eerste lid van de Mededingswet voor zover de aanvraag is afgewezen, alsmede artikel 49c, tweede lid, van die wet voor zover de intrekking of wijziging geschiedt op de gronden, bedoeld in het eerste lid, onderdelen b of c van dat artikel.

23   Besluit proceskosten bestuursrecht

Artikel 1

Een veroordeling in de kosten als bedoeld in artikel 8:75 onderscheidelijk een vergoeding van de kosten als bedoeld in artikel 7:15, tweede lid, of 7:28, tweede lid, van de Algemene wet bestuursrecht kan uitsluitend betrekking hebben op:

a. kosten van door een derde beroepsmatig verleende rechtsbijstand,

b. kosten van een getuige of deskundige of tolk die door een partij is meegebracht of opgeroepen, dan wel van een deskundige die aan een partij verslag heeft uitgebracht,

c. reis- en verblijfkosten van een partij of een belanghebbende,

d. verletkosten van een partij of een belanghebbende,

e. kosten van uittreksels uit de openbare registers, telegrammen, internationale telexen, internationale telefaxen en internationale telefoongesprekken, en

f. kosten van het als gemachtigde optreden van een arts in zaken waarin enig wettelijk voorschrift verplicht tot tussenkomst van een gemachtigde die arts is.

Artikel 2

1. Het bedrag van de kosten wordt bij de uitspraak onderscheidelijk de beslissing op het bezwaar of het administratief beroep als volgt vastgesteld:

a. ten aanzien van de kosten, bedoeld in artikel 1, onderdeel a: overeenkomstig het in de bijlage opgenomen tarief;

b. ten aanzien van de kosten, bedoeld in artikel 1, onderdeel b: op de vergoeding die ingevolge artikel 8:36, tweede lid, van de Algemene wet bestuursrecht is verschuldigd indien de kosten zijn gemaakt in bezwaar of administratief beroep wordt deze vergoeding vastgesteld met overeenkomstige toepassing van het bepaalde bij en krachtens de Wet tarieven in strafzaken;

c. ten aanzien van de kosten, bedoeld in artikel 1, onderdeel c: overeenkomstig artikel 11 , eerste lid, onderdeel c van het Besluit tarieven in strafzaken 2003;

d. ten aanzien van de kosten, bedoeld in artikel 1, onderdeel d: overeenkomstig een tarief dat, afhankelijk van de omstandigheden, tussen € 4,54 en € 53,09 per uur bedraagt;

e. ten aanzien van de kosten, bedoeld in artikel 1, onder e: op de werkelijke kosten,

f. ten aanzien van de kosten, bedoeld in artikel 1, onder f: met overeenkomstige toepassing van het in de bijlage opgenomen tarief, met dien verstande dat slechts de helft van het aantal uit de bijlage voortvloeiende punten wordt toegekend.

2. Indien een partij of een belanghebbende gedeeltelijk in het gelijk is gesteld, kan het op grond van het eerste lid vastgestelde bedrag worden verminderd. Het op grond van het eerste lid vastgestelde bedrag kan eveneens worden verminderd indien het beroep bij de administratieve rechter is ingetrokken omdat gedeeltelijk aan de indiener van het beroepschrift is tegemoetgekomen.

3. In bijzondere omstandigheden kan van het eerste lid worden afgeweken.

Artikel 3

1. Samenhangende zaken worden voor de toepassing van artikel 2, eerste lid, onder a, beschouwd als één zaak.

2. Samenhangende zaken zijn: gelijktijdig of nagenoeg gelijktijdig door een of meer belanghebbenden tegen nagenoeg identieke besluiten op vergelijkbare gronden gemaakte bezwaren of ingestelde beroepen waarin rechtsbijstand als bedoeld in artikel 1, onderdeel a, is verleend door een of meer personen die deel uitmaken van hetzelfde samenwerkingsverband en van wie de werkzaamheden in elk van de zaken nagenoeg identiek konden zijn.

Artikel 4

De in dit besluit bedoelde bedragen kunnen bij regeling van Onze Minister van Justitie worden gewijzigd voor zover de consumentenprijsindex daartoe aanleiding geeft.

Artikel 5

Dit besluit treedt in werking met ingang van 1 januari 1994.

Artikel 6

Dit besluit wordt aangehaald als: Besluit proceskosten bestuursrecht.

Bijlage bij besluit proceskosten bestuursrecht

TARIEF als bedoeld in artikel 2, eerste lid, onderdeel a, van het Besluit proceskosten bestuursrecht
Het bedrag van de kosten, bedoeld in artikel 1, onderdeel a, van het Besluit proceskosten bestuursrecht, wordt vastgesteld door aan de verrichte proceshandelingen punten toe te kennen overeenkomstig onderstaande lijst (A) en die punten te vermenigvuldigen met de waarde per punt (B) en met de toepasselijke wegingsfactoren (C).

Punten per proceshandeling
A1. procedures waarop hoofdstuk 8 Algemene wet bestuursrecht van toepassing of van overeenkomstige toepassing is

Beroep en hoger beroep		Punten
1	Beroepschrift/verweerschrift (artikel 6:4, 8:42)	1
2	Repliek/dupliek (8:43, eerste lid) / schriftelijke uiteenzetting (8:43, tweede lid)	0,5
3	Verschijnen (inlichtingen) comparitie (8:44)	0,5
4	Schriftelijke inlichtingen (8:45)	0,5
5	Bijwonen getuigenverhoor (8:46)	0,5
6	Schriftelijke zienswijze na verslag deskundigenonderzoek (8:47, vijfde lid)	0,5
7	Bijwonen onderzoek ter plaatse (8:50, derde lid)	0,5
8	Verschijnen zitting (8:56)	1
9	Nadere zitting (8:64)	0,5
Verzet		
10	Verzetschrift (8:55, eerste lid)	0,5
11	Verschijnen zitting (8:55, derde lid)	0,5
Voorlopige voorziening		
12	Verzoekschrift (8:81, 8:87)	1
13	Verschijnen zitting (8:83)	1
Herziening		
14	Verzoekschrift (8:88)	1

Cassatie		
15	Beroepschrift / verweerschrift / beantwoording incidenteel beroep	2
16	Repliek / dupliek	2
17	Mondelinge of schriftelijke toelichting	2
18	Schriftelijk commentaar op conclusie procureur-generaal Hoge Raad	0,5

A2. Prejudiciële procedures bij het Hof van Justitie van de Europese Gemeenschappen

1	Schriftelijke opmerkingen	2
2	Verschijnen mondelinge behandeling	2

A3. Procedures bij het Benelux-gerechtshof

1	Memorie	2
2	Pleidooi	2

A4. Bezwaar en administratief beroep

Bezwaar en administratief beroep		
1	Bezwaarschrift/ beroepschrift (artikel 6:4)	1
2	Verschijnen hoorzitting (artikel 7:2; 7:16)	1
3	Nadere hoorzitting (artikel 7:9;7:23)	0,5

B. Waarde per punt

B1. Beroep en hoger beroep

   1 punt = € 322

B2. Bezwaar en administratief beroep

1. 1 punt = € 161 voor besluiten genomen op grond van een wettelijk voorschrift inzake belastingen of de heffing van premies, dan wel premievervangende belasting voor de sociale verzekeringen, bedoeld in artikel 2, onderdelen a en c, van de Wet financiering sociale verzekeringen. Dit geldt tevens voor besluiten genomen op grond van een wettelijk voorschrift inzake de heffing van de inkomensafhankelijke bijdragen, dan wel een bijdragevervangende belasting, ingevolge de Zorgverzekeringswet.
2. 1 punt = € 322 in de overige gevallen.

C. Wegingsfactoren

C1. Gewicht van de zaak

Gewicht		Factor
Zeer licht		0,25
Licht		0,5
Gemiddeld		1
Zwaar		1,5
Zeer zwaar		2

C2. Samenhangende zaken

Aantal samenhangende zaken	factor
minder dan 4	1
4 of meer	1,5

24   Algemene wet inzake rijksbelastingen

HOOFDSTUK I
Algemene bepalingen

Artikel 1
1. De bepalingen van deze wet gelden bij de heffing van rijksbelastingen, de heffing van heffingsrente, revisierente, bestuurlijke boeten welke ingevolge de belastingwet kunnen worden vastgesteld of opgelegd, alsmede bij de uitvoering van de basisregistratie inkomen.
2. Onder rijksbelastingen worden verstaan belastingen welke van rijkswege door de rijksbelastingdienst worden geheven.
3. Met betrekking tot de heffing van rijksbelastingen blijven de afdelingen 5.2 en 10.2.1 van de Algemene wet bestuursrecht buiten toepassing.

Artikel 2
1. Deze wet verstaat onder:
    a. *belastingwet*: zowel deze wet als andere wettelijke bepalingen betreffende de heffing van de onder artikel 1 vallende belastingen;
    b. *lichamen*: verenigingen en andere rechtspersonen, maat- en vennootschappen, ondernemingen van publiekrechtelijke rechtspersonen en doelvermogens.
2. Waar in de belastingwet wordt gesproken:
    a. van *vereniging*, is daaronder begrepen de samenwerkingsvorm zonder rechtspersoonlijkheid die met een vereniging maatschappelijk gelijk kan worden gesteld;
    b. met betrekking tot een lichaam van bestuurder, zijn daaronder begrepen de beherende vennoot van een maat- of vennootschap en de binnenlandse vertegenwoordiger van een niet binnen het Rijk gevestigd lichaam, alsmede in geval van ontbinding hij die met de vereffening is belast;
    c. van Mogendheid, wordt daaronder mede begrepen een daarmee gelijk te stellen bestuurlijke eenheid;
    d. van staat, wordt daaronder mede begrepen Mogendheid;
    e. van verdrag, wordt daaronder mede begrepen regelen ter voorkoming van dubbele belasting die zijn overeengekomen met een in onderdeel c bedoelde bestuurlijke eenheid;

f. van regeling ter voorkoming van dubbele belasting, wordt daaronder mede begrepen regelen ter voorkoming van dubbele belasting die zijn overeengekomen met een in onderdeel c bedoelde bestuurlijke eenheid.

3. De belastingwet verstaat onder:
   a. Onze Minister: Onze Minister van Financiën;
   b. directeur, inspecteur of ontvanger: de functionaris die als zodanig bij ministeriële regeling is aangewezen;
   c. open commanditaire vennootschap: de commanditaire vennootschap waarbij, buiten het geval van vererving of legaat, toetreding of vervanging van commanditaire vennoten kan plaats hebben zonder toestemming van alle vennoten, beherende zowel als commanditaire;
   d. 1°. Rijk: Nederland;
      2°. Nederland: Nederland, met dien verstande dat voor de heffing van de inkomstenbelasting, de loonbelasting, de vennootschapsbelasting en de assurantiebelasting Nederland tevens omvat de exclusieve economische zone van het Koninkrijk bedoeld in artikel 1, van de Rijkswet instelling exclusieve economische zone, voor zover deze grenst aan de territoriale zee van Nederland.
   e. belastingaanslag: de voorlopige aanslag, de aanslag, de navorderingsaanslag en de naheffingsaanslag, alsmede de voorlopige conserverende aanslag, de conserverende aanslag en de conserverende navorderingsaanslag in de inkomstenbelasting, het recht van successie en het recht van schenking;
   f. aandeel: mede de deelgerechtigdheid van een commanditaire vennoot in een open commanditaire vennootschap;
   g. Communautair douanewetboek: verordening (EEG) nr. 2913/92 van de Raad van de Europese Gemeenschappen van 12 oktober 1992 tot vaststelling van het communautair douanewetboek (PbEG L 302);
   h. toepassingsverordening Communautair douanewetboek: verordening (EEG) nr. 2454/93 van de Commissie van de Europese Gemeenschappen van 2 juli 1993 houdende vaststelling van enkele bepalingen ter uitvoering van verordening (EEG) nr. 2913/92 van de Raad van de Europese Gemeenschappen tot vaststelling van het communautair douanewetboek (PbEG L 253);
   i. kind: eerstegraads bloedverwant en aanverwant in de neergaande lijn;

    j.   sociaal-fiscaalnummer: het nummer waaronder een natuurlijke persoon is geregistreerd bij de rijksbelastingdienst, welk nummer tevens dient als registratienummer voor de verzekerde en de uitkeringsgerechtigde bij de uitvoering van de wettelijke voorschriften inzake de sociale zekerheid.

4. Het in de belastingwet genoemde bestuur van 's Rijks belastingen wordt uitgeoefend door de door Onze Minister aangewezen ambtenaren.

5. Hetgeen bij of krachtens deze wet wordt bepaald inzake de in het derde lid, onderdeel e, bedoelde voorlopige aanslag, aanslag of navorderingsaanslag, is van overeenkomstige toepassing met betrekking tot de in dat onderdeel bedoelde voorlopige conserverende aanslag, onderscheidenlijk conserverende aanslag of conserverende navorderingsaanslag, met dien verstande dat:

    a.   een voorlopige aanslag en in de belastingwet daartoe aangewezen voorheffingen niet worden verrekend met een conserverende aanslag en een voorlopige conserverende aanslag niet wordt verrekend met een aanslag;

    b.   een voorlopige conserverende aanslag niet wordt verrekend met een conserverende aanslag doch vervalt tegelijk met de vaststelling van de conserverende aanslag onder toerekening van het ter zake van de voorlopige conserverende aanslag verleende uitstel van betaling, de daaromtrent gestelde zekerheid, alsmede van de betalingen die op die conserverende voorlopige aanslag mochten zijn verricht, aan de conserverende aanslag.

6. Bepalingen van de belastingwet die rechtsgevolgen verbinden aan het aangaan, het bestaan, de beëindiging of het beëindigd zijn van een huwelijk zijn van overeenkomstige toepassing op het aangaan, het bestaan, de beëindiging onderscheidenlijk het beëindigd zijn van een geregistreerd partnerschap.

Artikel 3

1. De bevoegdheid van een directeur, inspecteur of ontvanger is niet bepaald naar een geografische indeling van Nederland.

2. Bij ministeriële regeling worden regels gesteld omtrent de hoofdlijnen van de inrichting van de rijksbelastingdienst alsmede omtrent de functionaris, bedoeld in artikel 2, derde lid, onderdeel b, onder wie een belastingplichtige ressorteert.

Artikel 4

1. Waar iemand woont en waar een lichaam gevestigd is, wordt naar de omstandigheden beoordeeld.

2. Voor de toepassing van het eerste lid worden schepen en luchtvaartuigen welke binnen het Rijk hun thuishaven hebben, ten opzichte van de bemanning als deel van het Rijk beschouwd.

3. Voor de toepassing van de wettelijke bepalingen ter uitvoering van de Richtlijn 90/434/EEG van de Raad van de Europese Gemeenschappen van 23 juli 1990 betreffende de gemeenschappelijke fiscale regeling voor fusies, splitsingen, inbreng van activa en aandelenruil met betrekking tot vennootschappen uit verschillende Lid-Staten (PbEG L 225), de Richtlijn 90/435/EEG van de Raad van de Europese Gemeenschappen van 23 juli 1990 betreffende de gemeenschappelijke fiscale regeling voor moedermaatschappijen en dochterondernemingen uit verschillende Lid-Staten (PbEG L 225) of Richtlijn nr. 2003/49/EG van de Raad van de Europese Unie van 3 juni 2003 betreffende een gemeenschappelijke belastingregeling inzake uitkeringen van interest en royalty's tussen verbonden ondernemingen van verschillende lidstaten (Pb L 157) wordt, in afwijking in zoverre van het eerste lid en voor zover dat voortvloeit uit de genoemde Richtlijnen, een lichaam geacht te zijn gevestigd in een Lid-Staat van de Europese Gemeenschappen indien dat lichaam volgens de fiscale wetgeving van de Lid-Staat aldaar is gevestigd.

Artikel 5

1. De vaststelling van een belastingaanslag geschiedt door het ter zake daarvan opmaken van een aanslagbiljet door de inspecteur. De dagtekening van het aanslagbiljet geldt als dagtekening van de vaststelling van de belastingaanslag. De inspecteur stelt het aanslagbiljet ter invordering van de daaruit blijkende belastingaanslag aan de ontvanger ter hand.

2. Het eerste lid is van overeenkomstige toepassing met betrekking tot het door de inspecteur nemen van een beschikking of het doen van uitspraak strekkende tot - al dan niet nadere - vaststelling van een ingevolge de belastingwet verschuldigd of terug te geven bedrag.

3. De inspecteur vermeldt op het aanslagbiljet of in de kennisgeving van de beschikking of uitspraak in ieder geval de termijn of de termijnen waarbinnen het verschuldigde of terug te geven bedrag moet worden betaald.

Artikel 5a [Vervallen.]

Hoofdstuk II. Aangifte

Artikel 6

1. Met betrekking tot belastingen welke ingevolge de belastingwet bij wege van aanslag worden geheven, dan wel op aangifte worden voldaan of afgedragen, kan de inspecteur degene die naar zijn mening vermoedelijk belastingplichtig of inhoudings- plichtig is uitnodigen tot het doen van aangifte. Worden door de belastingwet aangelegenheden van een derde aangemerkt als aangelegenheden van degene die vermoedelijk belastingplichtig of inhoudingsplichtig is, dan kan de inspecteur ook die derde uitnodigen tot het doen van aangifte. Bij ministeriële regeling worden regels gesteld met betrekking tot de wijze waarop het uitnodigen tot het doen van aangifte geschiedt.
2. Degene die een daartoe strekkend verzoek bij de inspecteur indient, wordt in elk geval uitgenodigd tot het doen van aangifte.
3. Bij ministeriële regeling kan degene, die in de daarbij omschre- ven omstandigheden verkeert, worden verplicht om binnen een te stellen termijn om uitnodiging tot het doen van aangifte te verzoeken.

Artikel 7

1. In de uitnodiging tot het doen van aangifte wordt opgave ver- langd van gegevens en kan overlegging of toezending worden gevraagd van bescheiden en andere gegevensdragers of de inhoud daarvan, waarvan de kennisneming voor de heffing van de belasting van belang kan zijn.
2. Onder bescheiden en andere gegevensdragers worden voor de toepassing van het eerste lid niet begrepen bescheiden en andere gegevensdragers welke plegen te worden opgemaakt om te dienen als bewijs tegenover derden.

Artikel 8

1. Ieder die is uitgenodigd tot het doen van aangifte, is gehouden aangifte te doen door:
   a. de in de uitnodiging gevraagde gegevens duidelijk, stellig en zonder voorbehoud op bij ministeriële regeling te bepalen wijze in te vullen, te ondertekenen en in te leveren of toe te zenden, alsmede
   b. de in de uitnodiging gevraagde bescheiden of andere gege- vensdragers, dan wel de inhoud daarvan, op bij ministeriële regeling te bepalen wijze in te leveren of toe te zenden.
2. Bij ministeriële regeling kan worden bepaald:

a. voor welke belastingen of groepen van belastingplichtigen of inhoudingsplichtigen het doen van aangifte uitsluitend langs elektronische weg kan geschieden, en

b. onder welke voorwaarden hiervan door de inspecteur bij voor bezwaar vatbare beschikking ontheffing kan worden verleend.

De in dit lid bedoelde belastingplichtigen kunnen uitsluitend betreffen administratieplichtigen in de zin van artikel 52, tweede lid.

3. Het doen van aangifte is geen aanvraag in de zin van artikel 1:3, derde lid, van de Algemene wet bestuursrecht.

4. Bij ontvangst van de aangifte wordt desverlangd een ontvangstbevestiging afgegeven.

5. Bij ministeriële regeling kan worden bepaald in welke gevallen en onder welke voorwaarden de inspecteur ontheffing kan verlenen van de verplichting de in de uitnodiging tot het doen van aangifte gevraagde gegevens en bescheiden en andere gegevensdragers of de inhoud daarvan in te leveren of toe te zenden.

Artikel 9

1. Met betrekking tot belastingen welke ingevolge de belastingwet bij wege van aanslag worden geheven, wordt de aangifte gedaan bij de inspecteur binnen een door deze gestelde termijn van ten minste een maand na het uitnodigen tot het doen van aangifte.

2. De inspecteur kan de door hem gestelde termijn verlengen. Hij kan aan de verlenging voorwaarden verbinden, onder meer dat vóór een door hem te bepalen datum op bij ministeriële regeling te bepalen wijze gegevens voor het opleggen van een voorlopige aanslag worden verstrekt.

3. De inspecteur kan niet eerder dan na verloop van de in het eerste, onderscheidenlijk het tweede lid bedoelde termijn de belastingplichtige aanmanen binnen een door hem te stellen termijn aangifte te doen.

Artikel 10

1. Met betrekking tot belastingen welke ingevolge de belastingwet op aangifte moeten worden voldaan of afgedragen, wordt de aangifte gedaan bij de inspecteur of de ontvanger die is vermeld in de uitnodiging tot het doen van aangifte.

2. Heeft de aangifte betrekking op een tijdvak, dan wordt zij gedaan binnen een door de inspecteur gestelde termijn van ten minste een maand na het einde van het tijdvak. Heeft de aangifte niet betrekking op een tijdvak, dan wordt zij gedaan binnen een door de inspecteur gestelde termijn van ten minste een maand.
3. De inspecteur kan onder door hem te stellen voorwaarden uitstel van het doen van aangifte verlenen.

Hoofdstuk III. Heffing van belasting bij wege van aanslag

Artikel 11
1. De aanslag wordt vastgesteld door de inspecteur.
2. De inspecteur kan bij het vaststellen van de aanslag van de aangifte afwijken, zomede de aanslag ambtshalve vaststellen.
3. De bevoegdheid tot het vaststellen van de aanslag vervalt door verloop van drie jaren na het tijdstip waarop de belastingschuld is ontstaan. Indien voor het doen van aangifte uitstel is verleend, wordt deze termijn met de duur van dit uitstel verlengd.
4. Voor de toepassing van het derde lid wordt belastingschuld, waarvan de grootte eerst kan worden vastgesteld na afloop van het tijdvak waarover de belasting wordt geheven, geacht te zijn ontstaan op het tijdstip waarop dat tijdvak eindigt.

Artikel 12
De inspecteur neemt het besluit om aan hem die aangifte heeft gedaan, geen aanslag op te leggen, bij voor bezwaar vatbare beschikking.

Artikel 13
1. Ingeval de grootte van de belastingschuld eerst kan worden vastgesteld na afloop van het tijdvak waarover de belasting wordt geheven, kan de inspecteur volgens bij ministeriële regeling te stellen regels aan de belastingplichtige een voorlopige aanslag opleggen tot ten hoogste het bedrag waarop de aanslag, met toepassing van de in artikel 15 voorgeschreven verrekening van de voorlopige aanslagen en de in de belastingwet aangewezen voorheffingen, vermoedelijk zal worden vastgesteld. Een voorlopige aanslag tot een positief bedrag wordt niet vastgesteld voor de aanvang van het tijdvak waarover de belasting wordt geheven.
2. Een voorlopige aanslag tot een negatief bedrag die voor of in de loop van het tijdvak wordt vastgesteld, wordt aangeduid als voorlopige teruggaaf.

3. Een voorlopige aanslag kan, met inachtneming van de vorige leden, door een of meer voorlopige aanslagen worden aangevuld.

Artikel 14

1. In de gevallen waarin artikel 13 niet van toepassing is, kan de inspecteur na het tijdstip waarop de belastingschuld is ontstaan, volgens door Onze Minister te stellen regelen een voorlopige aanslag opleggen tot ten hoogste het bedrag waarop de aanslag vermoedelijk zal worden vastgesteld.
2. Een voorlopige aanslag kan met inachtneming van het in het eerste lid bepaalde, door één of meer voorlopige aanslagen worden aangevuld.

Artikel 15

De voorlopige aanslagen en de in de belastingwet aangewezen voorheffingen worden verrekend met de aanslag, dan wel – voor zoveel nodig – bij een door de inspecteur te nemen voor bezwaar vatbare beschikking.

Artikel 16

1. Indien enig feit grond oplevert voor het vermoeden dat een aanslag ten onrechte achterwege is gelaten of tot een te laag bedrag is vastgesteld, dan wel dat een in de belastingwet voorziene vermindering, ontheffing, teruggaaf of heffingskorting ten onrechte of tot een te hoog bedrag is verleend, kan de inspecteur de te weinig geheven belasting dan wel de ten onrechte of tot een te hoog bedrag verleende heffingskorting navorderen. Een feit, dat de inspecteur bekend was of redelijkerwijs bekend had kunnen zijn, kan geen grond voor navordering opleveren, behoudens in de gevallen waarin de belastingplichtige ter zake van dit feit te kwader trouw is.
2. Navordering kan mede plaatsvinden in alle gevallen waarin te weinig belasting is geheven, doordat:
   a. een voorlopige aanslag, een voorheffing, een voorlopige teruggaaf of een voorlopige verliesverrekening ten onrechte of tot een onjuist bedrag is verrekend;
   b. zich een geval voordoet als bedoeld in artikel 2.17, derde of vierde lid, van de Wet inkomstenbelasting 2001.
3. De bevoegdheid tot het vaststellen van een navorderingsaanslag vervalt door verloop van vijf jaren na het tijdstip waarop de belastingschuld is ontstaan. Artikel 11, vierde lid, is te dezen van toepassing. Indien voor het doen van aangifte uitstel is verleend,

wordt de navorderingstermijn met de duur van dit uitstel verlengd.

4. Indien te weinig belasting is geheven over een bestanddeel van het voorwerp van enige belasting dat in het buitenland wordt gehouden of is opgekomen, vervalt, in afwijking in zoverre van het derde lid, eerste volzin, de bevoegdheid tot navorderen door verloop van twaalf jaren na het tijdstip waarop de belastingschuld is ontstaan.

5. Indien een bedrag als verlies van een jaar door middel van verrekening in aanmerking is genomen in een voorafgaand jaar, en in verband daarmede een in de belastingwet voorziene vermindering of teruggaaf ten onrechte of tot een te hoog bedrag is verleend, blijft de bevoegdheid tot navorderen bestaan zolang navordering mogelijk is over het jaar waaruit het als verlies verrekende bedrag afkomstig is.

6. Indien een heffingskorting ten onrechte of tot een te hoog bedrag is verleend aan de belastingplichtige doordat het maximale bedrag, bedoeld in de artikelen 8.9, tweede lid, of 8.9a, derde lid, van de Wet inkomstenbelasting 2001, is overschreden, blijft, na afloop van de navorderingstermijn bedoeld in het derde lid, de bevoegdheid tot navorderen bestaan tot acht weken na het tijdstip waarop een belastingaanslag van zijn partner welke relevant is voor die heffingskorting, of een beschikking dan wel uitspraak strekkende tot vermindering van een zodanige belastingaanslag van zijn partner onherroepelijk is geworden.

Artikel 17 [Vervallen.]

Artikel 18 [Vervallen.]

Artikel 18a
1. Indien een op de voet van hoofdstuk IV van de Wet waardering onroerende zaken gegeven beschikking tot vaststelling van de waarde, welke ingevolge een wettelijk voorschrift ten grondslag heeft gelegen aan de heffing van belasting, is herzien met als gevolg dat:
   a. een aanslag of navorderingsaanslag ten onrechte achterwege is gelaten of tot een te laag bedrag is vastgesteld, dan wel dat een in de belastingwet voorziene vermindering, ontheffing of teruggaaf ten onrechte of tot een te hoog bedrag is verleend, dan kan de inspecteur de te weinig geheven belasting navorderen;

b. een aanslag of navorderingsaanslag ten onrechte of tot een te hoog bedrag is vastgesteld, dan wel dat een in de belastingwet voorziene vermindering, ontheffing of teruggaaf ten onrechte niet of tot een te laag bedrag is verleend, dan vernietigt de inspecteur de ten onrechte vastgestelde aanslag of navorderingsaanslag dan wel vermindert hij de aanslag of navorderingsaanslag, onderscheidenlijk verleent hij alsnog de in de belastingwet voorziene vermindering, ontheffing of teruggaaf.

2. Het vaststellen van de navorderingsaanslag, onderscheidenlijk het nemen van de beschikking tot vernietiging, vermindering, ontheffing of teruggaaf op de voet van het eerste lid geschiedt binnen acht weken na het tijdstip waarop de beschikking of uitspraak strekkende tot de herziene vaststelling van de waarde onherroepelijk is geworden. Eerstbedoelde beschikking is voor bezwaar vatbaar.

3. Ingeval de herziening gevolgen heeft voor de toepassing van artikel 3.30a van de Wet inkomstenbelasting 2001 met betrekking tot een jaar, wordt in afwijking in zoverre van het tweede lid de termijn waarbinnen navordering mogelijk is bepaald op de voet van artikel 16 en vangt de in dat lid bedoelde termijn van acht weken niet eerder aan dan op het tijdstip waarop de belastingplichtige een verzoek heeft ingediend tot aanpassing van de aanslag of beschikking met betrekking tot dat jaar. Een verzoek tot aanpassing wordt gedaan binnen een jaar na het tijdstip waarop de beschikking of uitspraak strekkende tot de herziene vaststelling van de waarde, onherroepelijk is geworden.

4. Indien aan de heffing van belasting een aan een onroerende zaak toegekende waarde ten grondslag ligt en met betrekking tot die onroerende zaak voor een voor die heffing van belang zijnd kalenderjaar een waarde wordt vastgesteld op de voet van hoofdstuk IV van de Wet waardering onroerende zaken, zijn het eerste, tweede en derde lid van overeenkomstige toepassing.

Hoofdstuk IV.   Heffing van belasting bij wege van voldoening of afdracht op aangifte

Artikel 19

1. In de gevallen waarin de belastingwet voldoening van in een tijdvak verschuldigd geworden of afdracht van in een tijdvak ingehouden belasting op aangifte voorschrijft, is de belastingplichtige, onderscheidenlijk de inhoudingsplichtige, gehouden de

belasting binnen één maand na het einde van dat tijdvak overeenkomstig de aangifte aan de ontvanger te betalen.
2. Bij ministeriële regeling worden regels gesteld:
  a. met betrekking tot het tijdvak waarover de belasting moet worden betaald, waarbij tevens regels kunnen worden gesteld volgens welke in de loop van dat tijdvak één of meer voorlopige betalingen moeten worden gedaan;
  b. krachtens welke door de inspecteur aan de belastingplichtige, onderscheidenlijk de inhoudingsplichtige, uitstel wordt verleend voor de voldoening van in een tijdvak verschuldigd geworden belasting of de afdracht van in een tijdvak ingehouden belasting, indien met betrekking tot dat tijdvak dan wel een tijdvak dat is geëindigd vóór, tegelijk met of minder dan 34 dagen na dat tijdvak een verzoek om teruggaaf van belasting is ingediend.
3. In de niet in het eerste lid bedoelde gevallen waarin de belastingwet voldoening of afdracht van belasting op aangifte voorschrijft, is de belastingplichtige, onderscheidenlijk de inhoudingsplichtige, gehouden de belasting overeenkomstig de aangifte aan de ontvanger te betalen binnen één maand na het tijdstip waarop de belastingschuld is ontstaan.
4. Indien voor het doen van aangifte uitstel is verleend, wordt de in het eerste en in het derde lid genoemde termijn van één maand met de duur van dit uitstel verlengd.
5. De Algemene termijnenwet is niet van toepassing op de in het eerste en in het derde lid gestelde termijn van één maand.

Artikel 20
1. Indien belasting die op aangifte behoort te worden voldaan of afgedragen, geheel of gedeeltelijk niet is betaald, kan de inspecteur de te weinig geheven belasting naheffen. Met geheel of gedeeltelijk niet betaald zijn wordt gelijkgesteld het geval waarin, naar aanleiding van een ingevolge de belastingwet gedaan verzoek, ten onrechte of tot een te hoog bedrag, vrijstelling of vermindering van inhouding van belasting dan wel teruggaaf van belasting is verleend.
2. De naheffing geschiedt bij wege van naheffingsaanslag, die wordt opgelegd aan degene, die de belasting had behoren te betalen, dan wel aan degene aan wie ten onrechte, of tot een te hoog bedrag, vrijstelling of vermindering van inhouding dan wel teruggaaf is verleend. In gevallen waarin ten gevolge van het niet naleven van bepalingen van de belastingwet door een ander dan de belastingplichtige, onderscheidenlijk de inhoudingsplich-

tige, te weinig belasting is geheven, wordt de naheffingsaanslag aan die ander opgelegd.

3. De bevoegdheid tot naheffing vervalt door verloop van vijf jaren na het einde van het kalenderjaar waarin de belastingschuld is ontstaan of de teruggaaf is verleend.

4. Indien de belastingschuld is ontstaan door de verkrijging van de economische eigendom van onroerende zaken of van rechten waaraan deze zijn onderworpen, bedoeld in artikel 2, tweede lid, van de Wet op belastingen van rechtsverkeer, vervalt de bevoegdheid tot naheffing, in afwijking in zoverre van het derde lid, door verloop van twaalf jaren na het einde van het kalenderjaar waarin de belastingschuld is ontstaan.

Hoofdstuk IVA. Basisregistratie inkomen

Artikel 21
In dit hoofdstuk en de daarop berustende bepalingen wordt verstaan onder:

a. basisregistratie: verzameling gegevens waarvan bij wet is bepaald dat deze authentieke gegevens bevat;

b. authentiek gegeven: in een basisregistratie opgenomen gegeven dat bij wettelijk voorschrift als authentiek is aangemerkt;

c. verzamelinkomen: verzamelinkomen als bedoeld in artikel 2.18 van de Wet inkomstenbelasting 2001;

d. belastbaar loon: belastbaar loon als bedoeld in artikel 9 van de Wet op de loonbelasting 1964, met uitzondering van loon dat als een eindheffingsbestanddeel in de zin van die wet is belast;

e. inkomensgegeven:
   1°. indien over een kalenderjaar een aanslag inkomstenbelasting is of wordt vastgesteld: het na afloop van dat kalenderjaar van betrokkene over dat kalenderjaar laatst bepaalde verzamelinkomen;
   2°. indien over een kalenderjaar geen aanslag inkomstenbelasting is of wordt vastgesteld: het na afloop van dat kalenderjaar van betrokkene over dat kalenderjaar laatst bepaalde belastbare loon;

f. afnemer: bestuursorgaan dat op grond van een wettelijk voorschrift bevoegd is tot gebruik van een inkomensgegeven;

g. betrokkene: degene op wie het inkomensgegeven betrekking heeft;

h. terugmelding: melding als bedoeld in artikel 21h, eerste lid.

Artikel 21a

1. Er is een basisregistratie inkomen waarin inkomensgegevens met bijbehorende temporele en meta-kenmerken zijn opgenomen. Het inkomensgegeven, bedoeld in de vorige volzin, is een authentiek gegeven.
2. In de basisregistratie inkomen zijn ook bij algemene maatregel van bestuur aan te wijzen authentieke gegevens uit andere basisregistraties opgenomen.

Artikel 21b

1. De basisregistratie inkomen heeft tot doel de afnemers te voorzien van inkomensgegevens.
2. De inspecteur is belast met de uitvoering van de basisregistratie inkomen.
3. De inspecteur draagt zorg voor de juistheid, volledigheid en actualiteit van de inkomensgegevens.
4. De inspecteur draagt er zorg voor dat de weergave van een meegeleverd authentiek gegeven uit een andere basisregistratie overeenstemt met dat gegeven, als opgenomen in die andere basisregistratie.

Artikel 21c

1. Bij de bepaling van het inkomensgegeven, bedoeld in artikel 21, onderdeel e, onder 1°, zijn de regels die gelden bij de heffing van de inkomstenbelasting van overeenkomstige toepassing.
2. Bij de bepaling van het inkomensgegeven, bedoeld in artikel 21, onderdeel e, onder 2°, zijn de regels die gelden bij de heffing van de loonbelasting van overeenkomstige toepassing.
3. Bij de bepaling van het inkomensgegeven blijft artikel 65 buiten toepassing.
4. Indien in het kader van de heffing van de inkomstenbelasting of de loonbelasting aan betrokkene een aanslagbiljet, een afschrift van de uitspraak op bezwaar of een afschrift van de beschikking ambtshalve vermindering wordt verstrekt, wordt het bijbehorende inkomensgegeven afzonderlijk vermeld.

Artikel 21d

1. De inspecteur plaatst de aantekening «in onderzoek» bij een inkomensgegeven indien ten aanzien van dat inkomensgegeven:
   a. een terugmelding is gedaan;
   b. een bezwaar- of beroepschrift is ingediend;
   c. een verzoek om ambtshalve vermindering is ingediend, of

d. overigens gerede twijfel is ontstaan omtrent de juistheid van dat gegeven.

Voor de onderdelen a en d geldt een bij ministeriële regeling te bepalen termijn waarbinnen de inspecteur bepaalt of de aantekening «in onderzoek» al dan niet wordt geplaatst.

2. De inspecteur verwijdert de aantekening «in onderzoek»:
   a. na de afhandeling van het onderzoek naar aanleiding van de terugmelding;
   b. nadat de beslissing op bezwaar of de rechterlijke uitspraak onherroepelijk is geworden;
   c. na de afhandeling van het verzoek om ambtshalve vermindering, of
   d. na de afhandeling van het onderzoek naar aanleiding van de situatie, bedoeld in het eerste lid, onderdeel d.

Artikel 21e

1. De inspecteur verstrekt aan een afnemer op zijn verzoek een inkomensgegeven met bijbehorende temporele en meta-kenmerken.
2. Een inkomensgegeven waarbij de aantekening «in onderzoek» is geplaatst, wordt uitsluitend verstrekt onder mededeling van die aantekening.
3. Met een inkomensgegeven kunnen authentieke gegevens uit andere basisregistraties worden meegeleverd.
4. De inspecteur deelt, na verwijdering van de aantekening «in onderzoek», op verzoek aan een afnemer die het desbetreffende inkomensgegeven voorafgaand aan de verwijdering van de aantekening verstrekt heeft gekregen mee dat de aantekening is verwijderd en of het gegeven is gewijzigd.

Artikel 21f

1. Een afnemer gebruikt een inkomensgegeven uitsluitend bij de uitoefening van een op grond van een wettelijk voorschrift verleende bevoegdheid tot gebruik van dit gegeven.
2. Een afnemer is niet bevoegd een inkomensgegeven verder bekend te maken dan noodzakelijk voor de uitoefening van de hem verleende bevoegdheid.
3. Voor zover een inkomensgegeven ten grondslag ligt aan een besluit van een afnemer wordt het bekendgemaakt en verenigd in één geschrift met dat besluit.

Artikel 21g

1. Voor zover een afnemer een op grond van een wettelijk voorschrift verleende bevoegdheid tot gebruik van het inkomensgegeven uitoefent, gebruikt hij het inkomensgegeven zoals dat ten tijde van het gebruik is opgenomen in de basisregistratie inkomen.
2. Het eerste lid is niet van toepassing indien bij het inkomensgegeven de aantekening «in onderzoek» is geplaatst.

Artikel 21h

1. Een afnemer die gerede twijfel heeft over de juistheid van een authentiek gegeven dat hij verstrekt heeft gekregen uit de basisregistratie inkomen meldt dit aan de inspecteur, onder opgaaf van redenen.
2. Voor zover een terugmelding betrekking heeft op een authentiek gegeven dat is overgenomen uit een andere basisregistratie, zendt de inspecteur die melding onverwijld door aan de beheerder van die andere basisregistratie en doet daarvan mededeling aan de afnemer die de terugmelding heeft gedaan.
3. Bij ministeriële regeling kunnen regels worden gesteld omtrent:
   a. de gevallen waarin een terugmelding achterwege kan blijven, omdat de terugmelding niet van belang is voor het bijhouden van de basisregistratie;
   b. de wijze waarop een terugmelding moet worden gedaan;
   c. de termijn waarbinnen de afhandeling van het onderzoek naar aanleiding van een terugmelding over een inkomensgegeven moet plaatsvinden.

Artikel 21i

Voor zover artikel 21g, eerste lid, van toepassing is, hoeft een betrokkene aan wie door een afnemer een inkomensgegeven wordt gevraagd dat gegeven niet te verstrekken.

Artikel 21j

1. Met een voor bezwaar vatbare beschikking van de inspecteur wordt gelijkgesteld het inkomensgegeven, bedoeld in artikel 21, onderdeel e, onder 2°, zoals dat met het oorspronkelijke besluit van de afnemer is bekendgemaakt op grond van artikel 21f, derde lid.

2. Een bezwaarschrift tegen of verzoekschrift om wijziging van het besluit van de afnemer wordt, voor zover het gericht is tegen het inkomensgegeven, mede aangemerkt als een bezwaarschrift tegen of verzoekschrift om ambtshalve vermindering van het inkomensgegeven.

3. Een bezwaarschrift tegen of verzoekschrift om ambtshalve vermindering van het inkomensgegeven wordt, indien gericht tegen het besluit van de afnemer, mede aangemerkt als een bezwaarschrift tegen of verzoekschrift om wijziging van het besluit van die afnemer.

Artikel 21k

1. In bij ministeriële regeling aan te wijzen gevallen wordt een onjuist inkomensgegeven door de inspecteur ambtshalve verminderd.

2. Voor zover aan de toepassing van het eerste lid een verzoek van betrokkene ten grondslag ligt dat geheel of gedeeltelijk wordt afgewezen, beslist de inspecteur bij voor bezwaar vatbare beschikking.

Artikel 22 [Vervallen]

Hoofdstuk V. Bezwaar en beroep

Afdeling 1. Bezwaar

Artikel 22j
In afwijking van artikel 6:8 van de Algemene wet bestuursrecht vangt de termijn voor het instellen van bezwaar aan:
a. met ingang van de dag na die van dagtekening van een aanslagbiljet of van het afschrift van een voor bezwaar vatbare beschikking, tenzij de dag van dagtekening gelegen is vóór de dag van de bekendmaking, dan wel
b. met ingang van de dag na die van de voldoening of de inhouding onderscheidenlijk de afdracht.

Artikel 23 [Vervallen.]

Artikel 24 [Vervallen.]

Artikel 24a

1. Hij die bezwaar heeft tegen meer dan één belastingaanslag of voor bezwaar vatbare beschikking kan daartegen bezwaar maken bij één bezwaarschrift.

2. Indien de bedragen van een belastingaanslag en van een voor bezwaar vatbare beschikking waarbij een bestuurlijke boete wordt opgelegd op één aanslagbiljet zijn vermeld, wordt een bezwaarschrift tegen de belastingaanslag geacht mede te zijn gericht tegen de boete, tenzij uit het bezwaarschrift het tegendeel blijkt.

Artikel 25

1. In afwijking van artikel 7:2 van de Algemene wet bestuursrecht wordt de belanghebbende gehoord op zijn verzoek.

2. Indien omstandigheden daartoe nopen, kan het horen geschieden in afwijking van artikel 7:5 van de Algemene wet bestuursrecht.

3. Indien het bezwaar is gericht tegen een aanslag, een navorderingsaanslag, een naheffingsaanslag of een beschikking, met betrekking tot welke:
   a. de vereiste aangifte niet is gedaan, of
   b. niet volledig is voldaan aan de verplichtingen ingevolge de artikelen 41, 47, 47a, 49, 52, alsmede aan de verplichtingen ingevolge artikel 53, eerste, tweede en derde lid, voorzover het verplichtingen van administratieplichtigen betreft ten behoeve van de heffing van de belasting waarvan de inhouding aan hen is opgedragen,
   wordt bij de uitspraak op het bezwaarschrift de belastingaanslag of de beschikking gehandhaafd, tenzij gebleken is dat en in hoeverre de belastingaanslag of de beschikking onjuist is.
   De vorige volzin vindt geen toepassing voor zover het bezwaar is gericht tegen een vergrijpboete.

4. Indien bezwaar is gemaakt tegen meer dan één belastingaanslag of voor bezwaar vatbare beschikking, kan de inspecteur de uitspraken vervatten in één geschrift.

Artikel 25a

1. In afwijking in zoverre van het overigens bij of krachtens deze wet en de Algemene wet bestuursrecht bepaalde, zijn met betrekking tot in het tweede lid bedoeld massaal bezwaar de volgende bepalingen van toepassing.

2. Indien naar het oordeel van Onze Minister een groot aantal bezwaren is gericht tegen de beslissing op eenzelfde rechtsvraag, al dan niet met accessoire kwesties die zich lenen voor niet-individuele afdoening (de rechtsvraag), kan hij die

bezwaren aanwijzen als massaal bezwaar. Hij doet dit voor bezwaren die alleen de rechtsvraag betreffen, waarop nog geen uitspraak is gedaan en die zijn ingediend tot en met de dag voorafgaande aan de dag waarop de in het zevende lid bedoelde collectieve uitspraak terzake is gedaan, dan wel de dag voorafgaande aan de dag waarop de in het elfde lid eerstbedoelde uitspraak onherroepelijk wordt. Onze Minister zendt een afschrift van de aanwijzing aan de Tweede Kamer der Staten-Generaal.

3. Bij de aanwijzing als massaal bezwaar zondert Onze Minister een of meer bezwaren uit met het oog op beantwoording van de rechtsvraag door de administratieve rechter in belastingzaken.

4. Bij de aanwijzing als massaal bezwaar wijst Onze Minister de inspecteur aan die de in het zevende lid bedoelde collectieve uitspraak zal doen.

5. De aanwijzing als massaal bezwaar treedt in werking vier weken na de toezending van het afschrift ervan aan de Tweede Kamer der Staten-Generaal. De aanwijzing vervalt indien binnen die vier weken de Tweede Kamer besluit zich niet met de aanwijzing te kunnen verenigen. De inspecteur doet gedurende die vier weken geen uitspraak op de bezwaren die Onze Minister als massaal bezwaar heeft aangewezen. Indien de aanwijzing door een besluit van de Tweede Kamer vervalt, wordt de termijn voor het doen van uitspraak op de desbetreffende bezwaarschriften verlengd met vier weken.

6. De belanghebbende wordt ter zake van een als massaal bezwaar aangewezen bezwaar niet gehoord.

7. Indien inzake de in het derde lid bedoelde uitgezonderde bezwaren het standpunt van de belanghebbenden ter zake van de rechtsvraag bij onherroepelijke rechterlijke uitspraak geheel is afgewezen, beslist de aangewezen inspecteur binnen zes weken na het onherroepelijk worden van de laatste van die uitspraken door middel van één uitspraak op alle als massaal bezwaar aangewezen bezwaren (collectieve uitspraak). Als massaal bezwaar aangewezen bezwaren worden steeds geacht ontvankelijk te zijn.

8. De collectieve uitspraak wordt bekendgemaakt door kennisgeving ervan in een van overheidswege uitgegeven blad of een dag-, nieuws- of huis-aan-huisblad, dan wel op een andere geschikte wijze.

9.   Tegen een collectieve uitspraak kan geen beroep worden ingesteld. Op verzoek van de belanghebbende vervangt de te zijnen aanzien bevoegde inspecteur de collectieve uitspraak door een individuele uitspraak. Het verzoek wordt niet ingewilligd indien het onredelijk laat is gedaan.

10.   Beroep tegen de individuele uitspraak kan slechts de rechtsvraag betreffen.

11.   Indien inzake een in het derde lid bedoeld uitgezonderd bezwaar bij onherroepelijke rechterlijke uitspraak geheel of gedeeltelijk aan het standpunt van de belanghebbende ter zake van de rechtsvraag is tegemoetgekomen, verliezen de desbetreffende bezwaren de status van massaal bezwaar.

12.   Indien de inspecteur voordat de collectieve uitspraak is gedaan uitspraak doet op een bezwaar dat meer omvat dan de rechtsvraag, beslist hij op de rechtsvraag in het nadeel van de belanghebbende. Indien de in het elfde lid eerstbedoelde uitspraak daartoe aanleiding geeft, komt de inspecteur alsnog aan het bezwaar inzake de rechtsvraag tegemoet.

13.   Indien de in het elfde lid eerstbedoelde uitspraak daartoe aanleiding geeft, herziet de inspecteur de in de artikel 26, eerste lid, bedoelde besluiten waarbij de rechtsvraag onjuist is beantwoord, voorzover bezwaren daartegen op de voet van het tweede lid zouden hebben geleid tot aanwijzing als massaal bezwaar. Herziening vindt niet plaats indien de rechtshandeling onherroepelijk was ten tijde van de aanwijzing als massaal bezwaar of indien de onjuiste beantwoording van de rechtsvraag bij het verrichten van de rechtshandeling de inspecteur ter kennis komt na het verstrijken van vijf jaren na de in de eerste volzin bedoelde rechterlijke uitspraak. De herziening geschiedt bij voor bezwaar vatbare beschikking binnen een jaar nadat de uitspraak onherroepelijk is geworden dan wel, indien dat later is, de onjuiste beantwoording van de rechtsvraag bij het verrichten van de desbetreffende rechtshandeling de inspecteur bekend is geworden. Bezwaar en beroep tegen de beschikking kan slechts de rechtsvraag betreffen. Artikel 25b is van overeenkomstige toepassing ten aanzien van de naar het oordeel van de inspecteur meest gerede partij.

Artikel 25b

1. Een uit een uitspraak van de inspecteur voortvloeiende teruggaaf van ingehouden of op aangifte afgedragen belasting wordt verleend aan degene die het bezwaarschrift heeft ingediend.

2. Indien zowel de inhoudingsplichtige als degene van wie is ingehouden ter zake van dezelfde feiten een bezwaarschrift heeft ingediend, wordt, indien uit een uitspraak terzake een teruggaaf voortvloeit, die teruggaaf uitsluitend verleend aan degene van wie is ingehouden.

Afdeling 2. Beroep bij de rechtbank

Artikel 26

1. In afwijking van artikel 8:1, eerste lid, van de Algemene wet bestuursrecht kan tegen een ingevolge de belastingwet genomen besluit slechts beroep bij de rechtbank worden ingesteld, indien het betreft:
   a. een belastingaanslag, daaronder begrepen de in artikel 15 voorgeschreven verrekening, of
   b. een voor bezwaar vatbare beschikking.
2. De voldoening of afdracht op aangifte, dan wel de inhouding door een inhoudingsplichtige, van een bedrag als belasting wordt voor de mogelijkheid van beroep gelijkgesteld met een voor bezwaar vatbare beschikking van de inspecteur. De wettelijke voorschriften inzake bezwaar en beroep tegen de zodanige beschikking zijn van overeenkomstige toepassing, voorzover de aard van de voldoening, de afdracht of de inhouding zich daartegen niet verzet.

Artikel 26a

1. In afwijking van artikel 8:1, eerste lid, van de Algemene wet bestuursrecht kan het beroep slechts worden ingesteld door:
   a. de belanghebbende aan wie de belastingaanslag is opgelegd;
   b. de belanghebbende die de belasting op aangifte heeft voldaan of afgedragen of van wie de belasting is ingehouden, of
   c. degene tot wie de voor bezwaar vatbare beschikking zich richt.
2. Het beroep kan mede worden ingesteld door degene van wie inkomens- of vermogensbestanddelen zijn begrepen in het voorwerp van de belasting waarop de belastingaanslag of de voor bezwaar vatbare beschikking betrekking heeft.
3. De inspecteur stelt de in het eerste of tweede lid bedoelde belanghebbende desgevraagd op de hoogte van de gegevens met betrekking tot de belastingaanslag of de beschikking voorzover deze gegevens voor het instellen van beroep of het maken van bezwaar redelijkerwijs van belang kunnen worden geacht.

Artikel 26b
1. Hij die beroep instelt tegen meer dan één uitspraak kan dat doen bij één beroepschrift.
2. Artikel 24a, tweede lid, is van overeenkomstige toepassing.

Artikel 26c
In afwijking van artikel 6:8 van de Algemene wet bestuursrecht vangt de termijn voor het instellen van beroep aan met ingang van de dag na die van dagtekening van de uitspraak van de inspecteur, tenzij de dag van dagtekening is gelegen vóór de dag van bekendmaking.

Artikel 27
Voor de toepassing van artikel 8:7, tweede lid, van de Algemene wet bestuursrecht treden de rechtbanken te Leeuwarden, Arnhem, Haarlem, 's-Gravenhage en Breda in de plaats van de andere rechtbanken in hun ressort.

Artikel 27a
Indien het beroep is gericht tegen het niet tijdig doen van een uitspraak door de inspecteur, kan de rechtbank bepalen dat hoofdstuk VIII, afdeling 2, gedurende een daarbij te bepalen termijn van toepassing blijft.

Artikel 27b
1. Het griffierecht bedraagt, in afwijking van artikel 8:41, derde lid, van de Algemene wet bestuursrecht:
   a. € 41 indien door een natuurlijke persoon beroep is ingesteld tegen een ander besluit dan een besluit als bedoeld in onderdeel b;
   b. € 150 indien door een natuurlijke persoon beroep is ingesteld tegen een besluit met betrekking tot de toepassing van de Wet op de dividendbelasting 1965, de Wet op de omzetbelasting 1968, de Wet op de belasting van personenauto's en motorrijwielen 1992, de Wet op de accijns, de Wet op de verbruiksbelastingen van alcoholvrije dranken en van enkele andere produkten of de Wet belastingen op milieugrondslag;
   c. € 297 indien anders dan door een natuurlijke persoon beroep is ingesteld.
2. De in het eerste lid genoemde bedragen kunnen bij algemene maatregel van bestuur worden gewijzigd voor zover de consumentenprijsindex daartoe aanleiding geeft.

Artikel 27c

Artikel 8:62 van de Algemene wet bestuursrecht is slechts van toepassing voor zover het beroep is gericht tegen een uitspraak waarbij een boete geheel of gedeeltelijk is gehandhaafd. In andere gevallen heeft het onderzoek ter zitting plaats met gesloten deuren, maar kan de rechtbank bepalen dat het onderzoek openbaar is, voor zover de belangen van partijen daardoor niet worden geschaad.

Artikel 27d

In afwijking van artikel 8:67, eerste lid, van de Algemene wet bestuursrecht bedraagt de termijn voor verdaging van de mondelinge uitspraak ten hoogste twee weken.

Artikel 27e

Indien:

a. de vereiste aangifte niet is gedaan, of

b. niet volledig is voldaan aan de verplichtingen ingevolge de artikelen 41, 47, 47a, 49, 52, alsmede aan de verplichtingen ingevolge artikel 53, eerste, tweede en derde lid, voorzover het verplichtingen van administratieplichtigen betreft ten behoeve van de heffing van de belasting waarvan de inhouding aan hen is opgedragen,

verklaart de rechtbank het beroep ongegrond, tenzij is gebleken dat en in hoeverre de uitspraak op het bezwaar onjuist is.

De vorige volzin vindt geen toepassing, voor zover het beroep is gericht tegen een vergrijpboete.

Artikel 27f

1. Een uit een uitspraak van de rechtbank voortvloeiende teruggaaf van ingehouden of op aangifte afgedragen belasting wordt verleend aan degene die het beroep heeft ingesteld.

2. Indien zowel de inhoudingsplichtige als degene van wie is ingehouden ter zake van dezelfde feiten beroep heeft ingesteld, wordt, indien uit een uitspraak terzake een teruggaaf voortvloeit, die teruggaaf uitsluitend verleend aan degene van wie is ingehouden.

Artikel 27g

1. In afwijking van artikel 8:79, tweede lid, van de Algemene wet bestuursrecht geschiedt de verstrekking overeenkomstig die bepaling van afschriften of uittreksels aan anderen dan partijen met machtiging van de rechtbank.

2. Met betrekking tot schriftelijke uitspraken blijft de machtiging, bedoeld in het eerste lid, slechts achterwege indien op een voor de uitspraak gedaan verzoek van een der partijen de rechtbank oordeelt dat ook na anonimisering de geheimhouding van persoonlijke en financiële gegevens onvoldoende wordt beschermd en bovendien het belang van de openbaarheid van de rechtspraak niet opweegt tegen dit belang.

Afdeling 3.   Hoger beroep bij het gerechtshof

Artikel 27h
1. De belanghebbende die bevoegd was beroep bij de rechtbank in te stellen en de inspecteur kunnen bij het gerechtshof hoger beroep instellen tegen een uitspraak van de rechtbank als bedoeld in afdeling 8.2.6 van de Algemene wet bestuursrecht en tegen een uitspraak van de voorzieningenrechter van de rechtbank als bedoeld in artikel 8:86 van die wet.
2. Geen hoger beroep kan worden ingesteld tegen:
   a. een uitspraak van de rechtbank na toepassing van artikel 8:54, eerste lid van de Algemene wet bestuursrecht;
   b. een uitspraak van de rechtbank als bedoeld in artikel 8:54*a* van die wet;
   c. een uitspraak van de rechtbank als bedoeld in artikel 8:55, vijfde lid, van die wet;
   d. een uitspraak van de voorzieningenrechter van de rechtbank als bedoeld in artikel 8:84, tweede lid, van die wet;
   e. een uitspraak van de voorzieningenrechter van de rechtbank als bedoeld in artikel 8:75a, eerste lid, in verband met artikel 8:84, vierde lid, van die wet.
3. Tegen andere beslissingen van de rechtbank onderscheidenlijk de voorzieningenrechter kan slechts tegelijkertijd met het hoger beroep tegen de in het eerste lid bedoelde uitspraak hoger beroep worden ingesteld.
4. De artikelen 24a, tweede lid, 26a, derde lid, en 26b, eerste lid, zijn van overeenkomstige toepassing.
5. De werking van de uitspraak van de rechtbank of van de voorzieningenrechter wordt opgeschort totdat de termijn voor het instellen van hoger beroep is verstreken of, indien hoger beroep is ingesteld, op het hoger beroep onherroepelijk is beslist.

Artikel 27i

1. De griffier doet van het ingestelde hoger beroep zo spoedig mogelijk mededeling aan de griffier van de rechtbank die de uitspraak heeft gedaan.

2. De griffier van de rechtbank, bedoeld in het eerste lid, zendt de gedingstukken met vier afschriften van het proces-verbaal van de zitting, voorzover dit op de zaak betrekking heeft, en vier afschriften van de uitspraak binnen een week na ontvangst van de in het eerste lid bedoelde mededeling aan de griffier van het gerechtshof.

Artikel 27j

1. Op het hoger beroep is hoofdstuk 8 van de Algemene wet bestuursrecht, met uitzondering van afdeling 8.1.1 en de artikelen 8:10, 8:41, 8:74 en 8:82, van overeenkomstig toepassing, voorzover in deze afdeling niet anders is bepaald.

2. De artikelen 27c, 27d, 27e, 27f en 27g zijn van overeenkomstige toepassing.

Artikel 27k

1. De zaken die bij het gerechtshof aanhangig worden gemaakt, worden in behandeling genomen door een meervoudige kamer.

2. Indien een zaak naar het oordeel van de meervoudige kamer geschikt is voor verdere behandeling door één rechter, kan zij deze verwijzen naar een enkelvoudige kamer.

3. Indien een zaak naar het oordeel van de enkelvoudige kamer ongeschikt is voor behandeling door één rechter, verwijst zij deze naar een meervoudige kamer.

4. Verwijzing kan geschieden in elke stand van het geding. Een verwezen zaak wordt voortgezet in de stand waarin zij zich bevindt.

Artikel 27l

1. Van de indiener van het beroepschrift wordt door de griffier van het gerechtshof een griffierecht geheven. Indien het een beroepschrift ter zake van twee of meer samenhangende uitspraken betreft, is eenmaal griffierecht verschuldigd. In dat geval bedraagt het griffierecht het hoogste op grond van het tweede lid verschuldigde bedrag.

2. Het griffierecht bedraagt:
   a. € 110 indien door een natuurlijke persoon hoger beroep is ingesteld tegen een uitspraak inzake een ander besluit dan een besluit als bedoeld in onderdeel b;

b. € 223 indien door een natuurlijke persoon hoger beroep is ingesteld tegen een uitspraak inzake een besluit als bedoeld in artikel 27b, eerste lid, onderdeel b;

c. € 447 indien anders dan door een natuurlijk persoon hoger beroep is ingesteld.

3. Indien de inspecteur hoger beroep heeft ingesteld en de uitspraak van de rechtbank in stand blijft, wordt van de Staat een griffierecht geheven van € 447.

4. Artikel 8:41, tweede en vierde lid, van de Algemene wet bestuursrecht is van overeenkomstige toepassing.

5. De in het tweede en derde lid genoemde bedragen kunnen bij algemene maatregel van bestuur worden gewijzigd voorzover de consumentenprijsindex daartoe aanleiding geeft.

Artikel 27m

1. De andere partij dan de partij die het hoger beroep heeft ingesteld, kan bij haar verweerschrift *incidenteel hoger beroep* instellen.

2. De partij die het hoger beroep heeft ingesteld, wordt in de gelegenheid gesteld om binnen vier weken na verzending van het verweerschrift het incidentele hoger beroep te beantwoorden.

3. Het gerechtshof kan de in het tweede lid bedoelde termijn verlengen.

Artikel 27n

1. Van de verzoeker om een voorlopige voorziening wordt door de griffier een griffierecht geheven. Artikel 27*l*, eerste lid, tweede en derde volzin, tweede en vijfde lid, is van overeenkomstige toepassing.

2. Artikel 8:41, tweede lid, van de Algemene wet bestuursrecht is van overeenkomstige toepassing, met dien verstande dat de termijn binnen welke de beschrijving of storting van het verschuldigde bedrag dient plaats te vinden, twee weken bedraagt. De voorzieningenrechter kan een kortere termijn stellen.

3. Indien een verzoek wordt ingetrokken omdat de inspecteur, onderscheidenlijk de belanghebbende tot wie het bestreden besluit is gericht, aan de voorzieningenrechter schriftelijk heeft meegedeeld de uitvoering van het bestreden besluit hangende de procedure met betrekking tot de hoofdzaak op te schorten dan wel de gevraagde voorlopige maatregelen te zullen nemen, wordt het betaalde griffierecht door de griffier terugbetaald. In de overige gevallen kan de Staat, indien het verzoek wordt

ingetrokken, het betaalde griffierecht geheel of gedeeltelijk vergoeden.

4. De uitspraak kan inhouden dat het betaalde griffierecht door de Staat geheel of gedeeltelijk wordt vergoed.

5. Indien het verzoek is gedaan door de inspecteur en het verzoek geheel of gedeeltelijk wordt toegewezen, kan de uitspraak inhouden dat het betaalde griffierecht door de griffier aan de Staat geheel of gedeeltelijk wordt terugbetaald.

6. Dit artikel is van overeenkomstige toepassing op een verzoek om voorlopige voorziening dat wordt gedaan nadat een verzoek om herziening is gedaan.

Artikel 27o
Het gerechtshof bevestigt de uitspraak van de rechtbank, hetzij met overneming, hetzij met verbetering van de gronden, of doet, met gehele of gedeeltelijke vernietiging van de uitspraak, hetgeen de rechtbank had behoren te doen.

Artikel 27p
1. Indien het gerechtshof de uitspraak van de rechtbank geheel of gedeeltelijk vernietigt, houdt de uitspraak tevens in dat aan de indiener van het beroepschrift het door hem betaalde griffierecht door de Staat wordt vergoed.

2. In de overige gevallen kan de uitspraak inhouden dat het betaalde griffierecht door de Staat geheel of gedeeltelijk wordt vergoed.

Artikel 27q
1. Het gerechtshof wijst de zaak terug naar de rechtbank die deze in eerste instantie heeft behandeld, indien:
   a. de rechtbank haar onbevoegdheid of de niet-ontvankelijkheid van het beroep heeft uitgesproken en het gerechtshof deze uitspraak vernietigt met bevoegdverklaring van de rechtbank onderscheidenlijk ontvankelijkverklaring van het beroep, of;
   b. het gerechtshof om een andere reden dan bedoeld in onderdeel a van oordeel is dat de zaak opnieuw door de rechtbank moet worden behandeld.

2. De griffier zendt de gedingstukken, onder medezending van een afschrift van de uitspraak, zo spoedig mogelijk aan de griffier van de rechtbank.

Artikel 27r

In de gevallen als bedoeld in artikel 27q, eerste lid, onderdeel a, kan het gerechtshof de zaak zonder terugverwijzing afdoen, indien zij naar zijn oordeel geen nadere behandeling door de rechtbank behoeft.

Artikel 27s

Indien het gerechtshof van oordeel is dat de uitspraak is gedaan door een andere rechtbank dan de bevoegde, kan het de onbevoegdheid voor gedekt verklaren en de uitspraak als bevoegdelijk gedaan aanmerken.

Afdeling 4. Beroep in cassatie bij de Hoge Raad

Artikel 28

1. De belanghebbende die bevoegd was om hoger beroep bij het gerechtshof in te stellen en Onze Minister kunnen bij de Hoge Raad beroep in cassatie instellen tegen:
   a. een uitspraak van het gerechtshof die overeenkomstig afdeling 8.2.6 van de Algemene wet bestuursrecht is gedaan, en
   b. een uitspraak van de voorzieningenrechter van het gerechtshof die overeenkomstig artikel 8:86 van die wet is gedaan.
2. De belanghebbende en Onze Minister kunnen bij de Hoge Raad voorts beroep in cassatie instellen tegen een uitspraak van de rechtbank als bedoeld in artikel 8:55, vijfde lid van die wet.
3. Indien de belanghebbende en Onze Minister daarmee schriftelijk instemmen, kan bij de Hoge Raad voorts beroep in cassatie worden ingesteld tegen een uitspraak van de rechtbank als bedoeld in afdeling 8.2.6 van de Algemene wet bestuursrecht, alsmede tegen een uitsrpaak van de voorzieningenrechter van de rechtbank als bedoeld in artikel 8:86 van die wet.
4. Geen beroep in cassatie kan worden ingesteld tegen:
   a. een uitspraak van het gerechtshof of de rechtbank overeenkomstig artikel 8:54, eerste lid, van de Algemene wet bestuursrecht;
   b. een uitspraak van de rechtbank overeenkomstig artikel 8:54*a* van die wet;
   c. een uitspraak van de voorzieningenrechter van het gerechtshof of de rechtbank overeenkomstig artikel 8:84, tweede lid, van die wet, en;

    d. een uitspraak van de voorzieningenrechter van het gerechts-
hof of de rechtbank overeenkomstig artikel 8:75a, eerste lid,
van de Algemene wet bestuursrecht, in verband met artikel
8:84, vierde lid, van de Algemene wet bestuursrecht.

5. Tegen andere beslissingen van het gerechtshof, van de rechtbank
of van de voorzieningenrechter kan slechts tegelijkertijd met het
beroep in cassatie tegen de in het eerste of het tweede lid bedoelde uitspraak beroep in cassatie worden ingesteld.

6. De artikelen 24a, tweede lid, 26a, derde lid, en 26b, eerste lid,
zijn van overeenkomstige toepassing.

7. De werking van de uitspraak van het gerechtshof, de rechtbank
of de voorzieningenrechter wordt opgeschort totdat de termijn
voor het instellen van beroep in cassatie is verstreken of, indien
beroep in cassatie is ingesteld, op het beroep in cassatie is
beslist.

Artikel 28a

1. De griffier van de Hoge Raad doet van het ingestelde beroep in
cassatie zo spoedig mogelijk mededeling aan de griffier van het
gerecht dat de aangevallen uitspraak heeft gedaan.

2. De griffier van dit gerecht zendt een afschrift van de uitspraak
en de op de uitspraak betrekking hebbende gedingstukken die
onder hem berusten, onverwijld aan de griffier van de Hoge
Raad.

Artikel 28b

1. Indien beroep in cassatie is ingesteld tegen een mondelinge uitspraak, wordt de mondelinge uitspraak vervangen door een
schriftelijke uitspraak, tenzij het beroep in cassatie kennelijk niet
ontvankelijk is of de Hoge Raad anders bepaalt. De vervanging
geschied binnen zes weken na de dag waarop de mededeling,
bedoeld in artikel 28a, eerste lid, is gedaan. Het beroep in cassatie wordt geacht gericht te zijn tegen de schriftelijke uitspraak.

2. Het gerecht dat de mondelinge uitspraak heeft gedaan, verzendt
de vervangende schriftelijke uitspraak gelijktijdig aan partijen en
aan de griffier van de Hoge Raad.

3. In afwijking van artikel 6:5, eerste lid, onderdeel d, van de
Algemene wet bestuursrecht kan de indiener van het beroepschrift de gronden van het beroep verstrekken of aanvullen tot
zes weken na de dag waarop de schriftelijke uitspraak aan hem
is verzonden.

Artikel 29

Op de behandeling van het beroep in cassatie zijn de artikelen 8:14 tot en met 8:25, 8:27 tot en met 8:29, 8:31 tot en met 8:40, 8:43, 8:52, 8:53, 8:60, 8:70, 8:71 en 8:75 tot en met 8:79 en titel 8.4 van de Algemene wet bestuursrecht van overeenkomstige toepassing, voorzover in deze afdeling niet anders is bepaald.

Artikel 29a

1. Van de indiener van het beroepschrift wordt door de griffier van de Hoge Raad een griffierecht geheven. Indien het een beroepschrift ter zake van twee of meer samenhangende uitspraken betreft, is eenmaal griffierecht verschuldigd. In dat geval bedraagt het griffierecht het hoogste op grond van het tweede lid verschuldigde bedrag.
2. Het griffierecht bedraagt:
   a. € 106 indien door een natuurlijke persoon beroep in cassatie is ingesteld tegen een uitspraak inzake een ander besluit dan bedoeld in onderdeel b;
   b. € 214 indien door een natuurlijke persoon beroep in cassatie is ingesteld tegen een uitspraak inzake een besluit als bedoeld in artikel 27b, eerste lid, onderdeel b;
   c. € 428 indien anders dan door een natuurlijke persoon beroep in cassatie is ingesteld.
3. Indien Onze Minister beroep in cassatie heeft ingesteld en de uitspraak van het gerechtshof in stand blijft, wordt van de Staat een griffierecht geheven van € 428.
4. Artikel 8:41, tweede en vierde lid, van de Algemene wet bestuursrecht is van overeenkomstige toepassing.
5. De in het tweede en derde lid genoemde bedragen kunnen bij algemene maatregel van bestuur worden gewijzigd voor zover de consumentenprijsindex daartoe aanleiding geeft.

Artikel 29b

1. De andere partij dan de partij die het beroep in cassatie heeft ingesteld, kan binnen acht weken na de dag van verzending van het beroepschrift een verweerschrift indienen.
2. De partij kan bij het verweerschrift incidenteel beroep in cassatie instellen. In dat geval wordt de partij die beroep in cassatie heeft ingesteld, in de gelegenheid gesteld om binnen vier weken na verzending van het verweerschrift het incidentele beroep te beantwoorden.
3. De Hoge Raad kan de in het eerste en tweede lid bedoelde termijnen verlengen.

Artikel 29c

1. Indien, hetzij in het beroepschrift hetzij in het verweerschrift hetzij nadien door degene die beroep in cassatie heeft ingesteld, binnen twee weken nadat het afschrift van het verweerschrift ter post is bezorgd, schriftelijk is verzocht de zaak mondeling te mogen toelichten, bepaalt de Hoge Raad dag en uur waarop de zaak door de advocaten van partijen zal kunnen worden bepleit. De griffier stelt beide partijen of de door hen aangewezen advocaten hiervan ten minste tien dagen tevoren in kennis.
2. De advocaten kunnen in plaats van de zaak mondeling bij pleidooi toe te lichten een schriftelijke toelichting overleggen of toezenden.
3. Artikel 8:62 van de Algemene wet bestuursrecht is van overeenkomstige toepassing voor zover het beroep in cassatie is gericht tegen een uitspraak waarbij de gehele of gedeeltelijke handhaving van een boete in het geding is.
4. In andere gevallen dan in het derde lid bedoeld, heeft de mondelinge behandeling plaats met gesloten deuren, maar kan de Hoge Raad bepalen dat de behandeling openbaar is, voor zover de belangen van partijen daardoor niet worden geschaad.

Artikel 29d

1. Nadat de toelichtingen zijn gehouden of ontvangen of, indien deze niet zijn verzocht, na indiening van de schrifturen door partijen, stelt de griffier, indien de procureur-generaal bij de Hoge Raad de wens te kennen heeft gegeven om te worden gehoord, alle stukken in diens handen.
2. De procureur-generaal brengt zijn schriftelijke conclusie ter kennis van de Hoge Raad.
3. Een afschrift van de conclusie wordt aan partijen gezonden. Partijen kunnen binnen twee weken na verzending van het afschrift van de conclusie hun schriftelijk commentaar daarop aan de Hoge Raad doen toekomen.

Artikel 29e

1. De uitspraak van de Hoge Raad wordt schriftelijk gedaan.
2. Wanneer de Hoge Raad, hetzij op de in het beroepschrift aangevoerde, hetzij op andere gronden, de uitspraak van het gerechtshof, de rechtbank of van de voorzieningenrechter van het gerechtshof vernietigt, beslist hij bij dezelfde uitspraak de zaak, zoals het gerechtshof, de rechtbank of de voorzieningenrechter had behoren te doen. Indien de beslissing van de hoofdzaak afhangt van feiten die bij de vroegere behandeling niet zijn

komen vast te staan, verwijst de Hoge Raad, tenzij het punten van ondergeschikte aard betreft, het geding naar een gerechtshof of een rechtbank, ter verdere behandeling en beslissing van de zaak met inachtneming van de uitspraak van de Hoge Raad.

Artikel 29f

1. In geval van intrekking van het beroep in cassatie door Onze Minister, kan Onze Minister op verzoek van de belanghebbende bij afzonderlijke uitspraak met overeenkomstige toepassing van artikel 8:75 van de Algemene wet bestuursrecht in de kosten worden veroordeeld.
2. De griffier zendt een door hem voor eensluidend getekend afschrift van de intrekking onverwijld aan die belanghebbende.
3. De artikelen 6:5 tot en met 6:9, 6:11, 6:14, 6:15, 6:17, 6:21 en 8:73a, tweede lid, eerste en tweede volzin, van de Algemene wet bestuursrecht zijn van overeenkomstige toepassing, alsmede de artikelen 29c en 29d.

Artikel 29g

1. Indien de Hoge Raad de uitspraak van het gerechtshof, van de rechtbank of van de voorzieningenrechter van het gerechtshof vernietigt, houdt de uitspraak tevens in dat aan de indiener van het beroepschrift het door hem betaalde griffierecht door de door de Hoge Raad aangewezen rechtspersoon wordt vergoed.
2. In de overige gevallen kan de uitspraak inhouden dat het betaalde griffierecht geheel of gedeeltelijk door de door de Hoge Raad aangewezen rechtspersoon wordt vergoed.

Artikel 29h

1. In geval van verwijzing zendt de griffier van de Hoge Raad de stukken en een afschrift van de uitspraak binnen een week aan het gerechtshof of aan de rechtbank waarheen de zaak is verwezen.
2. Indien de uitspraak geen verwijzing inhoudt, zendt de griffier de door partijen overgelegde stukken onverwijld aan hen terug.

Artikel 29i

1. Een uit een uitspraak van de Hoge Raad voortvloeiende teruggaaf van ingehouden of op aangifte afgedragen belasting wordt verleend aan degene die het beroep in cassatie heeft ingesteld.

2. Indien zowel de inhoudingsplichtige als degene van wie is ingehouden ter zake van dezelfde omstandigheden beroep in cassatie heeft ingesteld, wordt, indien uit een uitspraak terzake een teruggaaf voortvloeit, die teruggaaf uitsluitend verleend aan degene van wie is ingehouden.

Artikel 30

1. In afwijking van artikel 8:79, tweede lid, van de Algemene wet bestuursrecht geschiedt de verstrekking overeenkomstig die bepaling van afschriften of uittreksels aan anderen dan partijen met machtiging van de Hoge Raad.
2. Artikel 27g, tweede lid, is van overeenkomstige toepassing.

Afdeling 5. [Vervallen.]

Artikel 30a [Vervallen.]

Artikel 30b [Vervallen.]

Artikel 30c [Vervallen.]

Artikel 30d [Vervallen.]

Artikel 30e [Vervallen.]

Hoofdstuk VA. Heffingsrente en revisierente

Artikel 30f [2])

1. Met betrekking tot de inkomstenbelasting en de vennootschaps-belasting wordt rente – heffingsrente – berekend ingeval een voorlopige aanslag, een aanslag of een navorderingsaanslag wordt vastgesteld.
2. Met betrekking tot de loonbelasting, de omzetbelasting, de over-drachtsbelasting, de belasting van personenauto's en motor-rijwielen, de accijns, de verbruiksbelastingen van alcoholvrije dranken en van pruimtabak en snuiftabak en de in artikel 1 van

---

[2]De tekst van het derde en vierde lid vindt met betrekking tot de vennootschaps-belasting voor het eerst toepassing met betrekking tot tijdvakken die aanvangen of na 1 januari 2005 met betrekking tot de inkomstenbelasting ter zake van tijdvakken die aanvangen op of na 1 januari 2006.

de Wet belastingen op milieugrondslag genoemde belastingen wordt heffingsrente berekend ingeval:

a. een naheffingsaanslag wordt vastgesteld vanwege de omstandigheid dat de verschuldigde belasting meer beloopt dan die welke is aangegeven, tenzij die naheffingsaanslag het gevolg is van een vrijwillige verbetering van de aangifte, welke wordt gedaan binnen drie maanden na het einde van het kalenderjaar of het boekjaar waarop de nageheven belasting betrekking heeft;

b. een teruggaaf van belasting plaatsvindt vanwege de omstandigheid dat de verschuldigde belasting minder beloopt dan die welke is aangegeven.

Heffingsrente wordt eveneens berekend indien en voor zover de in onderdeel a bedoelde belasting te laat, doch voordat een naheffingsaanslag is vastgesteld, wordt betaald, behoudens ingeval de betaling plaatsvindt binnen drie maanden na het einde van het kalenderjaar of het boekjaar waarop de te laat betaalde belasting betrekking heeft.

3. De heffingsrente wordt enkelvoudig berekend:

a. met betrekking tot de inkomstenbelasting en de vennootschapsbelasting: over het tijdvak dat aanvangt op de dag na het midden van het tijdvak waarover de belasting wordt geheven en eindigt op de dag van de dagtekening van het aanslagbiljet;

b. met betrekking tot de loonbelasting:

   1°.   indien een naheffingsaanslag wordt opgelegd aan de werknemer, de artiest, de beroepssporter of het buitenlandse gezelschap dan wel aan hem een teruggaaf wordt verleend: over het tijdvak dat aanvangt op de dag na het einde van het laatste tijdvak van het kalenderjaar waarop de nageheven belasting dan wel de teruggaaf betrekking heeft en eindigt op de dag van de dagtekening van het aanslagbiljet dan wel op de dag van de dagtekening van het afschrift van de uitspraak of van de kennisgeving waaruit van de teruggaaf blijkt;

   2°.   in de overige gevallen waarin een naheffingsaanslag wordt opgelegd: over het tijdvak dat aanvangt op de dag na het einde van het laatste tijdvak van het kalenderjaar waarop de nageheven belasting betrekking heeft en eindigt op de dag van de dagtekening van het aanslagbiljet;

3°. in de overige gevallen waarin een teruggaaf wordt verleend: over het tijdvak dat aanvangt drie maanden na het einde van het laatste tijdvak van het kalenderjaar waarop de teruggaaf betrekking heeft en eindigt op de dag van de dagtekening van het afschrift van de uitspraak of de beschikking of van de kennisgeving waaruit van de teruggaaf blijkt;

c. met betrekking tot de omzetbelasting, de overdrachtsbelasting, de belasting van personenauto's en motorrijwielen, de accijns en de verbruiksbelastingen van alcoholvrije dranken en van pruimtabak en snuiftabak en de in artikel 1 van de Wet belastingen op milieugrondslag genoemde belastingen:

1°. indien een naheffingsaanslag wordt opgelegd: over het tijdvak dat aanvangt op de dag na het einde van het kalenderjaar of het boekjaar waarop de nageheven belasting betrekking heeft en eindigt op de dag van de dagtekening van het aanslagbiljet;

2°. indien een teruggaaf wordt verleend: over het tijdvak dat aanvangt drie maanden na het einde van het kalenderjaar of het boekjaar waarop de teruggaaf betrekking heeft en eindigt op de dag van de dagtekening van het afschrift van de uitspraak of van de kennisgeving waaruit van de teruggaaf blijkt;

d. ingeval het tweede lid, tweede volzin, van toepassing is: over het tijdvak dat aanvangt op de dag na het einde van het kalenderjaar of het boekjaar waarop de te laat betaalde belasting betrekking heeft en eindigt op de dag van betaling.

4. Bij ministeriële regeling kunnen nadere regels worden gesteld over de aanvang van het tijdvak waarover de rente wordt berekend voor gevallen waarin de belastingplicht voor de inkomstenbelasting of de vennootschapsbelasting in de loop van het kalenderjaar ontstaat of eindigt.

5. Voor de toepassing van dit hoofdstuk geldt als het bedrag van de aanslag: het bedrag van de aanslag na de verrekening ingevolge
   a. artikel 15;
   b. de artikelen 3.152, vijfde lid, en 4.51, vijfde lid, van de Wet inkomstenbelasting 2001;
   c. artikel 21, derde lid, van de Wet op de vennootschapsbelasting 1969.

6. Het percentage van de heffingsrente in een kalenderkwartaal is gelijk aan de op de eerste werkdag van de tweede kalendermaand voorafgaande aan dat kwartaal gegolden hebbende door de Europese Centrale Bank voor basisherfinancieringstransacties

toegepaste interestvoet (de minimale biedrente), dan wel, indien dit lager is, het naar de gemiddelde koers van die dag door Onze Minister berekende, ongewogen gemiddelde effectieve rendement van de laatste drie uitgegeven, staatsleningen die zijn toegelaten tot de handel op een gereglementeerde markt waarvoor een vergunning als bedoeld in artikel 5:26, eerste lid, van de Wet op het financieel toezicht is verleend waarbij dit effectieve rendement naar beneden wordt afgerond op een vijfvoud van honderdstenprocenten en vervolgens wordt verminderd met 0,5 procentpunt, met dien verstande dat het aldus bepaalde percentage van de heffingsrente vervolgens wordt vermeerderd met 3,00 procentpunt.

Artikel 30g
1. Heffingsrente wordt vergoed over het negatieve bedrag van de voorlopige aanslag, over het negatieve bedrag van de aanslag, alsmede over het bedrag van de teruggaaf.
2. Heffingsrente wordt mede vergoed bij vermindering van:
   a. het negatieve bedrag van de aanslag: over die vermindering;
   b. de aanslag die geen negatief bedrag beloopt tot een aanslag die wel een negatief bedrag beloopt: over dat negatieve bedrag.
3. Bij vermindering van de aanslag eindigt in afwijking in zoverre van artikel 30f, derde lid, het tijdvak waarover de heffingsrente wordt berekend op de dag van de dagtekening van het afschrift van de uitspraak of van de kennisgeving waaruit van de vermindering blijkt.
4. Het tweede lid vindt geen toepassing bij een vermindering van de aanslag die voortvloeit uit de verrekening van een verlies van een volgend jaar.

Artikel 30h
1. Heffingsrente wordt in rekening gebracht over het positieve bedrag van de belastingaanslag, dan wel, indien artikel 30f, tweede lid, tweede volzin, van toepassing is, over het bedrag van de te laat betaalde belasting.
2. De in rekening gebrachte heffingsrente wordt verlaagd bij vermindering van het positieve bedrag van de belastingaanslag, tenzij de vermindering voortvloeit uit de verrekening van een verlies van een volgend jaar.

Artikel 30i

1. Met betrekking tot de inkomstenbelasting wordt rente – revisierente – verschuldigd, indien:

   a. door de toepassing van artikel 19b, eerste lid, tweede lid,
      eerste volzin, of achtste lid, van de Wet op de loonbelasting
      1964 in verbinding met artikel 3.81 van de Wet inkomsten-
      belasting 2001 of van artikel 3.83, eerste of tweede lid, dan
      wel artikel 7.2, achtste lid, van de laatstgenoemde wet de
      aanspraak ingevolge een pensioenregeling of aanspraak op
      periodieke uitkeringen, bedoeld in artikel 11, eerste lid,
      onderdeel g, van de Wet op de loonbelasting 1964 tot het
      loon wordt gerekend;

   b. ingevolge artikel 3.133, 3.136 of 7.2, tweede lid, aanhef en
      onderdeel g, van de Wet inkomstenbelasting 2001 premies
      voor een aanspraak op periodieke uitkeringen als negatieve
      uitgaven voor inkomensvoorzieningen in aanmerking worden
      genomen, behoudens voorzover artikel 3.69, eerste lid,
      aanhef en onderdeel b, van genoemde wet met betrekking tot
      deze negatieve uitgaven voor inkomensvoorzieningen toepas-
      sing vindt;

   c. ingevolge artikel 3.135 of 7.2, tweede lid, aanhef en onder-
      deel g, van de Wet inkomstenbelasting 2001 premies voor
      een aanspraak uit een pensioenregeling als bedoeld in artikel
      1.7, tweede lid, onderdeel b, van die wet als negatieve uitga-
      ven voor inkomensvoorzieningen in aanmerking worden
      genomen.

2. De revisierente bedraagt 20 percent van de waarde in het economische verkeer van aanspraken als bedoeld in het eerste lid.

3. Ingeval de aanspraak is bedongen minder dan 10 jaren vóór het
   jaar waarin de aanspraak ingevolge een pensioenregeling of de
   aanspraak op periodieke uitkeringen tot loon wordt gerekend dan
   wel de negatieve uitgaven voor inkomensvoorzieningen worden
   genoten, wordt, indien de belastingplichtige dit verzoekt, in
   afwijking van het tweede lid, de revisierente gesteld op het door
   de belastingplichtige aannemelijk te maken bedrag dat ingevolge
   de artikelen 30f en 30h aan heffingsrente in rekening zou worden gebracht indien:

   a. ingeval het betreft een aanspraak ingevolge een pensioenre-
      geling of negatieve uitgaven voor inkomensvoorzieningen: de
      mogelijkheid zou bestaan de aftrek van de premies voor de
      aanspraak ongedaan te maken door navorderingsaanslagen
      over de jaren van die aftrek, of

b. ingeval het betreft een aanspraak op periodieke uitkeringen: de mogelijkheid zou bestaan de aanspraak tot inkomen uit werk en woning te rekenen in het jaar waarop de aanspraak is ontstaan en ter zake daarvan een navorderingsaanslag op te leggen.

Hierbij worden de bedragen van die navorderingsaanslagen gesteld op 50 percent van de premies, bedoeld in de vorige volzin onderdeel a, danwel van de aanspraak, bedoeld in de vorige volzin onderdeel b, en wordt het einde van het in artikel 30f, derde lid, onderdeel a, bedoelde tijdvak gesteld op 31 december van het jaar waarin de aanspraak ingevolge een pensioenregeling of de aanspraak op periodieke uitkeringen tot loon wordt gerekend dan wel de negatieve uitgaven voor inkomensvoorzieningen worden genoten.

Artikel 30j

1. De inspecteur stelt het bedrag van de heffingsrente vast bij voor bezwaar vatbare beschikking. Met betrekking tot deze beschikking zijn de bepalingen in de belastingwet die gelden voor de belastingaanslag ter zake waarvan heffingsrente wordt berekend, van overeenkomstige toepassing.
2. Het bedrag van de heffingsrente wordt op het aanslagbiljet of op het afschrift van de uitspraak of bij de bekendmaking afzonderlijk vermeld. Ingeval de eerste volzin geen toepassing vindt, blijkt het bedrag van de heffingsrente uit het afschrift van de beschikking.
3. Met betrekking tot de revisierente bedoeld in artikel 30i zijn het eerste en tweede lid van overeenkomstige toepassing.

Artikel 30k

Onze Minister kan in het kader van een regeling voor onderling overleg op grond van het Verdrag ter afschaffing van dubbele belasting in geval van winstcorrecties tussen verbonden ondernemingen (Trb. 1990, 173), de Belastingregeling voor het Koninkrijk of een verdrag ter voorkoming van dubbele belasting, voor bepaalde gevallen of groepen van gevallen afwijkingen toestaan van de artikelen 30f, 30g en 30h.

Hoofdstuk VI. Bevordering van de richtige heffing

Artikel 31
Voor de heffing van de directe belastingen en de inkomstenbelasting wordt geen rekening gehouden met rechtshandelingen waarvan op grond van de omstandigheid dat zij geen wezenlijke verandering van feitelijke verhoudingen hebben ten doel gehad, of op grond van andere bepaalde feiten en omstandigheden moet worden aangenomen dat zij zouden achterwege gebleven zijn indien daarmede niet de heffing van de belasting voor het vervolg geheel of ten dele zou worden onmogelijk gemaakt.

Artikel 32
Het besluit van de inspecteur om een belastingaanslag met toepassing van artikel 31 vast te stellen, wordt genomen bij voor bezwaar vatbare beschikking en niet dan nadat Onze Minister daartoe toestemming heeft verleend.

Artikel 33
1. In geval van twijfel of een beraamde rechtshandeling onder artikel 31 zou vallen, kan de belanghebbende deze vraag onderwerpen aan het oordeel van de inspecteur. De beslissing van de inspecteur wordt genomen bij voor bezwaar vatbare beschikking.
2. Indien de inspecteur de in het eerste lid bedoelde vraag ontkennend beantwoordt, kan artikel 31 op de rechtshandeling, zo zij tot stand komt, niet worden toegepast, tenzij mocht blijken, dat de feiten niet volkomen overeenstemmen met de tevoren gegeven voorstelling.

Artikel 34
In geval van beroep tegen een uitspraak op een bezwaarschrift betreffende een beschikking als bedoeld in artikel 32 of 33, handhaaft de rechtbank de uitspraak indien blijkt, dat de in de beschikking omschreven rechtshandeling voldoet aan de voor de toepassing van artikel 31 gestelde voorwaarden, en vernietigt het de uitspraak indien dit niet het geval is.

Artikel 35
Nadat de in artikel 32 bedoelde beschikking onherroepelijk is geworden kan daaraan uitvoering worden gegeven. Een na het onherroepelijk worden van de in de artikelen 32 of 33 bedoelde beschikking, met toepassing van artikel 31 vastgestelde belasting-

aanslag kan niet worden bestreden met het bezwaar, dat artikel 31 geen toepassing had mogen vinden.

Artikel 36
De termijnen van artikel 11, derde lid, artikel 16, derde en vierde lid, en artikel 20, derde lid, worden verlengd met de tijd die verloopt tussen de dagtekening van het afschrift van de in artikel 32 bedoelde beschikking en de dag welke valt een jaar na die waarop die beschikking onherroepelijk geworden dan wel vernietigd is.

Hoofdstuk VII. Bepalingen van interregionaal en van internationaal recht

Artikel 37
Bij algemene maatregel van bestuur kunnen, met inachtneming van het beginsel van wederkerigheid, regelen worden gesteld, waardoor in aansluiting aan de desbetreffende bepalingen voorkomende in de wetgeving van een ander deel van het Koninkrijk of van van een andere Mogendheid dan wel in de besluiten van een volkenrechtelijke organisatie, dubbele belasting geheel of gedeeltelijk wordt voorkomen.

Artikel 38
1. Bij algemene maatregel van bestuur kunnen ter voorkoming van dubbele belasting in gevallen waarin daaromtrent niet op andere wijze is voorzien, regelen worden gesteld ten einde gehele of gedeeltelijke vrijstelling of vermindering van belasting te verlenen, indien en voor zover het voorwerp van de belasting is onderworpen aan een belasting die vanwege een ander land van het Koninkrijk, een andere Mogendheid of een volkenrechtelijke organisatie wordt geheven.
2. Belastbaar loon uit tegenwoordige arbeid wordt voor de toepassing van het eerste lid geacht te zijn onderworpen aan een belasting die vanwege een andere Mogendheid wordt geheven, indien zij wordt genoten uit privaatrechtelijke dienstbetrekking tot een binnen een lidstaat van de Europese Unie gevestigde werkgever, voorzover dat loon betrekking heeft op arbeid die gedurende ten minste drie aaneengesloten maanden wordt verricht binnen het gebied van een Mogendheid waarmee Nederland geen verdrag ter voorkoming van dubbele belasting heeft gesloten en met betrekking waartoe geen regelen zijn gesteld op grond van artikel 37. Voor de toepassing van de vorige volzin omvat het gebied van een andere Mogendheid mede het gebied

buiten de territoriale wateren van die Mogendheid waar deze in overeenstemming met het internationale recht soevereine rechten kan uitoefenen. Onze Minister is bevoegd voor bepaalde gevallen of groepen van gevallen te bepalen dat loon betrekking heeft op arbeid die gedurende ten minste drie aaneengesloten maanden wordt verricht.

Artikel 39
In de gevallen waarin het volkenrecht, dan wel naar het oordeel van Onze Minister het internationale gebruik, daartoe noopt, wordt vrijstelling van belasting verleend. Onze Minister is bevoegd ter zake nadere regelen te stellen.

Artikel 40 [Vervallen.]

Hoofdstuk VIII.   Bijzondere bepalingen

Afdeling 1.   Vertegenwoordiging buiten rechte

Artikel 41
Hij die zich, ingevolge de belastingwet opgeroepen tot het mondeling aan de inspecteur verstrekken van gegevens en inlichtingen, voor het onderhoud met de inspecteur doet vertegenwoordigen, is desgevorderd gehouden zijn vertegenwoordiger te vergezellen.

Artikel 42
De bevoegdheden van een lichaam kunnen worden uitgeoefend en zijn verplichtingen kunnen worden nagekomen door iedere bestuurder.

Artikel 43
De bevoegdheden en de verplichtingen van een minderjarige, een onder curatele gestelde, iemand die in staat van faillissement is verklaard of ten aanzien van wie de schuldsaneringsregeling natuurlijke personen van toepassing is, of wiens vermogen onder bewind is gesteld, kunnen worden uitgeoefend en nagekomen door hun wettelijke vertegenwoordiger, curator en bewindvoerder. Desgevorderd zijn laatstgenoemden tot nakoming van de verplichtingen gehouden.

Artikel 44

1. Na iemands overlijden kunnen zijn rechtverkrijgenden onder algemene titel in het uitoefenen van de bevoegdheden en in het nakomen van de verplichtingen, welke de overledene zou hebben gehad, ware hij in leven gebleven, worden vertegenwoordigd door een hunner, de executeur, de door de rechter benoemde vereffenaar van de nalatenschap of de bewindvoerder over de nalatenschap. Desgevorderd is ieder der in dit lid genoemde personen tot nakoming van die verplichtingen gehouden.
2. Stukken betreffende belastingaangelegenheden van een overledene kunnen worden gericht aan een der in het eerste lid genoemde personen.

Artikel 45

Om geldige redenen kan de inspecteur vertegenwoordiging uitsluiten in de nakoming van een verplichting van hem die zelf tot die nakoming in staat is.

Artikel 46

De bepalingen van deze afdeling gelden niet met betrekking tot strafvordering.

Afdeling 2.   Verplichtingen ten dienste van de belastingheffing

Artikel 47

1. Ieder is gehouden desgevraagd aan de inspecteur:
   a. de gegevens en inlichtingen te verstrekken welke voor de belastingheffing te zijnen aanzien van belang kunnen zijn;
   b. de boeken, bescheiden en andere gegevensdragers of de inhoud daarvan – zulks ter keuze van de inspecteur – waarvan de raadpleging van belang kan zijn voor de vaststelling van de feiten welke invloed kunnen uitoefenen op de belastingheffing te zijnen aanzien, voor dit doel beschikbaar te stellen.
2. Ingeval de belastingwet aangelegenheden van een derde aanmerkt als aangelegenheden van degene die vermoedelijk belastingplichtig is, gelden, voor zover het deze aangelegenheden betreft, gelijke verplichtingen voor de derde.
3. Een ieder die de leeftijd van veertien jaar heeft bereikt, is verplicht op vordering van de inspecteur terstond een identiteitsbewijs als bedoeld in artikel 1 van de Wet op de identificatieplicht ter inzage aan te bieden indien dit van belang kan zijn voor de belastingheffing te zijnen aanzien.

Artikel 47a

1. Met betrekking tot een vennootschap met een geheel of ten dele in aandelen verdeeld kapitaal waarin een niet binnen het Rijk gevestigd lichaam of een niet binnen het Rijk wonende natuurlijke persoon een belang heeft van meer dan 50 percent en met betrekking tot een ander lichaam waarover dat niet binnen het Rijk gevestigde lichaam of die natuurlijke persoon de zeggenschap heeft, is artikel 47, eerste lid, van overeenkomstige toepassing ter zake van gegevens en inlichtingen alsmede gegevensdragers die in het bezit zijn van dat niet binnen het Rijk gevestigde lichaam of die natuurlijke persoon. De vorige volzin is van overeenkomstige toepassing in gevallen waarin twee of meer lichamen of natuurlijke personen waarvan er ten minste één niet binnen het Rijk is gevestigd of woont, volgens een onderlinge regeling tot samenwerking een belang houden van meer dan 50 percent in een vennootschap met een geheel of ten dele in aandelen verdeeld kapitaal dan wel de zeggenschap hebben in een ander lichaam. Ter zake van die gegevensdragers kan worden volstaan met het voor raadpleging beschikbaar stellen van de inhoud daarvan door middel van kopieën, leesbare afdrukken of uittreksels.

2. Met betrekking tot de in het eerste lid bedoelde vennootschap en het andere lichaam is artikel 47, eerste lid, eveneens van overeenkomstige toepassing ter zake van gegevens en inlichtingen alsmede gegevensdragers die in het bezit zijn van een niet binnen het Rijk gevestigde vennootschap met een geheel of ten dele in aandelen verdeeld kapitaal waarin een in het eerste lid bedoeld niet binnen het Rijk gevestigd lichaam of wonend natuurlijk persoon een belang heeft van meer dan 50 percent of die in het bezit zijn van een ander niet binnen het Rijk gevestigd lichaam waarover dat niet binnen het Rijk gevestigde lichaam of die natuurlijke persoon zeggenschap heeft. Ter zake van die gegevensdragers kan worden volstaan met het voor raadpleging beschikbaar stellen van de inhoud daarvan door middel van kopieën, leesbare afdrukken of uittreksels.

3. Het eerste en het tweede lid zijn niet van toepassing indien het in die leden bedoelde niet binnen het Rijk gevestigde lichaam of de in die leden bedoelde natuurlijke persoon is gevestigd, onderscheidenlijk woont in een staat als is bedoeld in artikel 2, onderdeel b, van de Wet op de internationale bijstandsverlening bij de heffing van belastingen (Stb. 1986, 249), met dien verstande dat waar het gaat om een Mogendheid waarmee Nederland een verdrag ter voorkoming van dubbele belasting heeft gesloten dat

verdrag bepalingen moet bevatten omtrent het uitwisselen van inlichtingen als nodig zijn om uitvoering te geven aan de bepalingen van dat verdrag en aan de nationale wetgeving van de verdragsluitende Staten, met betrekking tot de belasting voor de heffing waarvan de inspecteur de gegevens en inlichtingen alsmede de gegevensdragers nodig heeft.

4. In afwijking van het derde lid kan Onze Minister de inspecteur toestaan het eerste en het tweede lid alsnog toe te passen indien is gebleken dat bij toepassing van het derde lid de gevraagde inlichtingen niet kunnen worden verkregen.

5. Voor een weigering om te voldoen aan de in dit artikel omschreven verplichtingen kunnen de vennootschap en het andere lichaam zich niet met vrucht beroepen op een gebrek aan medewerking van het niet binnen het Rijk gevestigde lichaam of de niet binnen het Rijk wonende natuurlijke persoon.

Artikel 47b

1. Ieder die de inspecteur verzoekt hem een sociaal-fiscaalnummer toe te kennen dan wel een hem toegekend sociaal-fiscaalnummer aan hem bekend te maken, is ter vaststelling van zijn identiteit gehouden een document als bedoeld in artikel 1, eerste lid, onder 1° tot en met 3°, van de Wet op de identificatieplicht ter inzage te verstrekken aan de inspecteur, die de aard en het nummer van dat document in de administratie opneemt.

2. Degene op wie de gegevens en inlichtingen, bedoeld in artikel 53, tweede en derde lid, betrekking hebben, is gehouden, volgens bij of krachtens de belastingwet te stellen regels, aan de administratieplichtige opgave te verstrekken van zijn sociaal-fiscaalnummer.

Artikel 48

1. De in artikel 47, eerste lid, onderdeel b, bedoelde verplichting geldt onverminderd voor een derde bij wie zich gegevensdragers bevinden van degene die gehouden is deze, of de inhoud daarvan, aan de inspecteur voor raadpleging beschikbaar te stellen.

2. De inspecteur stelt degene wiens gegevensdragers hij bij een derde voor raadpleging vordert, gelijktijdig hiervan in kennis.

Artikel 49

1. De gegevens en inlichtingen dienen duidelijk, stellig en zonder voorbehoud te worden verstrekt, mondeling, schriftelijk of op andere wijze – zulks ter keuze van de inspecteur – en binnen een door de inspecteur te stellen termijn.

2. Toegelaten moet worden, dat kopieën, leesbare afdrukken of uittreksels worden gemaakt van de voor raadpleging beschikbaar gestelde gegevensdragers of de inhoud daarvan.

Artikel 49a [Vervallen.]

Artikel 50

1. Degene die een gebouw of grond in gebruik heeft, is verplicht de inspecteur en de door deze aangewezen deskundigen desgevraagd toegang te verlenen tot alle gedeelten van dat gebouw en alle grond, voor zover dat voor een ingevolge de belastingwet te verrichten onderzoek nodig is.
2. De gevraagde toegang moet worden verleend, tussen acht uur 's ochtends en zes uur 's avonds, met uitzondering van zaterdagen, zondagen en algemeen erkende feestdagen.
3. Indien het gebouw of de grond wordt gebruikt voor het uitoefenen van een bedrijf, een zelfstandig beroep of een werkzaamheid als bedoeld in artikel 52, eerste lid, wordt, voor zover het redelijkerwijs niet mogelijk is het onderzoek te doen plaatsvinden gedurende de in het tweede lid bedoelde uren, de gevraagde toegang verleend tijdens de uren waarin het gebruik voor de uitoefening van dat bedrijf, dat zelfstandig beroep of die werkzaamheid daadwerkelijk plaatsvindt.
4. De gebruiker van het gebouw of de grond is verplicht desgevraagd de aanwijzingen te geven die voor het onderzoek nodig zijn.

Artikel 51

Voor een weigering om te voldoen aan de in de artikelen 47, 47a, 47b, 48 en 49 omschreven verplichtingen kan niemand zich met vrucht beroepen op de omstandigheden dat hij uit enigerlei hoofde tot geheimhouding verplicht is, zelfs niet indien deze hem bij een wettelijke bepaling is opgelegd.

Artikel 52

1. Administratieplichtigen zijn gehouden van hun vermogenstoestand en van alles betreffende hun bedrijf, zelfstandig beroep of werkzaamheid naar de eisen van dat bedrijf, dat zelfstandig beroep of die werkzaamheid op zodanige wijze een administratie te voeren en de daartoe behorende boeken, bescheiden en andere gegevensdragers op zodanige wijze te bewaren, dat te allen tijde hun rechten en verplichtingen alsmede de voor de heffing van

belasting overigens van belang zijnde gegevens hieruit duidelijk blijken.

2. Administratieplichtigen zijn:
   a. lichamen;
   b. natuurlijke personen die een bedrijf of zelfstandig een beroep uitoefenen, alsmede natuurlijke personen die belastbare winst uit onderneming als bedoeld in artikel 3.3 van de Wet inkomstenbelasting 2001 genieten;
   c. natuurlijke personen die inhoudingsplichtige zijn;
   d. natuurlijke personen die een werkzaamheid als bedoeld in de artikelen 3.91, 3.92 en 3.92b van de Wet inkomstenbelasting 2001 verrichten.

3. Tot de administratie behoort hetgeen ingevolge andere belastingwetten wordt bijgehouden, aangetekend of opgemaakt.

4. Voorzover bij of krachtens de belastingwet niet anders is bepaald, zijn administratieplichtigen verplicht de in de voorgaande leden bedoelde gegevensdragers gedurende zeven jaar te bewaren.

5. De op een gegevensdrager aangebrachte gegevens, uitgezonderd de op papier gestelde balans en staat van baten en lasten, kunnen op een andere gegevensdrager worden overgebracht en bewaard, mits de overbrenging geschiedt met juiste en volledige weergave der gegevens en deze gegevens gedurende de volledige bewaartijd beschikbaar zijn en binnen redelijke tijd leesbaar kunnen worden gemaakt.

6. De administratie dient zodanig te zijn ingericht en te worden gevoerd en de gegevensdragers dienen zodanig te worden bewaard, dat controle daarvan door de inspecteur binnen een redelijke termijn mogelijk is. Daartoe verleent de administratieplichtige de benodigde medewerking met inbegrip van het verschaffen van het benodigde inzicht in de opzet en de werking van de administratie.

Artikel 52a [Vervallen.]

Artikel 53
1. Met betrekking tot administratieplichtigen als bedoeld in artikel 52 zijn de in de artikelen 47 en 48 tot en met 50 geregelde verplichtingen van overeenkomstige toepassing ten behoeve van:
   a. de belastingheffing van derden;
   b. de heffing van de belasting waarvan de inhouding aan hen is opgedragen.

2. Onverminderd de verplichtingen, bedoeld in het eerste lid, zijn de bij of krachtens de belastingwet aan te wijzen administratieplichtigen gehouden de bij of krachtens de belastingwet aan te wijzen gegevens en inlichtingen waarvan de kennisneming voor de heffing van de belasting van belang kan zijn eigener beweging te verstrekken aan de inspecteur volgens bij of krachtens de belastingwet te stellen regels.

3. De administratieplichtigen, bedoeld in het tweede lid, zijn gehouden bij de gegevens en inlichtingen, bedoeld in het tweede lid, het sociaal-fiscaalnummer te vermelden van degene op wie de gegevens en inlichtingen betrekking hebben.

4. Het bepaalde in het eerste lid, aanhef en onderdeel a, is niet van toepassing op de personen en de lichamen als bedoeld in artikel 55, voor zover het de in dat artikel bedoelde gegevens en inlichtingen betreft.

Artikel 53a

1. Voor een weigering om te voldoen aan de verplichtingen ten behoeve van de belastingheffing van derden kunnen alleen bekleders van een geestelijk ambt, notarissen, advocaten, artsen en apothekers zich beroepen op de omstandigheid, dat zij uit hoofde van hun stand, ambt of beroep tot geheimhouding verplicht zijn.

2. Met betrekking tot de verplichtingen ten behoeve van de heffing van de belasting waarvan de inhouding aan administratieplichtigen is opgedragen, is artikel 51 van overeenkomstige toepassing.

Artikel 54

De administratieplichtige die niet of niet volledig voldoet aan de vordering gegevensdragers, of de inhoud daarvan, voor raadpleging beschikbaar te stellen, wordt voor de toepassing van de artikelen 25 en 27e geacht niet volledig te hebben voldaan aan een bij of krachtens de artikel 52 opgelegde verplichting, tenzij aannemelijk is dat de afwezigheid of onvolledigheid van de gegevensdragers of de inhoud daarvan het gevolg is van overmacht.

Artikel 55

1. Onze Ministers, openbare lichamen en rechtspersonen die bij of krachtens een bijzondere wet rechtspersoonlijkheid hebben verkregen, de onder hen ressorterende instellingen en diensten, alsmede lichamen die hoofdzakelijk uitvoering geven aan het beleid van het Rijk, verschaffen, mondeling, schriftelijk of op andere wijze – zulks ter keuze van de inspecteur – de gegevens

en inlichtingen, en wel kosteloos, die hun door de inspecteur ter uitvoering van de belastingwet worden gevraagd.

2. Onze Minister kan, op schriftelijk verzoek, ontheffing verlenen van de in het eerste lid omschreven verplichting.

Artikel 56
De verplichtingen welke volgens deze afdeling bestaan jegens de inspecteur, gelden mede jegens iedere door Onze Minister aangewezen andere ambtenaar van de rijksbelastingdienst.

Afdeling 3.   Domiciliekeuze en uitreiking van stukken

Artikel 57
In bezwaar-, verzoek-, beroep-, verweer- en verzetschriften moet hij die niet binnen het Rijk een vaste woonplaats of plaats van vestiging heeft, domicilie kiezen binnen het Rijk.

Artikel 58
Het uitnodigen tot het doen van aangifte van degene die niet binnen het Rijk een vaste woonplaats of plaats van vestiging heeft, alsmede het ingevolge de belastingwet uitreiken van een stuk aan die persoon, kan ook geschieden aan de binnen het Rijk gelegen vaste inrichting voor de uitoefening van zijn bedrijf of beroep, dan wel aan de woning of het kantoor van de binnen het Rijk wonende of gevestigde vertegenwoordiger.

Afdeling 4.   Overschrijding van termijnen

Artikel 59 [Vervallen.]

Artikel 60
Ten aanzien van een na afloop van de termijn ingediend verzoekschrift is artikel 6:11 van de Algemene wet bestuursrecht van overeenkomstige toepassing.

Afdeling 5.   Toekenning van bevoegdheden

Artikel 61
Wij behouden Ons voor bij algemene maatregel van bestuur bepalingen vast te stellen tot verzekering van de heffing en invordering van belasting van hen die niet binnen het Rijk een vaste woonplaats of plaats van vestiging hebben.

Artikel 62

Onze Minister is bevoegd regelen te geven ter uitvoering van de belastingwet.

Artikel 63

Onze Minister is bevoegd voor bepaalde gevallen of groepen van gevallen tegemoet te komen aan onbillijkheden van overwegende aard, welke zich bij de toepassing van de belastingwet mochten voordoen.

Artikel 64

1. Ter bevordering van een doelmatige formalisering van de uit een belastingwet voortvloeiende schuld of van de op grond van een belastingwet op te leggen bestuurlijke boete kan de inspecteur afwijken van het overigens bij of krachtens de belastingwet bepaalde, indien:
   a. degene aan wie de belastingaanslag wordt opgelegd, instemt met deze wijze van formaliseren, en
   b. de formalisering niet leidt tot een lagere schuld dan de schuld die zonder toepassing van dit artikel voortvloeit uit de belastingwet of tot een lagere bestuurlijke boete dan de zonder toepassing van dit artikel op grond van de belastingwet op te leggen bestuurlijke boete.
2. Bij ministeriële regeling kunnen nadere regels worden gesteld voor de toepassing van dit artikel.

Artikel 65

1. Een onjuiste belastingaanslag of beschikking kan door de inspecteur ambtshalve worden verminderd. Een in de belastingwet voorziene vermindering, ontheffing of teruggaaf kan door hem ambtshalve worden verleend.
2. Het eerste lid is van overeenkomstige toepassing ten aanzien van degene die een onjuist bedrag op aangifte heeft voldaan of afgedragen, of van wie een onjuist bedrag is ingehouden.

Artikel 66

Van de bij beschikking opgelegde boete kan door Onze Minister gehele of gedeeltelijke kwijtschelding worden verleend.

Afdeling 6.   Geheimhouding

Artikel 67

1. Het is een ieder verboden hetgeen hem uit of in verband met enige werkzaamheid bij de uitvoering van de belastingwet over de persoon of zaken van een ander blijkt of wordt meegedeeld, verder bekend te maken dan noodzakelijk is voor de uitvoering van de belastingwet of voor de invordering van enige rijksbelasting als bedoeld in de Invorderingswet 1990 (geheimhoudingsplicht).
2. De geheimhoudingsplicht geldt niet indien:
   a. enig wettelijk voorschrift tot de bekendmaking verplicht;
   b. bij regeling van Onze Minister is bepaald dat bekendmaking noodzakelijk is voor de goede vervulling van een publiekrechtelijke taak van een bestuursorgaan;
   c. bekendmaking plaatsvindt aan degene op wie de gegevens betrekking hebben voorzover deze gegevens door of namens hem zijn verstrekt.
3. In andere gevallen dan bedoeld in het tweede lid kan Onze Minister ontheffing verlenen van de geheimhoudingsplicht.

Hoofdstuk VIIIA. Bestuurlijke boeten

Afdeling 1.   Beboetbare feiten

Paragraaf 1. Verzuimboeten

Artikel 67a

1. Indien de belastingplichtige de aangifte voor een belasting welke bij wege van aanslag wordt geheven niet, dan wel niet binnen de ingevolge artikel 9, derde lid, gestelde termijn heeft gedaan, vormt dit een verzuim ter zake waarvan de inspecteur hem, gelijktijdig met de vaststelling van de aanslag, een boete van ten hoogste € 1134 kan opleggen.
2. Indien de inhoudingsplichtige de aangifte loonbelasting niet, niet binnen de in artikel 10 bedoelde termijn, dan wel onjuist of onvolledig heeft gedaan, vormt dit, in afwijking van het eerste lid, een verzuim terzake waarvan de inspecteur hem een boete van ten hoogste € 1134 kan opleggen.

3. De bevoegdheid tot het opleggen van de boete wegens het niet dan wel niet tijdig doen van de aangifte vervalt door verloop van een jaar na het einde van de termijn waarbinnen de aangifte had moeten worden gedaan. De bevoegdheid tot het opleggen van de boete wegens het doen van een onjuiste of onvolledige aangifte vervalt door verloop van vijf jaar na het einde van het kalenderjaar van het aangiftetijdvak waarop de aangifte betrekking heeft.

Artikel 67b
1. Indien de belastingplichtige of de inhoudingsplichtige de aangifte voor een belasting welke op aangifte moet worden voldaan of afgedragen niet, dan wel niet binnen de in artikel 10 bedoelde termijn heeft gedaan, vormt dit een verzuim ter zake waarvan de inspecteur hem een boete van ten hoogste € 113 kan opleggen.
2. Indien de inhoudingsplichtige de aangifte loonbelasting niet, niet binnen de in artikel 10 bedoelde termijn, dan wel onjuist of onvolledig heeft gedaan, vormt dit, in afwijking van het eerste lid, een verzuim terzake waarvan de inspecteur hem een boete van ten hoogste € 1134 kan opleggen.
3. De bevoegdheid tot het opleggen van de boete wegens het niet dan wel niet tijdig doen van de aangifte vervalt door verloop van een jaar na het einde van de termijn waarbinnen de aangifte had moeten worden gedaan. De bevoegdheid tot het opleggen van de boete wegens het doen van een onjuiste of onvolledige aangifte vervalt door verloop van vijf jaar na het einde van het kalenderjaar van het aangiftetijdvak waarop de aangifte betrekking heeft.

Artikel 67c
1. Indien de belastingplichtige of de inhoudingsplichtige de belasting welke op aangifte moet worden voldaan of afgedragen niet, gedeeltelijk niet, dan wel niet binnen de in de belastingwet gestelde termijn heeft betaald, vormt dit een verzuim ter zake waarvan de inspecteur hem een boete van ten hoogste € 4 537 kan opleggen.
2. Bij niet of gedeeltelijk niet betalen legt de inspecteur de boete op, gelijktijdig met de vaststelling van de naheffingsaanslag.
3. De bevoegdheid tot het opleggen van de boete wegens niet tijdig betalen vervalt door verloop van vijf jaren na het einde van het kalenderjaar waarin de belastingschuld is ontstaan.
4. Artikel 20, eerste lid, tweede volzin, is van overeenkomstige toepassing.

Paragraaf 2. *Vergrijpboeten*

Artikel 67d

1. Indien het aan opzet van de belastingplichtige is te wijten dat met betrekking tot een belasting welke bij wege van aanslag wordt geheven, de aangifte niet, dan wel onjuist of onvolledig is gedaan, vormt dit een vergrijp ter zake waarvan de inspecteur hem, gelijktijdig met de vaststelling van de aanslag, een boete kan opleggen van ten hoogste 100 percent van de in het tweede lid omschreven grondslag voor de boete.
2. De grondslag voor de boete wordt gevormd door:
   a. het bedrag van de aanslag, dan wel
   b. indien verliezen in aanmerking zijn of worden genomen, het bedrag waarop de aanslag zou zijn berekend zonder rekening te houden met die verliezen;
   een en ander voor zover dat bedrag als gevolg van de opzet van de belastingplichtige niet zou zijn geheven.
3. Indien verliezen in aanmerking zijn of worden genomen en als gevolg daarvan geen aanslag kan worden vastgesteld, kan de inspecteur de boete, bedoeld in het eerste lid, niettemin opleggen. De bevoegdheid tot het opleggen van de boete vervalt door verloop van de termijn die geldt voor het vaststellen van de aanslag, die zou kunnen zijn vastgesteld indien geen verliezen in aanmerking zouden zijn genomen.
4. Voor de toepassing van het tweede en derde lid wordt met verliezen gelijkgesteld de persoonsgebonden aftrek, bedoeld in artikel 6.1, eerste lid, onderdeel b, van de Wet inkomstenbelasting 2001.

Artikel 67e

1. Indien het met betrekking tot een belasting welke bij wege van aanslag wordt geheven aan opzet of grove schuld van de belastingplichtige is te wijten dat de aanslag tot een te laag bedrag is vastgesteld of anderszins te weinig belasting is geheven, vormt dit een vergrijp ter zake waarvan de inspecteur hem, gelijktijdig met de vaststelling van de navorderingsaanslag, een boete kan opleggen van ten hoogste 100 percent van de in het tweede lid omschreven grondslag voor de boete.
2. De grondslag voor de boete wordt gevormd door:
   a. het bedrag van de navorderingsaanslag, dan wel
   b. indien verliezen in aanmerking zijn of worden genomen, het bedrag waarop de navorderingsaanslag zou zijn berekend zonder rekening te houden met die verliezen;

een en ander voor zover dat bedrag als gevolg van de opzet of de grove schuld van de belastingplichtige niet zou zijn geheven.

3. De inspecteur kan, in afwijking van het eerste lid, binnen zes maanden na de vaststelling van de navorderingsaanslag, een boete opleggen indien de feiten of omstandigheden op grond waarvan wordt nagevorderd eerst bekend worden op of na het tijdstip dat is gelegen zes maanden vóór de afloop van de in artikel 16 bedoelde termijnen, en er tevens aanwijzingen bestaan dat het aan opzet of grove schuld van de belastingplichtige is te wijten dat de aanslag tot een te laag bedrag is vastgesteld of anderszins te weinig belasting is geheven. Alsdan doet de inspecteur gelijktijdig met de vaststelling van de navorderingsaanslag mededeling aan de belastingplichtige dat wordt onderzocht of in verband met de navordering het opleggen van een vergrijpboete gerechtvaardigd is.

4. Indien verliezen in aanmerking zijn of worden genomen en als gevolg daarvan geen navorderingsaanslag kan worden vastgesteld, kan de inspecteur de boete, bedoeld in het eerste lid, niettemin opleggen. De bevoegdheid tot het opleggen van de boete vervalt door verloop van de termijn die geldt voor het vaststellen van de navorderingsaanslag, die zou kunnen zijn vastgesteld indien geen verliezen in aanmerking zouden zijn genomen.

5. Voor de toepassing van het tweede en vierde lid wordt met verliezen gelijkgesteld de persoonsgebonden aftrek, bedoeld in artikel 6.1, eerste lid, onderdeel b, van de Wet inkomstenbelasting 2001.

Artikel 67f

1. Indien het aan opzet of grove schuld van de belastingplichtige of de inhoudingsplichtige is te wijten dat belasting welke op aangifte moet worden voldaan of afgedragen niet, gedeeltelijk niet, dan wel niet binnen de in de belastingwet gestelde termijn is betaald, vormt dit een vergrijp ter zake waarvan de inspecteur hem een boete kan opleggen van ten hoogste 100 percent van de in het tweede lid omschreven grondslag voor de boete.

2. De grondslag voor de boete wordt gevormd door het bedrag van de belasting dat niet of niet tijdig is betaald, voor zover dat bedrag als gevolg van de opzet of de grove schuld van de belastingplichtige of de inhoudingsplichtige niet of niet tijdig is betaald.

3. Bij niet of gedeeltelijk niet betalen legt de inspecteur de boete op, gelijktijdig met de vaststelling van de naheffingsaanslag.

4. De bevoegdheid tot het opleggen van de boete wegens niet tijdig betalen, vervalt door verloop van vijf jaren na het einde van het kalenderjaar waarin de belastingschuld is ontstaan.
5. Artikel 67e, derde lid, is van overeenkomstige toepassing.
6. Artikel 20, eerste lid, tweede volzin, en tweede lid, tweede volzin, is van overeenkomstige toepassing.

Afdeling 2.   Voorschriften inzake het opleggen van bestuurlijke boeten

Artikel 67g
1. De inspecteur legt de boete op bij voor bezwaar vatbare beschikking.
2. Onverminderd het bepaalde in artikel 67k stelt de inspecteur de belastingplichtige of de inhoudingsplichtige, uiterlijk bij de in het eerste lid bedoelde beschikking, in kennis van de gronden waarop de oplegging van de boete berust.
3. Op verzoek van de belastingplichtige of de inhoudingsplichtige die de kennisgeving wegens zijn gebrekkige kennis van de Nederlandse taal onvoldoende begrijpt, draagt de inspecteur er zoveel mogelijk zorg voor dat de in die kennisgeving vermelde gronden aan de belastingplichtige of de inhoudingsplichtige worden medegedeeld in een voor hem begrijpelijke taal.
4. Indien een boete gelijktijdig wordt opgelegd met de vaststelling van een belastingaanslag, wordt het bedrag van de boete afzonderlijk op het aanslagbiljet vermeld.

Artikel 67h
Indien de grondslag voor een boete wordt gevormd door het bedrag van de belasting, wordt de opgelegde boete naar evenredigheid verlaagd bij vermindering, teruggaaf, terugbetaling of kwijtschelding van belasting, voor zover deze vermindering, teruggaaf, terugbetaling of kwijtschelding het bedrag betreft waarover de boete is berekend.

Artikel 67i
1. Geen boete wordt opgelegd aan de belastingplichtige of de inhoudingsplichtige die is overleden.
2. Indien een boete op het tijdstip van het overlijden van de belastingplichtige of de inhoudingsplichtige niet onherroepelijk vaststaat, vernietigt de inspecteur de beschikking waarbij de boete is opgelegd op verzoek van een belanghebbende bij voor bezwaar vatbare beschikking.

3. Indien een boete op het tijdstip van het overlijden van de belastingplichtige of de inhoudingsplichtige onherroepelijk vaststaat, maar nog niet of niet volledig is betaald, verlaagt de inspecteur op verzoek van een belanghebbende de boete tot het op dat tijdstip betaalde bedrag bij voor bezwaar vatbare beschikking.
4. Het verzoek, bedoeld in het tweede, onderscheidenlijk derde lid, wordt ingediend binnen vijf jaren nadat de belastingplichtige of de inhoudingsplichtige is overleden.

Artikel 67j

Indien de inspecteur jegens de belastingplichtige of de inhoudingsplichtige een handeling heeft verricht waaraan deze in redelijkheid de gevolgtrekking kan verbinden dat aan hem wegens een bepaalde gedraging een boete zal worden opgelegd, is, voor zoveel nodig in afwijking van hoofdstuk VIII, afdeling 2, de belastingplichtige onderscheidenlijk de inhoudingsplichtige niet langer verplicht ter zake van die gedraging enige verklaring af te leggen voorzover het betreft de boete-oplegging.

Artikel 67k

1. Alvorens een vergrijpboete op te leggen, stelt de inspecteur de belastingplichtige of de inhoudingsplichtige in kennis van zijn voornemen daartoe, onder vermelding van de gronden waarop het voornemen berust.
2. De inspecteur stelt de belastingplichtige of de inhoudingsplichtige in de gelegenheid binnen een door hem te stellen termijn de in die kennisgeving vermelde gronden gemotiveerd te betwisten.

Artikel 67l

1. De inspecteur kan de belastingplichtige of de inhoudingsplichtige ten aanzien van wie de redelijke verwachting bestaat dat hem een bestuurlijke boete kan worden opgelegd, oproepen voor een verhoor. In deze oproep deelt de inspecteur hem mede dat hij zich desgewenst kan doen bijstaan.
2. Voordat het verhoor aanvangt, deelt de inspecteur de belastingplichtige of de inhoudingsplichtige mede dat hij niet tot antwoorden verplicht is.
3. Op verzoek van de belastingplichtige of de inhoudingsplichtige die de Nederlandse taal onvoldoende begrijpt, draagt de inspecteur er zorg voor dat een tolk wordt benoemd die de belastingplichtige of de inhoudingsplichtige tijdens het verhoor kan bijstaan, tenzij redelijkerwijs kan worden aangenomen dat daaraan geen behoefte bestaat; aan de tolk wordt ten laste van

het Rijk een vergoeding toegekend ingevolge de Wet tarieven in strafzaken.

Artikel 67m
De inspecteur stelt de belastingplichtige of de inhoudingsplichtige op diens verzoek in de gelegenheid inzage te nemen in, dan wel kopieën, leesbare afdrukken of uittreksels te vervaardigen van de gegevensdragers waarop het voornemen tot het opleggen, dan wel het opleggen van een bestuurlijke boete berust.

Artikel 67n
Een vergrijpboete wordt niet opgelegd aan de belastingplichtige die alsnog een juiste en volledige aangifte doet, dan wel juiste en volledige inlichtingen, gegevens of aanwijzingen verstrekt vóórdat hij weet of redelijkerwijs moet vermoeden dat de inspecteur met de onjuistheid of onvolledigheid bekend is of bekend zal worden.

Artikel 67o
De bevoegdheid tot het opleggen van een bestuurlijke boete vervalt indien ter zake van het feit op grond waarvan de boete kan worden opgelegd, tegen de belastingplichtige of de inhoudingsplichtige een strafvervolging is ingesteld en het onderzoek ter terechtzitting een aanvang heeft genomen, dan wel het recht tot strafvervolging is vervallen ingevolge artikel 76 van deze wet of artikel 74 van het Wetboek van Strafrecht.

Artikel 67p
Deze afdeling is van overeenkomstige toepassing ten aanzien van anderen dan de belastingplichtige of de inhoudingsplichtige aan wie ingevolge de belastingwet een bestuurlijke boete kan worden opgelegd.

Artikel 67q [Vervallen.]

Hoofdstuk IX. Strafrechtelijke bepalingen

Afdeling 1.   Strafbare feiten

Artikel 68
1. Degene die niet voldoet aan de verplichting hem opgelegd bij of krachtens:
   a. de artikelen 6, derde lid, 43, 44, 47b, tweede lid, 49, tweede lid, 50, eerste lid;

b. artikel 7, tweede lid, van de Wet op de kansspelbelasting;

c. de artikelen 28, aanhef en onderdelen a, b, d en e, 29, 35d, 35e, eerste lid, aanhef en onderdelen a, b, d en e, 35k, 35l en 35m, aanhef en onderdelen a en c van de Wet op de loonbelasting 1964;

d. artikel 9, eerste lid, van de Wet op de dividendbelasting 1965;

e. artikel 35, eerste, tweede en derde lid, van de Wet op de omzetbelasting 1968;

wordt gestraft met geldboete van de derde categorie.

2. Degene die ingevolge de belastingwet verplicht is tot:

a. het verstrekken van inlichtingen, gegevens of aanwijzingen, en deze niet, onjuist of onvolledig verstrekt;

b. het voor raadpleging beschikbaar stellen van boeken, bescheiden, andere gegevensdragers of de inhoud daarvan, en deze niet voor dit doel beschikbaar stelt;

c. het voor raadpleging beschikbaar stellen van boeken, bescheiden, andere gegevensdragers of de inhoud daarvan, en deze in valse of vervalste vorm voor dit doel beschikbaar stelt;

d. het voeren van een administratie overeenkomstig de daaraan bij of krachtens de belastingwet gestelde eisen, en een zodanige administratie niet voert;

e. het bewaren van boeken, bescheiden of andere gegevensdragers, en deze niet bewaart;

f. het verlenen van medewerking als bedoeld in artikel 52, zesde lid, en deze niet verleent;

g. het uitreiken van een factuur of nota, en een onjuiste of onvolledige factuur of nota verstrekt;

wordt gestraft met hechtenis van ten hoogste zes maanden of geldboete van de derde categorie.

3. Degene die niet voldoet aan de verplichting hem opgelegd bij artikel 47, derde lid, wordt gestraft met een geldboete van de tweede categorie.

4. Niet strafbaar is degene die de in artikel 47a bedoelde verplichting niet nakomt ten gevolge van een voor het niet binnen het Rijk gevestigde lichaam of de niet binnen het Rijk wonende natuurlijke persoon geldend wettelijk of rechterlijk verbod tot het verlenen van medewerking aan de verstrekking van de verlangde gegevens of inlichtingen of het voor raadpleging beschikbaar stellen van boeken, bescheiden, andere gegevensdragers of de inhoud daarvan, dan wel ten gevolge van een hem niet toe te rekenen weigering van het niet binnen het Rijk geves-

tigde lichaam of de niet binnen het Rijk wonende natuurlijke persoon de verlangde gegevens of inlichtingen te verstrekken of boeken, bescheiden, andere gegevensdragers of de inhoud daarvan voor raadpleging beschikbaar te stellen.

Artikel 69

1. Degene die opzettelijk een bij de belastingwet voorziene aangifte niet doet, niet binnen de daarvoor gestelde termijn doet, dan wel een der feiten begaat, omschreven in artikel 68, tweede lid, onderdeel a, b, d, e, f of g, wordt, indien het feit ertoe strekt dat te weinig belasting wordt geheven, gestraft met gevangenisstraf van ten hoogste vier jaren of geldboete van de vierde categorie of, indien dit bedrag hoger is, ten hoogste eenmaal het bedrag van de te weinig geheven belasting.
2. Degene die opzettelijk een bij de belastingwet voorziene aangifte onjuist of onvolledig doet, dan wel het feit begaat, omschreven in artikel 68, tweede lid, onderdeel c, wordt, indien het feit ertoe strekt dat te weinig belasting wordt geheven, gestraft met gevangenisstraf van ten hoogste zes jaren of geldboete van de vijfde categorie of, indien dit bedrag hoger is, ten hoogste eenmaal het bedrag van de te weinig geheven belasting.
3. Het recht tot strafvervolging op de voet van dit artikel vervalt, indien de schuldige alsnog een juiste en volledige aangifte doet, dan wel juiste en volledige inlichtingen, gegevens of aanwijzingen verstrekt vóórdat hij weet of redelijkerwijs moet vermoeden dat een of meer van de in artikel 80, eerste lid, bedoelde ambtenaren de onjuistheid of onvolledigheid bekend is of bekend zal worden.
4. Indien het feit, ter zake waarvan de verdachte kan worden vervolgd, zowel valt onder een van de bepalingen van het eerste of het tweede lid, als onder die van artikel 225, tweede lid, van het Wetboek van Strafrecht, is strafvervolging op grond van genoemd artikel 225, tweede lid, uitgesloten.
5. Artikel 68, vierde lid, is van overeenkomstige toepassing.

Artikel 69a

Het recht tot strafvervolging op de voet van artikel 69 met betrekking tot een vergrijp als bedoeld in artikel 67d of 67e vervalt, indien de inspecteur aan een belastingplichtige ter zake reeds een boete heeft opgelegd.

*Afdeling 1A.   Strafbare feiten in algemene maatregelen van bestuur
en ministeriële regelingen*

Artikel 70
Overtreding van door Ons krachtens de belastingwet bij algemene
maatregel van bestuur vastgestelde bepalingen wordt, voor zover die
overtreding is aangemerkt als strafbaar feit, gestraft met geldboete
van de derde categorie.

Artikel 71
Overtreding van door Onze Minister krachtens de belastingwet
vastgestelde algemene voorschriften wordt, voor zover die overtreding is aangemerkt als strafbaar feit, gestraft met geldboete van
de tweede categorie.

Afdeling 2.   Algemene bepalingen van strafrecht

Artikel 72
De bij de belastingwet strafbaar gestelde feiten waarop gevangenisstraf is gesteld, zijn misdrijven. De overige bij de belastingwet
strafbaar gestelde feiten zijn overtredingen.

Artikel 73
De Nederlandse strafwet is ook van toepassing op ieder die zich
buiten het Rijk schuldig maakt aan enig in de belastingwet omschreven misdrijf.

Artikel 74
Ter zake van bij de belastingwet strafbaar gestelde feiten vindt
artikel 36e van het Wetboek van Strafrecht geen toepassing.

Artikel 75 [Vervallen.]

Artikel 76
1. Ten aanzien van bij de belastingwet strafbaar gestelde feiten
gelden in plaats van de artikelen 74 en 74a van het Wetboek van
Strafrecht de volgende bepalingen.
2. Ten aanzien van feiten, met betrekking tot welke het proces-verbaal niet overeenkomstig artikel 80, tweede lid, in handen van
de officier van justitie is gesteld, vervalt het recht tot strafvordering door vrijwillige voldoening aan de voorwaarden welke het
bestuur van 's Rijks belastingen ter voorkoming van de strafvervolging mocht hebben gesteld.

3. Als voorwaarden kunnen worden gesteld:
   a. betaling aan de Staat van een geldsom, te bepalen op ten minste € 3 en ten hoogste het maximum van de geldboete die voor het feit kan worden opgelegd;
   b. afstand van voorwerpen die in beslag zijn genomen en vatbaar zijn voor verbeurdverklaring of onttrekking aan het verkeer;
   c. uitlevering, of voldoening aan de Staat van de geschatte waarde, van voorwerpen die vatbaar zijn voor verbeurdverklaring;
   d. voldoening aan de Staat van een geldbedrag gelijk aan of lager dan het geschatte voordeel – met inbegrip van besparing van kosten – door de verdachte verkregen door middel van of uit het strafbare feit;
   e. het alsnog voldoen aan een bij de belastingwet gestelde verplichting;
4. Het bestuur van 's Rijks belastingen bepaalt telkens de termijn binnen welke aan de gestelde voorwaarden moet zijn voldaan en zo nodig tevens de plaats waar zulks moet geschieden. De gestelde termijn kan vóór de afloop daarvan éénmaal worden verlengd.
5. Artikel 552ab van het Wetboek van Strafvordering is van overeenkomstige toepassing.

Artikel 76a [Vervallen.]

Artikel 76b [Vervallen.]

Artikel 76c [Vervallen.]

Afdeling 3. Algemene bepalingen van strafvordering

Artikel 77
1. De rechtbanken vonnissen in eerste aanleg over bij de belastingwet strafbaar gestelde feiten.
2. De vonnissen zijn aan hoger beroep onderworpen, voor zover zij zijn gewezen:
   a. ter zake van misdrijven;
   b. ter zake van overtredingen ten aanzien van degene die op het tijdstip waarop de vervolging tegen hem is aangevangen, de leeftijd van achttien jaren nog niet had bereikt.

3. Tegen andere vonnissen kan de verdachte hoger beroep instellen, indien hechtenis als hoofdstraf is opgelegd, een geldboete van € 113 of meer is opgelegd dan wel een verbeurdverklaring is uitgesproken; het openbaar ministerie kan hoger beroep instellen, indien het gelijke straffen heeft gevorderd.

Artikel 78
Ten aanzien van bij de belastingwet strafbaar gestelde feiten worden lichamen voor de toepassing van artikel 2 van het Wetboek van Strafvordering geacht te wonen, waar zij gevestigd zijn.

Artikel 79 [Vervallen.]

Artikel 80
1. Met het opsporen van bij de belastingwet strafbaar gestelde feiten zijn, behalve de in artikel 141 van het Wetboek van Strafvordering bedoelde personen, de ambtenaren van de rijksbelastingdienst belast.
2. In afwijking van de artikelen 155, 156 en 157 van het Wetboek van Strafvordering worden alle processen-verbaal betreffende bij de belastingwet strafbaar gestelde feiten ingezonden bij het bestuur van 's Rijks belastingen. Het bestuur doet de processen-verbaal betreffende strafbare feiten, ter zake waarvan inverzekeringstelling of voorlopige hechtenis is toegepast dan wel een woning tegen de wil van de bewoner is binnengetreden, met de inbeslaggenomen voorwerpen onverwijld toekomen aan de bevoegde officier van justitie. De overige processen-verbaal doet het bestuur, met de inbeslaggenomen voorwerpen, toekomen aan de officier van justitie, indien het een vervolging wenselijk acht.
3. De officier van justitie is bevoegd, de zaak ter afdoening weder in handen van het bestuur van 's Rijks belastingen te stellen, hetwelk daarmede alsdan kan handelen overeenkomstig artikel 76.
4. Het bepaalde in artikel 148, tweede lid, van het Wetboek van Strafvordering vindt geen toepassing in zaken, waarin het bestuur van 's Rijks belastingen het proces-verbaal niet aan de officier van justitie heeft doen toekomen.

Artikel 81
De ambtenaren belast met het opsporen van bij de belastingwet strafbaar gestelde feiten, zijn te allen tijde bevoegd tot inbeslagneming van de ingevolge het Wetboek van Strafvordering voor inbe-

slagneming vatbare voorwerpen. Zij kunnen daartoe hun uitlevering vorderen.

Artikel 82

1. In zaken waarin het bestuur van 's Rijks belastingen het proces-verbaal niet ingevolge het bepaalde in artikel 80, tweede lid, aan de officier van justitie heeft doen toekomen, geldt ten aanzien van het bestuur van 's Rijks belastingen hetgeen in artikel 116 van het Wetboek van Strafvordering ten aanzien van het openbaar ministerie is bepaald.

2. In de zaken, bedoeld in het vorige lid, wordt bij de toepassing van de artikelen 552a en 552ab van het Wetboek van Strafvordering, alvorens het gerecht ingevolge artikel 552a, vijfde lid, onderscheidenlijk artikel 552ab, vierde lid, van dat artikel een beschikking neemt, ook het bestuur van 's Rijks belastingen in de gelegenheid gesteld te worden gehoord en is, in afwijking van het bepaalde in artikel 552d van dat wetboek, niet het openbaar ministerie doch het bestuur van 's Rijks belastingen bevoegd tot het instellen van beroep in cassatie. De griffier van het gerecht hetwelk in die zaken ingevolge artikel 552a, vijfde lid, of artikel 552ab, vierde lid, van dat wetboek een beschikking neemt, deelt deze onverwijld mede aan het bestuur van 's Rijks belastingen.

Artikel 83

Bij het opsporen van een bij de belastingwet strafbaar gesteld feit hebben de in artikel 80, eerste lid, bedoelde ambtenaren toegang tot elke plaats, voor zover dat redelijkerwijs voor de vervulling van hun taak nodig is. Zij zijn bevoegd zich door bepaalde door hen aangewezen personen te doen vergezellen.

Artikel 84

Ten dienste van de vervolging en berechting van bij de belastingwet strafbaar gestelde feiten kan Onze Minister, in overeenstemming met Onze Minister van Justitie, ambtenaren van de rijksbelastingdienst aanwijzen, die het contact onderhouden met het openbaar ministerie.

Artikel 85

De griffiers verstrekken aan het bestuur van 's Rijks belastingen desgevraagd kosteloos afschrift of uittreksel van arresten of vonnissen, in belastingstrafzaken gewezen.

Artikel 86
Met betrekking tot gerechtelijke mededelingen inzake bij de belastingwet strafbaar gestelde feiten hebben de ambtenaren van de rijksbelastingdienst de bevoegdheden bij het Wetboek van Strafvordering aan ambtenaren, aangesteld voor de uitvoering van de politietaak, toegekend.

Artikel 87
Ten aanzien van de tenuitvoerlegging van rechterlijke beslissingen inzake bij de belastingwet strafbaar gestelde feiten hebben de ambtenaren van de rijksbelastingdienst de bevoegdheid van deurwaarders.

Artikel 88
1. De ambtenaren van de rijksbelastingdienst zijn tevens belast met de opsporing van:
   a. de misdrijven omschreven in de artikelen 179 tot en met 182 van het Wetboek van Strafrecht, welke jegens hen zijn begaan;
   b. het misdrijf omschreven in artikel 184 van het Wetboek van Strafrecht, indien het bevel of de vordering is gedaan krachtens of de handeling is ondernomen ter uitvoering van de belastingwet.
2. De artikelen 152, 153, 157 en 159 van het Wetboek van Strafvordering zijn te dezen op de ambtenaren van overeenkomstige toepassing.

Artikel 88a [Vervallen.]

Artikel 88b [Vervallen.]

Artikel 88c [Vervallen.]

Hoofdstuk X. Overgangs- en slotbepalingen

Artikel 89
[Bevat wijzigingen in andere regelgeving.]

Artikel 90
De krachtens de wet van 14 Juni 1930 (Stb. 244), houdende bepalingen tot voorkoming van dubbele belasting, uitgevaardigde voorschriften worden geacht krachtens Hoofdstuk VII te zijn uitgevaardigd.

Artikel 91
De wet van 13 Januari 1922 (Stb. 9), betreffende het opleggen van voorlopige aanslagen in de directe belastingen, wordt ingetrokken.

Artikel 92
De wet van 29 April 1925 (Stb. 171), tot bevordering van de richtige heffing der directe belastingen, wordt ingetrokken.

Artikel 93
De wet van 28 Juni 1926 (Stb. 227), houdende bepalingen met betrekking tot het overschrijden van in belastingwetten gestelde termijnen, wordt ingetrokken.

Artikel 94
De wet van 23 April 1952 (Stb. 191), houdende bepalingen inzake vervanging van het fiscale noodrecht, wordt ingetrokken, behoudens ten aanzien van begane strafbare feiten.

Artikel 95
1. De bepalingen van deze wet treden in werking op een door Ons te bepalen tijdstip, dat verschillend kan zijn zowel voor de onderscheidene bepalingen van de wet als voor de onderscheidene belastingen en tijdvakken waarin of waarover deze worden geheven.
2. Voor zoverre de bepalingen van deze wet ten aanzien van enige belasting in werking zijn getreden, blijven, behoudens ten aanzien van begane strafbare feiten, de bepalingen in andere belastingwetten betreffende de onderwerpen, geregeld in eerstbedoelde bepalingen, ten aanzien van die belasting in zoverre buiten toepassing.

Artikel 96
Deze wet kan worden aangehaald als 'Algemene wet inzake rijksbelastingen'.

25   Algemene termijnenwet

Artikel 1

1. Een in een wet gestelde *termijn* die op zaterdag, zondag of algemeen erkende feestdag eindigt, wordt verlengd tot en met de
   eerstvolgende dag die niet een zaterdag, zondag of algemeen
   erkende feestdag is.
2. Het vorige lid geldt niet voor termijnen, bepaald door terugreke-
   ning vanaf een tijdstip of een gebeurtenis.

Artikel 2

Een in een wet gestelde termijn van ten minste drie dagen wordt, zo
nodig zoveel verlegd, dat daarin ten minste twee dagen voorkomen
die niet een zaterdag, zondag of algemeen erkende feestdag zijn.

Artikel 3

1. Algemeen *erkende feestdagen* in de zin van deze wet zijn: de
   Nieuwjaarsdag, de Christelijke tweede Paas- en Pinksterdag, de
   beide Kerstdagen, de Hemelvaartsdag, de dag waarop de verjaar-
   dag van de Koning wordt gevierd en de vijfde mei.
2. Voor de toepassing van deze wet wordt de Goede Vrijdag met
   de in het vorige lid genoemde dagen gelijkgesteld.
3. Wij kunnen bepaalde dagen voor de toepassing van deze wet
   met de in het eerste lid genoemde gelijkstellen. Ons besluit
   wordt in de Nederlandse Staatscourant openbaar gemaakt.

Artikel 4

Deze wet geldt niet voor termijnen:
a. omschreven in uren, in meer dan 90 dagen, in meer dan twaalf
   weken, in meer dan drie maanden, of in een of meer jaren;
b. betreffende de bekendmaking, inwerkingtreding of buitenwer-
   kingtreding van wettelijke voorschriften;
c. van vrijheidsbeneming.

Artikel 5

Op in een algemene maatregel van bestuur gestelde termijnen zijn
de artikelen 1 - 4 van overeenkomstige toepassing, tenzij bij algemene maatregel van bestuur iets anders is bepaald.

Artikel 6

Deze wet kan worden aangehaald als: Algemene termijnenwet.

Artikel 7

1. Deze wet treedt in werking met ingang van 1 april 1965.
2. Zij kan voor termijnen, gesteld in door Ons, door plaatsing op een daartoe door Ons aangehouden lijst, aangewezen wetten en algemene maatregelen van bestuur, op door Ons te bepalen eerdere tijdstippen in werking treden.

Trefwoordenregister